玉林师范学院教师教育工作优秀理念和科学思维探索成果系列丛书

SIXIANG ZHENGZHI JIAOYU ZHUANYE
SHIFANSHENG JIAOYU SHIJIAN ZHIDAO

思想政治教育专业师范生教育实践指导

主编 ◎ 许世坚

西南交通大学出版社
·成都·

图书在版编目（ＣＩＰ）数据

思想政治教育专业师范生教育实践指导／许世坚主编. —成都：西南交通大学出版社，2016.5
（玉林师范学院教师教育工作优秀理念和科学思维探索成果系列丛书）
ISBN 978-7-5643-4606-5

Ⅰ. ①思… Ⅱ. ①许… Ⅲ. ①教育实践－师范大学－教学参考资料 Ⅳ. ①G652.44

中国版本图书馆 CIP 数据核字（2016）第 049742 号

玉林师范学院教师教育工作优秀理念和科学思维探索成果系列丛书

思想政治教育专业师范生教育实践指导

主编　许世坚

责 任 编 辑	郭发仔
特 邀 编 辑	陈丽芳
封 面 设 计	严春艳
出 版 发 行	西南交通大学出版社 （四川省成都市二环路北一段 111 号 西南交通大学创新大厦 21 楼）
发 行 部 电 话	028-87600564　028-87600533
邮 政 编 码	610031
网　　　　址	http://www.xnjdcbs.com
印　　　刷	成都蜀通印务有限责任公司
成 品 尺 寸	185 mm × 260 mm
印　　　张	12.25
字　　　数	304 千
版　　　次	2016 年 5 月第 1 版
印　　　次	2016 年 5 月第 1 次
书　　　号	ISBN 978-7-5643-4606-5
定　　　价	32.00 元

玉林师范学院教师教育工作优秀理念和科学思维探索成果系列丛书

总　序

　　教育是一种社会现象，是人类社会的一种重要实践活动。它随人类的产生而出现，并随人类社会的变迁而发展。学校教育是教育发展到一定阶段的产物，既是近代科学革命和工业革命对大量人才渴求的必然要求，又是教育自身制度化、世俗化、系统化和专业化的结果。教师教育是学校教育的一种特殊类型，是现代教育持续发展的工作母机。师范院校是高等教育机构的重要构成，更是承载教师教育使命的主体机构。因此，"寄居"于师范院校的教师教育工作者，总结教师教育的发展经验，探寻教师教育的发展趋势，揭示教师教育的发展规律，既是一种责任担当，更是一项光荣使命。

　　作为我国师范院校的一员，玉林师范学院的办学历史最早可以追溯到1945年创建的广西省立鬱林师范学校，师道传承七十余载，源远流长。以师范立校，以师范兴校。学校在升格为本科院校之前，因"为基础教育培养合格师资，方向明确，成绩显著"，成为全国26所受到国家教委表彰的师范专科院校之一，也是广西唯一获此殊荣的师范专科院校。2000年，玉林师范学院升格为本科院校以来，面对市场经济的不断冲击，仍然始终坚守师道传承，对自身进行准确定位：把学校办成以培养义务教育阶段的师资为主要目标，达到较高水平的教学型地方本科师范院校。2012年6月，学校召开第三次党代会，在本次会议上确定了"师范性、地方性、应用性"的发展目标，以"师范性"作为学校的办学特色，"地方性"作为学校的办学定位，"应用性"作为人才培养的目标定位。2015年，在综合改革和转型发展的背景下，学校重新调整了办学定位的表述，即"地方性、应用型、师范性"。尽管如此，"师范性"仍然是学校发展的重要坚守点，是学校办学特色和优势所在。目前，学校有师范类专业29个，覆盖了学前、小学、初中等基础教育以及职业教育等各个阶段的教师教育；在校师范生的规模和比例在全区高校中位居前列，在校生17 418人，其中师范生10 733人，占所有全部在校生的61%。

　　进入21世纪以来，学校解放思想，抢抓发展机遇，开拓创新，认真贯彻落实"规模发展与内涵提升并重、硬件建设与软件建设并重、特色培育与整体质量提高并重、自主创新能力和可持续发展能力并重"的发展思路，遵循高等教育发展规律，着力整合各类资源，全面实施人才兴校、人才强校工程，启动综合改革，推动转型发展，优化学科结构，努力探索培养义务教育阶段基础教育师资的新模式，大力发展与地方经济社会发展紧密结合的应用型专业，坚持"地方性、应用型、师范性"的办学定位，朝着"努力建成国内知名、区内领先、以教师教育为特色的地方应用型高水平大学"目标奋进。

乘着综合改革和转型发展的春风，学校积极探索和创新人才培养模式，开设"挂榜班""卓越班"，加强卓越人才培养，"挂榜班""卓越班"学生成绩优异；开展实践教学改革，推进顶岗实习、混编实习等模式，提高专业实习效果；坚持以赛促练，以练促学，定期举办师范生教学技能大赛、板书大赛等，组织学生参加自治区级、国家级乃至世界级的比赛并屡创佳绩。与此同时，学校各师范专业的教师教育工作者，根据自己的研究兴趣，围绕自己的学科专业领域，选定相关研究主题，积极开展研究，取得了令人欣喜的成绩。

这套丛书就是学校教师教育工作者相关研究成果的一次集中展示。它既彰显了鲜明的时代特征，也反映了学校教师教育发展的基本轨迹，还表达了教师教育工作者的理想与期望。当然，由于时间仓促、作者水平有限，本丛书肯定还存在一些不足之处，恳请各位专家、读者批评指正！

编委会

二〇一六年三月

前　言

新时期的基础教育课程改革对教师素质提出了更高的要求。高等师范院校对师范生的培养要主动面向基础教育，重视教育实践能力的培养。教育实践能力直接关系到高等师范学院培养目标的实现，影响到基础教育后备师资的质量。本书以教育学、心理学和思想政治（品德）课程与教学论的理论知识为基础，参考了国内外相关理论的研究成果，结合中学思想政治（品德）课堂教学的实践以及课程改革的需要，对思想政治教育专业师范生的教育教学实践能力的提升进行了系统的阐述，并对相关的技能训练方案、评价标准进一步完善。

全书分为十一章，第一章与第二章概述了思想政治教育专业教育见习与教育实习相关内容；从第三章开始，分别从思想政治教育专业师范生的讲解技能、演示技能、提问技能、板书技能、导入技能、举例技能、结尾技能、多媒体技能、说课技能入手，探讨了各项教学技能的内涵、功能、类型、特点、原则、训练要求等内容，拓宽了教学技能的外延，突出了技能的学科特点。

编写本教材的目的在于促进思想政治教育专业师范生教育实践能力的提升，但在教育实践能力的培训中如何体现出学科特点，这仍然是一个有待研究的问题。另外，由于时间仓促，教材编写存在疏漏和不足在所难免，欢迎批评指正。

编　者

2015 年 11 月

目　录

第一章　思想政治教育专业教育见习 ·· 1

第一节　教育见习概述 ·· 1

第二节　教育见习的内容 ·· 4

第三节　教育见习的实施 ·· 7

第四节　教育见习总结与考核 ·· 13

第二章　思想政治教育专业教育实习 ·· 16

第一节　教育实习概述 ·· 16

第二节　教育实习的准备 ·· 24

第三节　融入实习学校 ·· 28

第四节　备课实习 ·· 35

第五节　实习听课与评课 ·· 49

第六节　上好第一课 ·· 59

第七节　班主任工作实习 ·· 62

第八节　教育实习的研究与总结 ·· 68

第三章　思想政治学科讲解技能 ·· 76

第一节　讲解技能概述 ·· 76

第二节　讲解技能的实施 ·· 78

第四章　思想政治学科演示技能 ·· 89

第一节　演示技能概述 ·· 89

第二节　演示技能的结构与类型 ·· 91

第三节　演示技能的运用原则 ·· 96

第五章　思想政治学科提问技能 ·· 100

第一节　提问技能概述 ·· 100

第二节　提问技能的运用 ·· 105

第六章　思想政治学科板书技能 ·· 110

第一节　板书技能概述 ·· 110

第二节　板书技能的应用 ·· 114

第七章　思想政治学科导入技能 ·· 123

第一节　导入技能概述 ·· 123

第二节　导入技能的运用 ·· 125

第八章　思想政治学科举例技能 ·· 133

　　第一节　举例技能概述 ·· 133

　　第二节　举例技能的运用 ·· 139

第九章　思想政治学科结尾技能 ·· 143

　　第一节　结尾技能概述 ·· 143

　　第二节　结尾技能的运用 ·· 144

第十章　思想政治学科多媒体技能 ·· 154

　　第一节　多媒体技能概述 ·· 154

　　第二节　多媒体技能的运用 ·· 158

第十一章　思想政治学科说课技能 ·· 166

　　第一节　说课概述 ·· 166

　　第二节　说课的类型 ·· 169

　　第三节　说课的实施 ·· 172

参考文献 ·· 186

第一章　思想政治教育专业教育见习

第一节　教育见习概述

教育见习是思想政治教育专业（以下简称思政专业）教学活动的重要组成部分，是培养适应 21 世纪中学教育改革需要，具有改革创新精神的高素质、宽基础、有特长、适应广的合格中学思想政治（品德）课教师的重要环节。

一、教育见习的目标

思政专业的教育见习能让师范生在感性和理性上了解我国基础教育教学现状，初步检验自己的知识、能力和综合素质，完成由理论学习到具体实践的初步过渡，在实践中加深对我国中小学教育教学现状的理解，坚定自己的职业理想。具体而言，要达到以下三个方面的目标。

1. 知识目标

（1）了解见习学校的教育教学工作，并能迁移到当地，进而扩展到我国当前的教育教学现状。

（2）了解中学班主任工作的相关要求及班主任工作内容。

（3）了解不同学段教育对象的身心发展特点。

（4）了解思想政治（品德）课堂教学，积累课堂教学的感性知识。

2. 能力目标

（1）能够运用所学教育教学理论，分析教育教学实践的现象与问题。

（2）提高沟通交流能力、合作能力与解决问题的能力。

（3）经历思想政治（品德）课教师所需要的初步训练。

（4）培养从事教育和教学的工作能力。

（5）具备模仿、发展、反思自我教学的能力。

3. 情感、态度与价值观目标

（1）欣赏、爱护学生。

（2）间接体验教师角色，理解教师职责。

（3）养成守时、守信、守纪、守法的良好习惯。

（4）养成尊重教师与学生的良好作风。

（5）遵守教学规律，追求教育科学，坚持探索教育规律。

（6）热爱教育教学工作，认可教育领域的教学改革。

二、教育见习的意义

教育见习是高等师范院校各专业培养方案的重要组成内容，是理论联系实际的过程。思政专业师范生的见习是在指导教师的引领下，为提高自身教育教学综合素质，对中小学班主任工作和思想政治（品德）课教学工作进行观察、了解、分析、研究、模仿的一系列认识活动过程；主要通过观察见习学校在职教师的教育教学行为，重视对在职教师教育教学行为的体验，获取通过观察所取得的间接经验。

（一）获取知识，理解规律

1. 教育见习是一个求知的过程

教育见习对于思政专业师范生来说仍然是一个学习知识、理解知识的过程，进行教育见习，可以加深师范生对中小学思想政治工作、班主任工作、教学工作的感性认识，进一步理解教育教学规律。

思政专业师范生的教育见习，标志着师范生学习方式发生了一定的变动，原来的学习方式多为理论接受型学习，被动地接受书本或老师传输的知识。教育见习是应用性学习，是师范生在较强好奇感刺激下的学习行为。教育见习并不像课堂学习那样有章法和计划，有一定的随机性。师范生的学习更趋于生活化和社会化，遇到什么问题就思考什么问题，思考什么问题就解决什么问题，自己解决不了可以主动请教，或自己查阅资料。

2. 见习是一个深化知识、理解规律的过程

教育见习是从理论学习到具体实践的过渡，是对思政专业师范生的学科理论知识及教育教学技能的初步检测，也是对高校教学质量的一次重要检验。

在见习之前，师范生已经拥有一定的学科专业知识、教育学理论知识、心理学理论知识、其他相关学科知识以及一定的教学技能储备。但对于如何在真实的思想政治（品德）课教学及教育工作中应用这些知识与技能则知之甚少，需要在实践中检验这些理论知识与技能的应用效果，并在实践检验中加深对知识与技能的理解。

教育见习让专业师范生通过听、看、问、想、做等途径，对中小学教育教学现状产生感性认识，使见习师范生受到初步的专业思想教育，进一步研究教育科学，探索规律，这对其今后的教育教学事业有重要的奠基意义。

（二）培养教育教学的能力

教育见习能提高师范生岗前职业学习与能力培养的自觉性，为其今后的教师职业生涯积累教育教学经验。

1. 教育见习是发现能力差距的过程

在新世纪以来的基础教育课程改革大背景下，全国各地涌现了多种新的教育教学改革尝试，高校师范教育如果不与中小学教育教学互动，就很容易脱离基础教育改革方向。

《全日制义务教育思想品德课程标准（2011 版）》和《普通高中思想政治课程标准（实验

稿）》是中小学思想政治（品德）课程改革的指导性文件，对中小学思想政治（品德）课的教育教学工作影响深远。课程标准与以往的教学大纲相比较，对思政专业师范生影响最大的是课程标准所倡导的符合新课程改革的教育思想、教育理念。课程标准所规定的思想政治（品德）课程性质、课程基本理念、课程设计思路、课程目标、课程内容、教学建议、教材编写建议、评价建议、课程资源的开发与利用等都体现了基础教育课程改革的主要思想与要求。

教育见习往往能对师范生产生一定的刺激作用，有时甚至能颠覆他们自我预设的理想化教育教学观念，促使他们反思脱离基础教育改革的闭门造车式的虚拟教学。

教育见习可以使师范生与中小学互动起来，不仅与教师互动，而且与学生互动，与教材互动。师范生的思考也往往在互动中深入，问题也在互动中出现，迫使师范生不断寻求问题的解决方案。对于师范生来说，教育见习既是检验自己学科专业知识、教学技能与教育能力的过程，也是改善自我的过程。

2. 教育见习是一个求变的过程

问题的解决过程迫使师范生不断进行自觉的自我调整，纠正理论知识与能力发展过程中的问题，自觉对自身的知识结构、理论水平及职业技能查漏补缺。

问题的解决过程也迫使高校不断改进教学，优化课程培养方案，引导师范生完善专业知识，扩大教育理论的储备，更重视对师范生教学技能的训练和教育能力的提升。

（三）感受师德，坚定职业理想

教育见习活动能让师范生感受师德魅力，有助于师范生重视自身教师职业道德的养成，明确社会责任感，坚定职业理想。

1. 感受师德

《中小学教师职业道德规范》所表达的是教师所特有的职业义务、职业责任以及职业行为上的道德准则，较之其他行业的职业道德有更高的要求，这是由教师职业的特殊性决定的。

首先，要明确的是自己的职业道德感。在见习中接触到的一些优秀教师往往容易感动他们。通过观察优秀教师一天的工作过程，师范生会感觉到教师并不容易。

其次，与中学生的接触也会让师范生感觉到保护学生安全、关心学生健康、维护学生权益是很现实的要求，从而增强自己的社会责任感。

最后，在教育见习过程中，师范生必须熟记与理解中小学教师职业道德规范：① 爱国守法；② 爱岗敬业；③ 关爱学生；④ 教书育人；⑤ 为人师表；⑥ 终身学习。

2. 坚定教师职业理念

在教育见习过程中，师范生也会遇到一些让他们无法释怀的问题，中小学教育教学中存在的一些问题可能让师范生感到很困惑，并产生一定的失望情绪，如应试教育问题、教师的社会地位及待遇问题、教师的师德问题、教师责任心问题等。

在教育见习中发现的问题，师范生需要深入思考，也可以向指导教师请教，理性分析我国教育的基本国情，调整自己教师职业理想中的偏浪漫成分，从我国教育的现实出发理性思考教育教学问题。

通过教育见习，师范生更应该明确一名合格教师应具备的职业素养，激发自己进一步学习的热情和兴趣，为教师职业品质的形成而努力，为自己的教师理想而努力。

第二节　教育见习的内容

教育见习涉及教学工作、班主任工作、教育调查研究等方面的内容，见习与思政专业培养方案所开设的教育学、心理学、学科教学论、班主任工作等课程有关联。现场教育见习往往安排在开设这些课程的学期进行。

一、教学工作见习的内容

教学工作见习是教育见习的重要内容，师范生大量的见习时间将放在教学见习工作上。教学见习要观察的分项内容比较多，通过观摩中学思想政治（品德）课教师的课堂教学，了解中学思想政治（品德）课堂教学的改革发展情况，以及这些改革如何体现在老师的备课、教学、教学评价等各个环节中。

（一）备　课

备课是教学准备工作的核心内容，如何有效备课是师范生共同面临的问题。中学教师有丰富的备课经验，他们熟悉课程标准、教材与学生，是指导师范生备课的最佳人选。在备课问题上，见习师范生需要注意及学习的地方有：

（1）如何研究课程标准，如何体现课程标准作为最低教学要求的作用，如何贯彻课程标准所规定的课程性质、基本理念、评价原则等要求。

（2）研究教材应该注意哪些问题、有哪些步骤，如何确定教学目标、教学重点与难点，如何确定教学方法，如何合理开发与利用思想政治（品德）课教学资源，如何设计随堂巩固作业及课后拓展作业。

（3）学情对备课的影响体现在哪些方面，如何了解学情，了解学情包括哪些要注意的项目，在"备学生"过程中如何避免教师中心主义。

（4）编写教案和教学设计，掌握教案及教学设计的基本要求，如何优化板书设计，如何利用板书呈现教学思路，引导学生有效学习等。

（二）实施课堂教学

课堂教学见习是教学见习工作的核心内容，课堂也是见习师范生学习的主要场所，直接影响到教育见习的效果。课堂教学见习的主要观察点有以下几方面。

1. 教学理念

教学理念主要体现为以下内容：教学程序（导入环节、讲授新课环节、课堂巩固环节与课后拓展环节）的设计与执行效果情况，教学过程中教学方法的选用依据与执行效果，问题设置与学生认知水平、学习能力的相符度以及执行效果，如何呈现教学目标、突出重点与解决难点等。

2. 教学风格

首先是教师的教学机智，包括课堂组织协调能力、应变能力与即时评价能力。其次是教学综合技能，如教师的亲和力、语言感染力，以及教学技能（导入、提问、讲解、举例、结尾、多媒体呈现、板书设计等）运用是否得当、是否娴熟。

3. 学生课堂表现

通过观察课堂教学，了解学生学习行为、学习态度、学习方法、学习兴趣、思维能力、表达能力等学情。

（三）课后辅导与反馈

1. 批改作业

布置与批改作业是对课堂教学内容的巩固和提高，是对教学过程进行查漏补缺的有效手段，也是对学生课堂学习情况的一种检测、评价手段。通过作业能检查出学生对教学内容的掌握情况，有利于诊断学生学习的主要障碍，便于有针对性地对学生进行辅导。

布置与批改作业是教师获取教学信息反馈、进行教学反思的依据，有利于教师及时总结经验，改革教学方法，提高教学质量。

2. 课后辅导

课后辅导工作是思想政治（品德）教师根据教学需要而实施的一项课后教学延伸工作，主要目的是辅导学习上遇到困难的学生或学习要求超出课堂目标的学生。

课堂教学面向所有学生，但学生的知识基础与学习能力起点并不都相同。学习困难的学生可能会遇到听不懂的现象，教师应该在课后对其进行辅导，保证学困生也能达到课程标准这一最低的、基本的要求，这也是教育公平的一种体现。

课后辅导还包括复习与考试辅导，复习分当堂复习、阶段复习、总复习等形式；考试辅导包括应试心理辅导、应试方法辅导等。

（四）成绩考核与评价

见习师范生还要观察教师对学生的成绩考核过程与实施方式。观察成绩考核的内容主要包括：

（1）观察教师采用何种考核方式来评估学生的学习效果，课程改革更重视对学生学习过程的诊断性评价、发展性评价，主张封闭式考核与开放式考核相结合。

（2）掌握试题的命题原则、方法和试题的分类。能编制命题细目表，把握好不同试题的考试目标要求，知道不同类型试题的优缺点，能根据不同的考试性质来确定试题的难易度、区分度等。

（3）考核成绩的评定与分析。能根据考试的结果分析、反思命题的科学性、合理性，懂得用定性分析与定量分析来研究考试结果，既做全面的整体分析，又做针对个人的分析，既有针对学生学习的分析，又有针对教师改进教学质量的分析。

二、班主任工作见习的内容

班主任工作见习主要以观察、聆听、交流等方式开展，观察班主任的常规管理工作，听取中学优秀班主任的报告，了解班主任工作的总体状况，加深对中学班主任工作职责的理解，认识班主任在思想政治教育工作中的作用。

（一）观察班主任常规工作

观察班主任如何进行有效的班级常规管理是师范生见习的重要内容。班主任常规管理工作的内容包括以下几个方面。

1. 了解班主任的工作计划

班主任的长期工作计划、中期工作计划与近期工作计划之间是如何协调统一的，班级学生对工作计划的认可与配合执行情况如何。

2. 建立正常的教学秩序

班主任是班集体的组织者、教育者、协调者，是学生身心健康发展的引领者，形成良好班风需要班主任进行深入细致的常规管理，班主任对建立稳定、正常的教学秩序负有主要责任。正常的教学秩序包括学生的预习、复习、作业是否能正常按时完成，自习课纪律、考试纪律、各种班级活动秩序是否得到学生的共同遵守与维护等。

3. 观察班主任如何管理学生档案

班主任应该建立学生的成长档案记录袋，对学生档案进行有效管理，具体包括学生姓名、籍贯、家庭情况、性格、特长等基本情况。成长记录袋档案还应包括学生在学习、生活过程中表现出来的思想品德状况和各种行为，学生的成绩、成就和进步等资料。

4. 观察班级行为常规管理

班级行为常现管理是指对学生行为规范的管理，具体包括考勤、请假制度，学生干部值日制度等，涉及班级早读、上课、大课间（课间操）、眼保健操、早餐、午餐、晚餐、午休、午读、自习课、晚读、晚修、晚睡等各环节的作息制度是否得到正常执行。

5. 观察班级文化建设

班级文化是班级建设的灵魂，体现了班集体精神。良好的班级文化具有无形的教育功能、沟通功能和约束功能。班级文化建设是长期的行为，需要班主任不断在学生当中强化。班级文化的内容，包括班级环境建设，如教室的布置与装饰；包括班级文化建设，如班徽、班旗、班训、班歌等班级文化建设的开展情况。重点观察班集体建设的目标及班规、班纪的制定与执行。

6. 了解班级正式群体与非正式群体的状况

班级的正式群体包括班委、团支部等由学校或班主任组织的管理群体。非正式群体一般指的是中学生根据相同或相近的兴趣、爱好、观点、追求等自发结合在一起，交往频繁的群体，如自发组织的学习小组、活动小组或大量三五成群的小团体等，其与班级、班委会、团队组织、值日小组、学校组织的各类课外活动小组等正式群体有区别。班主任组建正式群体，对班级非正式群体的引导显得非常重要。

7. 观察班主任如何开展心理辅导教育

开展心理辅导教育是班主任一项重要的工作内容，青少年学生在成长过程中会遇到很多身心发展方面的问题，需要班主任掌握开展团体、个体心理辅导的方法，能对学生进行积极有效的辅导。师范生通过观察班主任开展思想教育工作的途径与方法，可以感受到优秀班主任的重大责任。同时，师范生在课余时间也要和中学生多交流，尝试掌握他们的身心发展特点。

8. 观察班主任如何组织班级活动和班会

班主任组织班级活动的艺术，需要师范生实地观察和体验，如掌握与学生交流、谈话的技巧，激励学生敢于履行义务和承担责任；如何确定班会主题，如何组织设计班会的过程及如何达到预期目标；在实施班会过程中如何把握好节奏等。

此外，还应了解上级教育主管部门及学校对中学班主任工作做出的规定和提出的要求。

（二）聆听班主任的经验介绍

见习班主任工作的途径很多，可以跟随班主任见习，可以请学校领导介绍班主任工作情况，可以与优秀班主任进行交流。其中最简便、最有效的途径是聆听优秀班主任的工作经验介绍，并与自己观察班主任工作情况相比较。优秀班主任的工作经验介绍更系统、更全面，对师范生的影响更深。

第三节　教育见习的实施

教育见习实施包括动员、校内见习、实地见习和总结四个阶段，除实地见习阶段需在见习学校实地开展外，其他阶段活动均在校内进行。

一、见习动员阶段

教育见习动员由高等师范院校各教学单位负责，一般由各学院（系、部）分管教学工作的领导及指导老师共同具体负责，通过实习动员向见习师范生介绍见习意义、内容，布置见习任务，明确见习要求与考核方法等。

1. 明确教育见习的目的、任务和意义

（1）强调教育见习有别于课堂学习。师范生习惯于通过课堂学习来获取知识，习惯于传授—接受式的学习方式，习惯于在教师的引导下被动地间接学习。但教育见习以学生为完全意义上的主体，通过直接实践的方式学习，是师范生主动发现问题、分析问题并最终解决问题的学习过程。

（2）从三个方面强调教育见习的意义。教育见习对于师范生有重要意义，见习动员时可参考本章第一节所明确的教育见习意义进行解释说明，从获取知识、提升能力、坚定教师职

业理想三个方面强调教育见习的意义。

（3）阐明教育见习的目的与任务。教育见习动员要为师范生明确任务，任务具有一定的方向指导作用。见习任务对见习师范生会产生一定的任务压力，能引起见习师范生对教育见习的重视。要在教育见习开始前明确个体见习活动的目的，激发师范生的热情与兴趣。

① 教育见习是为了让思政专业师范生获得初步的教育教学经验，理解中小学教师职业规范与职业道德的基本要求。所以，师范生在见习过程中要积极对教育教学现象进行观察、思考以及总结提升。

② 拓展专业知识的应用渠道，加强对教育理论的学习，为教育实习做好准备。对见习过程中观察到的教育教学所需要的技能，要及时进行训练和提高。

③ 坚定教师职业理想。教育见习是培养师范生热爱教育事业的情感的基础。

2. 教育见习的准备

（1）思想准备。在参加教育见习之前，要做好相应的心理准备，认真思考下面这些问题：为什么要参加教育见习；是否已经为教育见习做好准备，有无个人见习计划；以前学习的东西哪些有助于目前的教学见习，怎样去运用它；要成功地完成教育见习，还应该主动做些什么；期望从教育见习中获得什么收获等。

（2）物质准备。参加教育见习，尤其是校外实地见习，需要解决的问题还比较多，如见习学校的选择问题、交通问题、食宿问题、教学资料准备问题、见习过程的资料收集问题、经费问题等。这些虽然不是教育见习的核心问题，但解决不好，会对见习的效果产生不良影响。

二、校内见习的实施

校内见习是指师范生在高等师范院校内进行的见习活动。师范生可以借助网络、多媒体及电化教学设备，观看课堂教学录像、优秀教学老师的讲座或优秀班主任经验介绍等有关视频，了解中学教育教学状况，把握现代教育教学理念，借鉴优秀教师的教学方法、教学组织、教学评价等教学技能。

（一）校内见习任务

校内见习是指在高校内开展，见习任务分散在"教育学""心理学""思想政治（品德）课教学论""班主任工作"等相关课程的教学中执行。学生在校内观摩课堂教学视频，并在指导教师的组织下开展学习、交流与讨论等见习活动。

校内见习安排在大学各个学期的教学之中，但重点安排在实习前的两个学期，每学期安排一定的时间（以一星期为宜）。校内见习以获取感性认识及培养技能为主要目标。具体任务包括如下几个方面。

1. 观看课堂教学

教师选择针对性较强的课堂教学或班主任工作视频内容进行播放。教师可以事先提出问题，让学生带着问题一边观察一边思考，再适时进行必要的解说，帮助学生理解；也可以让学生自己感悟、自己探究，通过发现问题、分析问题，最终依靠自己的力量或与指导老师合力解决问题。学生校内见习必须完成一定的作业，观看录像后要撰写体会、感想或认识收获等书面材料，安排一定的时间与指导老师或与同学进行交流。

2．听课与评课

观看教学视频时要学会及运用听课与评课的主要方法，首先要能准确、快速记录听课的内容；其次要能及时写下即时感想或评语；最后要能及时进行全面总评，并与老师同学交流看法。见表 1-1。

表 1-1　思想政治（品德）课堂教学听评课表

课堂教学见习听评课表			
听课方式：实地授课 □　　　　视频点播 □			
课题：		年级、班别	
听/评课人		授课人	
教学目标			
重点难点			
课堂环节	主要教学过程、方法	时间	结果分析、建议与设想
复习导入			
讲授新课			
巩固新课			
板书设计			
总评			

3．教学技能训练

校内见习还包括师范生的教学技能训练，师范生应该了解教学技能培养的复杂性与长期性，并坚持自觉训练自己的教学技能。

（二）校内见习要求

（1）集中组织见习学生利用网络点播、远程听课或观摩教学录像等多种方式开展教育见习。

（2）教师职业技能训练。师范生必须在校内加强师范生技能的训练，从新生入学的第一学期到毕业的每一个学期都要有相应的师范生技能训练。从说、写开始，到单项教学技能训练：讲解技能、演示技能、提问技能、板书技能、举例技能、导入技能、结尾技能、多媒体教学技能、说课技能、评课技能、教学设计技能等，再到综合技能应用训练（说课与上课），这是一个系统的训练过程，不是一朝一夕就能完成的。

以考带练培训技能，师范专业学生要获得教师资格必须参加国家组织的教师资格考试。教师资格考试包括笔试和面试两个环节，其中面试环节以师范生教师职业技能为内容。在校内见习的训练环节，可以用面试的标准来规范师范生的训练，提高师范生训练的实效性。

三、实地教育见习阶段

实地教育见习阶段主要包括教学工作见习、班主任工作见习及教育调查研究等任务，最主要的两项内容是教学工作、班主任工作见习。要求师范生在带队老师的指导下，有组织、有目的地到中学实地观摩课堂教学，学习班主任的班级管理经验，接受指导老师在备课与教学、班级建设与学生管理方面的指导。

（一）实地见习不同阶段的任务

不同师范院校思政专业的培养方案对教育见习都有明确的安排，但培养方案只是规定了教育见习，具体怎么实施，则各有差异。根据一般的经验，教育实地见习需要分三期进行，分别安排在实习前两个学期以及实习学期，每期见习时间应该持续一个星期。三期实地见习要形成一个有计划的内容整体，每期实地见习的目标和内容有所区别和侧重，具体要求如下（以第七学期实习为标准）：

第一期实地见习安排在第五学期，这一期的见习以参观、听介绍、观察、访问等方式为主，以获取第一手感性材料，进而发现问题、分析问题，并在带队老师的指导下提出解决问题的方案，并在校内模拟训练中演练。

第二期实地见习安排在第六学期，重点是走进中学课堂及参与班级活动，在中学老师的帮助下分析所发现的问题、提出解决问题的方案，并尝试在中学老师的指导、帮助下完成初次课堂教学实践，组织班级活动。

第三期实地见习安排在第七学期，是实习学期的见习，安排在实习学校进行。在见习阶段，师范生应在原任课老师、原班主任及带队指导老师的指导下进入班级课堂，进入教室，了解学生，熟悉教材，编写教案，进行教学设计，不断进行教学试讲和模拟教学实践，为独立开展有效的教学及班主任工作做准备。

（二）实地教育见习的开展形式

（1）观察。观察校园环境，了解校风、学风、教风情况，听取见习学校的领导介绍见习学校基本情况和相关规章制度。

首先，要了解见习学校。游览全校，到周围走走，尽快熟悉新的环境；花点时间了解学校周边环境等情况，这有助于师范生迅速融入环境，顺利度过见习生活。

其次，要了解见习学校的历史、组织结构、师资力量、各种规章制度。

最后，要根据见习任务去观察，学会与教师、学生、领导打交道，积极融入见习学校，能与其他同学共同交流、分享自己的想法。

（2）观摩。每一阶段的见习，都要求师范生观摩一定次数的思想政治（品德）课现场课堂教学或教学视频，每一次观摩课堂教学后都要求有听、评课记录。

每一阶段的见习，都要求师范生观摩班主任的常规班级管理活动，与班主任进行交流，听班主任的工作经验介绍等，结束后都要求有总结或体会等书面成果。

（3）交流与讨论。每一阶段的教育见习结束后，带队指导老师都要与师范生进行教学交流与分析，帮助师范生总结见习的收获。

（4）调查与研究。在教育见习过程中，师范生通过观察、座谈、谈话、问卷、查阅资料等方式进行一定的调查与研究活动。调查与研究的主题要与自己的思考、带队指导老师的要求相适应。调查可以由个人单独开展，也可以以小组合作方式进行。

（三）实地教学工作见习的要求

（1）了解课堂教学情况，学习教学经验。随堂观摩和听课总时数要达到一定的量，否则难以取得预期效果。要有详细听、评课纪录，课后由讲课教师介绍体会、经验，然后进行学习讨论，让师范生对中学思想政治（品德）课的设置、组织、实施、评价等有系统的了解。

（2）掌握思想政治（品德）课备课、教学目的设计、教学重难点的确定、教材处理、教法的选择和学情的把握方法等。

（3）掌握中学生在课堂中所表现出来的一些群体特征，能利用所掌握的中学生身心发展规律及特点，分析中学生的课堂表现。

（4）理论联系实际，了解中学思想政治（品德）课的课程内容及教学基本要求，尤其是新课程背景下中学教学内容的改变和组织教学的要求。

（5）在真实的教与学过程中，掌握教师与学生心理活动的有关知识和规律。学会营造教育心理环境，了解学生的学习特点，懂得如何对学生进行有效的学法指导。

（6）通过观摩课堂教学，了解思想政治（品德）课三维教学目标确定的依据和教学中的实现情况，尤其要明确教学目标设计的基本要求与依据。

（7）了解思想政治（品德）课教学过程的基本矛盾，掌握优化师生关系的基本策略。

（8）熟悉新课程的评价理论，掌握思想政治（品德）课的教学评价基本方法。

（9）了解思想政治（品德）课常用的教学原则、教学方法和教学策略。

（10）了解思想政治（品德）科目组的常规工作、工作计划、活动安排及教学经验。

（11）感知思想政治（品德）课教研活动和全体任课教师敬业奉献的优良作风。

（12）观摩任课教师的工作过程，包括教学机智、作业批改、个别辅导、教研活动等。

（13）观摩课外活动，了解中学课外活动的类型、主题、过程、组织方式、效果等。了解课堂教学的常规技能，熟悉导入、讲解、提问、结束、演示、板书、板画以及课堂教学的组织等技能。

（14）了解教学课件的制作、使用，以及计算机辅助教学软件的应用，学会利用教学网络资源对现代信息技术与学科内容进行整合。

（15）学会发现问题、提出问题，并尝试运用教育科研的一般方法解决问题。

此外，在课堂教学见习过程中，在任课教师的指导下，见习师范生可选择代表试教 1~2 节课，亲身感知思想政治（品德）课堂教学的组织实施过程，并聆听任课教师的点评指导。

（四）班主任工作见习的要求

（1）了解班主任工作的基本职责与工作内容。

（2）了解组建班、团、队组织的方法，包括了解建设班队集体的基本环节、班队工作的集体教育方法、个别学生教育方法，重点了解班队工作的集体教育技能、个别教育技能。

（3）了解中学生日常行为规范的基本要求，掌握对中学生进行日常行为规范训练的一般方法。

（4）了解中学班级、团队管理工作及思想政治教育工作的一般规律。

（5）开展各种班、团、队活动，协助或参与组织各种活动等。

（6）了解见习学校的常规管理，细致地观察中学全天的教育教学所有活动过程，了解学校管理层、班主任、教学老师全天的工作内容；学生一天的活动，从早晨到校至下午离校，包括升旗仪式、大课间、眼保健操、课间餐、课间（午间）休息、课外活动，住宿学校还包括晚息及晚睡等环节。

四、教育见习组织管理

教育见习是师范专业一项不可缺少的教学活动，需要以课程方式保证它的正常开展，在思政专业的培养方案中要作出明确的教学安排。同时，还要有严格的组织管理，让四年的见习形成一个有计划的内容整体，促进师范生的专业发展。

1. 学校教务处负责全面统筹

学校教务处是教育见习教学活动的全面统筹及组织管理者，要确保教育见习的顺利开展。教务处应该制定教育见习的有关管理文件，并负责督促各二级学院（系、部）落实见习学校，检查教育见习效果，审批、划拨见习经费。

2. 二级学院（系、部）负责具体执行

（1）合理安排师范生四年的教育见习计划。思政专业的教育见习应该分散于实习前的各个学期，每个学期有特定的内容。各学期见习与训练的侧重点有所不同，遵循由简单到复杂、由单项到综合的规律。

① 校内见习。师范生以班级为单位开展见习活动，每个班级配备至少一名指导教师，集中组织师范生利用网络点播、远程听课或观看教学录像等多种方式开展教育见习。

② 校外实地实习。校外实地见习由二级学院（系、部）统一组织，师范生统一进入见习学校开展实地见习。见习学校由二级学院（系、部）统一联系，实行集中见习；也可以由学生分小组联系，实行分小组自主见习；还可以由学生个人自主联系见习学校等。

最后一次见习安排在实习学期进行，见习与实习安排在同一所学校。在同一学校见习与实习的师范生组成见习（实习）小组，每个小组安排一名指导教师。实习阶段的见习，要求实习师范生在见习阶段能迅速了解实习学校、了解实习班级情况，为教学实习和班主任工作实习做好准备。

（2）二级学院（系、部）的教育见习组织管理。二级学院（系、部）负责统筹本单位师范生的教育见习活动，并落实教育见习的组织与管理工作，具体工作如下：

① 设立教育见习领导小组，由院长及主管教学的副院长负责教育见习工作的领导与协调。

② 安排思政专业教育见习课程负责人，负责教育见习课程的建设与教学。教育见习课程

负责人负责本专业教育见习课程方案、见习实施、评价方式的研究以及视频见习课程资源的建设。

③ 按教育见习学校分派指导教师，负责管理见习学生日常事务、指导见习活动、开展督导检查。教育见习指导教师负责对见习师范生的全程指导，具体工作如下：首先，指导实地观摩。在观摩内容、方法等方面指导见习师范生，并组织见习师范生交流汇报。其次，检查见习听课记录，督促学生按时完成实地观摩任务。最后，组织见习总结，负责见习成绩评定。

第四节　教育见习总结与考核

一、教育见习的总结

（一）校内见习总结

校内见习主要是观看教学录像和优秀班主任工作视频。此阶段的总结主要以观后感的形式完成。

1. 教学见习工作的总结

校内教学见习主要以师范生观看教学视频为主要方式，让师范生掌握听课和评课的基本规范要求，要求其认真填写听、评课记录，撰写观察报告、反思日记、见习小结等。具体参考两个表格：

表 1-1：思想政治（品德）课堂教学听评课表（参见本章第三节）。

表 1-2：思想政治教育专业见习成果统计表。

表 1-2　思想政治教育专业见习成果统计表

年　级	姓　名		学　号
教育见习听课	课堂教学视频点播_____课时，听评课记录_____篇		
	班主任工作视频点播_____课时，观后感_____篇		
是否完成学校情况记录	是 □　　　否 □		
是否完成校内见习阶段总结	是 □　　　否 □		
是否完成实地见习阶段总结	是 □　　　否 □		
见习的主要收获：			

2. 班主任见习工作总结

校内班主任工作见习的实施方式以观看优秀班主任的视频报告为主，教育见习课程的指导教师可以收集网络上的资源，也可以购买相应的教学资源。指导教师应结合班主任工作课程的教学要求引导师范生观看。观看视频之前，教师要提出一定的要求，视频要能让师范生有所感悟，也要求师范生发现问题，并找到相应的教育理论来分析问题，最终得出问题的解决方案，然后进行讨论。

校内班主任工作见习也可以邀请中学优秀班主任到校做报告，这是最便捷和经济的方式。每一阶段的校内班主任工作见习活动结束后，要求师范生以在听报告过程中所发现或关注的问题为主题，写听后感和文献综述，听后感与文献综述的篇幅和质量要达到一定的要求。

（二）实地教育见习总结

实地教育见习是教育见习的最主要部分，教育实地见习分三期进行，具体安排在实习学期及实习前两个学期。每期的见习都有特定的目标，见习结束后的总结要侧重每期见习任务的完成情况，要求撰写规范的教育见习总结，在见习总结的基础上安排教育见习交流活动。教育见习总结和见习交流活动不能流于形式，学生要有所感悟、有所收获，因此有必要规范教育见习总结报告的写作。教育见习报告分全面总结与专题总结两种。

1. 教育见习的全面总结

（1）教育见习的基本情况。教育见习报告是在特定的见习环境下的反思，所以这一部分主要是对教育见习报告所产生的特定条件的介绍与说明，包括见习时间、见习地点、见习学校班级等的简要介绍。具体有以下要求：时间准确，符合见习执行计划；见习地点准确；见习学校或班级名称准确无误，并能让看者对校情及班情有较全面的了解；本人见习具体岗位与负责事务明确。

（2）教育见习主要内容和过程。教育见习报告要如实记录见习过程，详尽地反映见习所观、所闻内容，包括思想和纪律表现，教学工作、班主任工作、教育调查等开展的情况及对主要事件的描述等。具体要求有：完整记录见习进行的程序和步骤，写明见习经历的内容和过程。

（3）教育见习的收获与体会。收获与体会是见习报告的主体部分，是教育见习活动升华的部分。总结见习过程所得到的启示，反思自己的知识、能力储备中的不足，提出针对问题的应对方案，为将要到来的实习做准备。具体有以下要求：写明是否完成了见习任务，是否解决了见习前的疑惑；写明见习的真实体会和收获；写明对见习的意见和建议。

2. 教育见习的专题总结

（1）确定教育见习报告的主题。教育见习报告的选题要符合以下标准：应该体现见习的基本内容；标题应简明扼要、有概括性；标题字数要适当，字数不宜太多；如有必要，可以采取主标题和副标题的形式。

（2）教育见习的专题总结报告正文。实地教育见习专题总结报告是对见习工作的记录及总结，是运用所学的理论知识对教育见习过程中所见、所思进行深入分析和研究所形成的应用性书面结果。撰写教育见习专题总结报告，全面反映教学见习活动过程，有重点地剖析教育教学现象，归纳出自己的认识。从结构上看，教育见习专题总结报告正文一般包括三部分的内容：

第一部分：导言。导言着重概括教学见习的总体情况，如见习时间、地点、对象、目的、任务，归纳各项主要活动，简介将要重点剖析的材料和意图，以及撰写教育见习专题总结报告的目的和主要内容，使人们初步了解教育见习概况。

第二部分：正文。正文部分是教育见习专题总结报告的主体与核心，着重对重点材料进行剖析和述评，如对事实材料的客观叙述、分析，阐明其原因和条件，说明事实的本质。

第三部分：结语。教育见习专题总结报告需要紧扣专题内容得出结论，提出值得探讨的问题以及改进的建议。

二、教育见习考核与标准

教育见习成绩的记录采用百分制或等级制，90分以上为优秀，80~89分为良好，70~79分为中等，60~69分为及格，60分以下为不及格。

教育见习成绩由带队指导老师的评定成绩（充分考虑见习学校对见习生评价意见）、见习生填写《教育见习鉴定表》和撰写教育见习报告（教育故事、案例或文献综述）的质量、见习生见习态度与纪律情况三项内容构成。以上三部分内容所占成绩比例为：

（1）指导教师评定成绩占总成绩的40%。

（2）《教育见习鉴定表》（具体参考表1-3）以及教育见习报告（教育故事、案例或文献综述）撰写情况占总成绩的40%。对于合作完成的教育观察报告（教育故事、案例或文献综述），按完成者的主要贡献酌情评价。

（3）教育见习态度、出勤率、遵守纪律情况占总成绩的20%。

表1-3 思想政治教育专业见习鉴定表

教育见习鉴定表			
见习学校名称		见习时间	
见习内容			
收获、困惑及改进：			
见习组评价： 组长签字：　　　　年　　月　　日			
带队指导老师评价： 教师签字：　　　　年　　月　　日			

第二章　思想政治教育专业教育实习

教育实习是高等师范教育教学计划的有机组成部分，是培养合格师资、贯彻理论联系实际原则、实现培养目标不可缺少的重要教学环节。思政专业的教育实习是本专业师范生的职前专业训练，是师范性的综合实践课程。进行本专业的教育实习，可以使学生把知识综合运用于教育和教学实践，培养和锻炼师范生从事教育和教学工作的能力，并加深和巩固师范生的学科专业知识和专业情感。

第一节　教育实习概述

一、教育实习的目的

教育实习是师范生必经的实践教学环节，思政专业师范生经过教育实习，能检查和巩固师范生所掌握的专业知识和技能，能锻炼和提高师范生从事中学教育教学工作的能力，能培养他们热爱教育事业、热爱教师职业的情感。教育实习应达到以下三方面的具体目标。

（一）知识目标

（1）能依据课程标准，运用专业知识与技能开展学科教学，并在教学中巩固、丰富专业知识与技能。

（2）理解、掌握不同阶段教育对象的身心发展特点，积累班级管理的实践经验。

（3）获得正确的教师职业发展道路的相关知识。

（二）能力目标

（1）提高沟通交流能力、合作能力与解决问题的能力。

（2）培养从事教育和教学的独立工作能力。

（3）具备模仿、发展、反思自我教学的能力。

（4）具备发现、分析、研究教育教学问题的初步能力。

（三）情感态度目标

（1）遵守法律法规，遵守实习学校各项规章制度。

（2）尊重见习学校的领导、教师，欣赏、爱护学生。

（3）遵守教学规律，探索教育规律。

（4）具备教师职业道德与责任心，热爱教育教学工作，认可教育领域的教学改革。

二、教育实习的意义

教育实习是理论联系实际的过程，思政专业师范生的实习是在老师的引领下，为提高自身教育教学综合素质，对中小学教育教学工作进行理解、分析、研究、实践的认识与实践活动的过程，有重要的意义。

（一）有利于学生巩固所学理论知识

教育实习是思政专业师范生重要的学习途径，是由理论学习到具体实践的过渡，是对理论知识的应用，在应用中拓展、加深对理论的认识。

思政专业的实习师范生在校期间系统地学习了有关马列主义理论知识，涉及政治、经济、哲学、文化、法律、伦理等专业理论知识，但是对这些理论知识的认识是抽象和感性的，对知识理解不深。通过教育实习，学生能够用所学知识解决实际问题，把理论知识转化为自身经验，上升为理性认识。

教育实习还能深化师范生的教育基础理论知识。通过在校期间的学习，学生已经掌握了一定的教育学、心理学等教育理论。教育实习可以初步检测师范生的专业理论知识及教育理论知识的应用能力，帮助师范生增强关于班主任工作、教学工作的理性认识，进一步理解、贯彻教育规律。

（二）实习能促进实习师范生的教育教学技能的完善

教育实习过程是对实习师范生教育教学技能与能力的一次检测，实习师范生从中可以发现自己在技能方面的不足，这些不足是高校教育教学和师范生个人等多方面原因造成的。分析这些原因，将促使高校与师范生不断去思考与解决问题。

教育实习促使高校不断反思与改进高校教学，调整教学技能训练方案，引导师范生完善专业知识及教育理论的储备，为培养适应基础教育改革需要的新型教师进行系统的训练。

教育实习还可以促使师范生不断地进行自觉的自我调整，提高师范生岗前职业学习与技能培养的自觉性，使师范生发现自己在理论知识与能力发展方面的问题，自觉对自身的知识结构、理论水平及职业技能查漏补缺。

（三）培养从事教育教学的独立工作能力

（1）教育实习有利于实习师范生积累教学经验，培养独立工作能力。在教育实习期间，实习学校会指派有教学经验的教师作为实习师范生的指导教师，指导教师在备课、讲课、练习、课堂管理等方面积累了一定的教学经验，这些教学经验对于缺少教育教学实践机会的实习师范生来说是宝贵的。指导教师的教学经验不同于实习师范生在校期间学习的理论知识，前者更具有可操作性，对于实习师范生独立从事教学工作更具有指导意义。

（2）有利于培养实习师范生的团体意识。思想政治（品德）课教学内容具有很强的思想性、人文性、实践性和综合性，实习师范生在开展教学活动时，不仅需要课堂教学，还需要课外教学活动，这就需要师范生与学校领导、家长、社会进行合作。这种教学活动的社会性和合作性要求实习师范生有很强的团队合作意识与能力，而不是单打独斗。

（3）有利于培养实习师范生与人交往的能力。在教育实习阶段，实习师范生突破以往单纯的师生关系和同学关系，他们有更多的机会接触本校院系的带队指导老师和实习学校的指导教师，可以学会如何与老师相处。通过与实习学校的班主任、学校领导、任课教师、学生家长进行交流，体会这种人际交往的奇妙关系。如何平衡这些关系是实习师范生在师范院校课堂里无法解决的问题，但通过教育实习，他们能学会处理各种关系的基本方法。

（四）有助于实习师范生坚持教师职业理想

教育实习能帮助实习师范生了解教育现实，明确社会责任。教育是培养人的事业，培养人是一项伟大而艰巨的事业，它要求教师要有强烈的事业心、责任感和奉献精神。因此，要求实习师范生热爱教育事业，坚定自己的选择，这样才能对教育事业有执着的追求，才能摆脱名利的困扰，才能在平凡而伟大的教书育人岗位中实现人生的价值。

（五）培养实习师范生的教育研究能力

拥有教育科研能力是提高教育质量和提高教师职业专业化水平的要求。实习师范生的教育研究是结合自己的工作实践进行的，在实习过程中可以观察记录、积累经验，合理使用教育科学研究方法，概括和升华自己的教育实践经验。

实习师范生不应该拘泥于教材，要有发现教育过程中存在的问题的敏锐性。对于一些值得研究的教育问题，要乐于深入研究，坚持科学性和创造性相结合的原则，积极探索，能对问题进行分析，并提出解决问题的方案。

三、教育实习的组织与管理

实习师范生在实习期间要接受师范院校和实习学校的双重组织领导。双重组织管理则要通过实习学校的政治科目组（或政治基组）与实习组来执行。

（一）高师院校的组织与管理

1. 教务处的管理职责

师范院校的教育实习管理往往采用自上而下的垂直管理体系，形成由校长（或分管副校长）、教务处、二级学院、教研室（专业）、班级、实习组这样的层级管理体系。

教务处是高校教育实习工作的管理机构，在主管教学的校领导指导下，负责以下工作：

（1）统筹协调全校师范生教育实习工作，负责监管各专业实习工作的全面开展及检查管理。

（2）负责校级教育教学实践基地建设。建立稳定、高水平的教育实践基地，为教育实习创造良好的环境；通过实习基地，把教育理论与中学生丰富的教育实践紧密地结合起来，充分发挥双方的办学优势，形成强强联合的办学模式。

（3）制定教育实习的相关管理办法。

（4）制定教育实习经费标准，审批、划拨实习经费。

（5）组织研制校级教育实习网站。

（6）定期组织开展校级教育实习工作总结交流会议。

（7）对实习工作中表现突出的先进集体、先进团队和个人进行表彰奖励。

2. 院（系、部）的教育实习领导小组

院（系、部）实习领导小组负责具体的实习事务。领导小组可以由院长或分管教学的副院长担任组长，负责统筹本单位师范生的教育实习工作，并落实教育实习组织与管理工作，具体工作如下：

（1）成立院（系、部）实习领导小组。实习领导小组成员包括院（系、部）领导、办公室人员、班主任、教研室老师、辅导员、教学法老师。领导小组负责领导与协调本单位的教育实习工作，制订实习工作计划和实施方案，明确教育实习工作的分工与职责。

（2）统筹协调本学院师范生教育实习工作，负责本学院的教育实习基地建设、组织管理、指导；联系、确定实习学校，要注意所选学校思想政治（品德）学科的发展状况，如师资队伍、教学水平、指导实习师范生的能力和责任心等。同时，还要注意该校的校风、学风建设以及学校的管理水平是否对实习师范生有积极的指导意义。

（3）组建实习组，合理分配实习师范生到各实习学校。对本专业的实习师范生按照教学能力、管理能力、男女生比例、文体技能等进行统筹的安排，保证各实习学校师范生的综合能力基本均衡，这对顺利开展教育实习很关键。组建实习组，要重视实习组组长的选用，选好一个实习组组长，对实习活动影响很大。

（4）按专业安排教育实习课程负责人，负责教育实习课程的建设与组织实施，制定教育实习教学大纲与执行实习计划。每个实习组安排一名带队指导老师，带队指导老师最好是"双师型"老师，负责管理实习师范生日常事务，与实习学校的具体事务联系，做好实习师范生的管理工作、教学工作和思想工作，了解、掌握实习组学生的情况，及时处理和解决实习中的一些问题。

（5）教育实习开始前，组织对指导教师和师范生进行培训与动员；在教育实习过程中，组织指导教师对实习学校进行巡视检查；实习结束后，组织开展教育实习总结、评优、成果展示等工作。

3. 实习师范生的组织

实习师范生成立实习小组，其主要任务是在实习学校领导下做好学生实习期间的学习、生活、思想方面的工作。实习组设正、副组长，其分工如下。

组长的职责：

（1）全面负责实习组工作。负责实习组的工作、生活、纪律、安全等日常管理工作；掌握组员的思想和工作情况，了解组员对实习工作的要求和意见，并及时向所在院系和实习学校有关部门汇报。

（2）负责组织全体组员学习教育实习有关文件。

（3）负责制订实习组的实习工作计划和实习组规定，填写实习组工作日记，掌握实习组个人对班级安排、课堂教学、公开课、第二课堂活动、主题班会等的安排，做好实习会议记录、考勤记录、实习总结等。

（4）负责组织全体组员备课、说课、试讲。

（5）负责每周召开一次实习组会议，交流经验，研究工作，布置任务，并向实习学校领导和教师汇报实习情况。

（6）负责主持实习组的政治学习和业务学习。

（7）负责及时传达和布置学院和实习学校对学生的要求和任务。

（8）负责优秀实习师范生的推选工作。

副组长职责：

（1）协助组长工作，负责同学们的生活管理工作。

（2）负责物资和财务工作，管好同学的费用收发等。

（二）实习学校的组织与管理

实习学校受实习师范生所在师范院校的委托，对实习师范生在实习学校的实习工作进行全面指导和管理。

1. 教务处与教导处

在实习学校领导下，由实习学校教务处和教导处负责实习师范生的具体组织管理工作，包括实习师范生的生活、工作安排，实习师范生的思想政治工作及纪律考勤，对违反纪律和规章制度的师范生及时进行批评教育，并向实习师范生所在院校通报学生的实习情况。

做好实习教学的指导工作，定期检查实习计划的执行情况，及时解决和处理存在的问题，尤其注意实习师范生是否完成教学工作、班主任工作的各项任务，帮助师范生不断提高教育实习的质量。

实习结束时，根据实习计划，对实习师范生的教育实习表现进行考核，评定成绩，填写考核表。

2. 思想政治（品德）教研室或任课教师

思想政治（品德）科目组（或政史地科目组）负责安排、指导、检查实习师范生的教学实习工作。具体任务是：实习师范生初来或接班时负责介绍科目组情况，包括组织领导、规章制度、职责范围、科目组教研活动，并分配工作。根据实习计划要求，做好具体教学实习工作安排，指导师范生的教学实习工作，检查实习计划的完成情况，解决存在的问题。

任课教师认真指导和严格检查实习师范生的备课、试讲、上课、课后辅导，以及组织复习、考试等情况，及时了解和掌握实习师范生在教学中的表现，向实习学校主管领导报告实习师范生的情况。实习结束时，根据实习师范生实习期间的表现对其教学工作进行鉴定。

3. 班主任

实习师范生的班主任工作在原班主任的带领和指导下全面开展。班主任是实习师范生班主任工作的直接指导者和管理者，包括指导实习师范生制订班主任工作计划，监督实习师范生做好班级日常管理，指导师范生做好学生的心理辅导工作、处理突发事件等。实习结束时，根据实习师范生在实习期间的表现对其班主任工作进行鉴定。

四、教育实习的任务与要求

思政专业师范生的实习内容与任务主要有：班主任工作实习、教学工作实习、教育教学调查研究活动等。

（一）教学工作实习任务与要求

教学实习是教育实习的核心，主要任务有：备课与上课、听课与评课、课后辅导与作业批改、复习与命题、考试与成绩评定、试卷分析与讲评、组织课外活动与校外实践、教学专题研究等。在这些任务中，课堂教学是最重要的任务，实习师范生大量的时间都放在与课堂教学有关的活动上。课堂教学效果在很大程度上决定了教学实习的质量。教学实习的不同任务有不同的要求，具体如下。

1. 备课的任务与要求

（1）钻研课程标准与教材。实习师范生应在指导教师和原任课教师指导下，认真细致地钻研本学科的课程标准和教材，熟悉教学内容，明确教学内容在单元内容以及在课程标准中的地位和作用。

（2）了解学生。了解学生原有的知识、技能水平、思想状况、学习兴趣、方法和习惯。

（3）编制教案或教学设计。在掌握教材内容和了解学生学习特点的基础上，实习师范生课前要进行集体备课，要写出详细教案或教学设计。确定每堂课的教学目标、重点、难点、教学方法、教学手段及教学过程安排（含时间分配），并考虑教具的采用、制作，练习的内容和方式，板书的设计及演示程序，作业的布置等。

（4）进行试讲。为了保证课堂教学的顺利进行，为了确保课堂教学质量，课前必须进行试讲，同组实习师范生参加听课，并邀请原任课教师参加。试讲后由听课教师或同伴提出意见，实习师范生对教案进行修改和补充，针对预见到的问题在上课前找到解决方案，最后送原任课教师审阅批准。

2. 上课的任务与要求

（1）认真做好上课前的一切准备工作，包括教学用具准备和精神准备。

（2）实习期间，本着提高自己的目的，实习师范生应尽可能多上课。既要在老师的指导下上课，也要尝试独立上课。

（3）尝试用不同的课型开展课堂教学活动，包括授新课、复习课、练习课、讲评课等，并尝试不同的教学方法、不同的教学模式等。

（4）做好课堂教学组织工作。灵活运用各种教学方法，使课堂学习过程动静结合，充分调动学生的听、看、讲、想、做等，保证课堂教学在紧张、严肃、生动、活泼的气氛中进行。在教学过程中，要注意掌握时间，有序地分配学生的注意力、精力，激发学生的学习动机、兴趣，以达到最佳教学效果。

（5）实习师范生要能综合运用各种教学技能进行课堂教学。教态要从容、大方、镇静，要用恰当的姿势辅助"说话"；板书、板画要清楚，布局适当，书写要清楚、工整，无笔顺、笔画错误，不写错别字；应积极使用现代教学手段，演示以及教具的使用要纯熟、准确、有效；使用普通话进行教学，注意教学语言的简洁、生动、通俗易懂，杜绝方言，减少"语病"。

（6）教学要体现启发式思想。实习师范生在讲课中应恰当地启发学生的思维，鼓励学生创造性地思考；同时，应随时使用适当的方式帮助学生巩固知识；课堂提问要给学生回答问题留下思考的时间，对学生的回答评价要中肯，要指明正误并鼓励学生。

3. 听评课的任务与要求

听课与评课是教育实习的一项常规教学内容，一般都要求实习师范生完成一定数量的听评课任务。

（1）听实习学校老师的课，尤其是原任课指导老师的课。通过听课，以及参加课后的评课研究活动，可以对比发现自己存在的问题，及时进行纠正。同时，听课也能观察学生的课堂表现，进一步熟悉学情，为自己的备课与教学提供依据。

（2）实习组内部要坚持互相听课和评课制度。在备课、试讲、上课等活动中，实习师范生之间应该互相听课与评课，同一备课小组必须集体备课，互相听课、互相评议，并认真做好听课和评议记录。实习师范生互相听课和教学评议的情况将作为考查实习师范生教学态度和教学能力的依据之一。

（3）指导教师要听实习师范生的课，应经常组织实习师范生进行课后评议活动，运用教育理论评析上课情况，帮助实习师范生改进教学，提高水平。

4. 作业、考试与辅导的任务与要求

（1）要精心选择并设计课内、课外作业。作业的分量恰当、难度适当，着眼于巩固学生知识、培养技能，尤应注意发展学生应用所学知识分析问题、解决问题的能力。

（2）布置和批改作业。布置作业要规定完成作业的时间，要向学生提出明确的质量要求和书写规格要求。对布置的作业要及时检查、认真批改，给学生写评语时要持慎重态度，注意保护学生的学习积极性，评语的书写要正确、规范。

（3）做好作业讲评工作。对作业中的疑难问题要事先进行研究，找到正确的答案，必要时可请指导教师把关，并分析研究学生完成作业的优缺点，对学生完成作业的情况进行统计。

（4）辅导学生时要根据学生差异，因材施教，做到有的放矢进行辅导，如给缺课、基础差或跟不上教学进度的学生补课，以确保他们不放弃学习；给学有余力的学生适当增加有一定难度的内容等。

（5）协助实习学校教师做好学生的自习课辅导、评阅试卷等工作。参与这些工作，能加深实习师范生对中学生知识基础和能力起点的了解，有利于实习师范生的备课与教学。

（二）班主任工作实习的任务与要求

实习师范生要了解班主任在学校工作中的地位和作用，熟悉班主任工作的基本内容和特点，掌握班主任工作的科学方法，正确履行班主任的职责，并能独立开展班主任工作。具体任务与要求如下：

1. 实习班主任工作的主要内容

（1）熟悉实习学校的班主任管理制度及班主任的职责范围。

（2）认真学习原班主任的工作方法与经验，听取有关班级情况的介绍，了解本学期班主

任工作计划，明确班主任工作的目标要求。根据原班主任的工作计划，结合实际情况，拟订班主任工作实习计划，送原班主任和指导教师批准后执行。在实习班主任工作中，遇到问题应及时向原班主任汇报请示，共同研究，保证与教育要求一致。

（3）熟悉所实习的班级集体，包括班级一般情况、班级的传统和作风倾向、班干部情况、发展趋向和当前突出的矛盾等。

（4）了解班级的每一个学生。查阅有关学生的成长记录袋或学籍资料等，对个体学生的身心发展状况，德、智、体的表现情况等有所掌握。

（5）实习班主任工作期间，要记好班主任工作日志，注意积累有关教育活动资料，及时做好实习班主任工作的反思与总结。

2. 实习班主任的班级日常管理工作任务及要求

（1）熟悉并掌握实习学校在班级管理方面的具体要求，熟悉实习学校对学生日常行为的管理规范。

（2）做好班主任的日常工作，参加诸如升旗、早操、课间操、眼保健操、自习课、社会实践等活动；指导学生读报、编黑板报以及组织文体活动、班队活动，检查教室日志，批改学生周记，进行家庭访问等。

（3）重视培养学生自治、自理、自立的能力，使每一个学生都成为班集体的主人。

3. 组织主题班会的任务与要求

（1）精心选择并确定班会的主题，要求积极健康向上，富有针对性和教育意义。

（2）主题班会实施方式要多样化，做到生动活泼，有积极的效果。

（3）主题班会事先要做好准备工作，包括做好发动工作，做好物质、精神两方面的准备。

（4）注重学生的自我教育，使班级的每一个学生都参与到活动中来。

（5）主题班会结束后，实习师范生要及时收集信息反馈，认真总结，扩大教育效果。

4. 组织家长会的任务与要求

（1）明确家长会的主题。开家长会要有明确的主题，切忌眉毛胡子一把抓。家长会主题明确了，家长会的效果就会更加明显。

（2）会前要充分做好准备工作。第一，全面了解学生情况。家长会上要向家长汇报学生在学校的各种表现，所以实习老师对学生的思想动态、日常表现以及各科成绩要有全面的了解。第二，了解学生家长及其家庭情况。首先，要了解家长，不同家长的性格与处事方式不同。为了更好地与家长沟通，实习师范生有必要事先向原班主任或学生了解家长的大概情况。其次，要了解学生的家庭情况。家庭对学生的影响至关重要，学生的许多品质是在家庭的熏陶中形成。因此，实习师范生在决定对学生进行教育之前，必须首先了解学生的家庭情况：家庭的成员及经济状况，家庭的氛围（如家庭和睦与否、家风情况等），家教状况（如对孩子是溺爱放任、粗暴严厉还是不闻不问，教育内容与方式是否恰当等），家长的文化水平、职业、性格、处世态度等。

（三）教育教学调查与研究

实习师范生的教育教学调查与研究是教育实习的另一项重要教学任务。在搞好教学和班主任工作的同时，实习师范生需要安排一定的时间进行教育教学调查研究，锻炼调查研究和教育科研能力。

（1）教育教学调查研究要立足于实习学校和当地情况，调查内容可结合实习学校或当地情况加以选择。例如，实习学校的思想政治（品德）学科的教学传统风格、教学改革经验，学生学习思想政治（品德）学科的心理特点、学习习惯、学习方法，本专业学科的综合实践活动情况，开展素质教育情况等。

（2）教育科研可以对思想政治（品德）学科优秀教师的教学经验进行专题研究，也可以和实习学校指导教师合作共同进行某项教育教学改革实验。

（3）写出调查报告或科研论文。此项成果是教育实习成绩评定的重要依据之一。优秀调查报告或教育科研论文，可作为毕业论文的选题。

第二节　教育实习的准备

实习准备，是指实习师范生为完成教育实习任务，在实习开始前为教育实习所做的业务准备、思想准备和物质准备等。

一、思想准备

1. 充分认识教育实习的意义

思政专业教育实习是检验师范生学科理论知识、教育理论知识和实践相结合的能力的实践活动。实习师范生要充分认识教育实习对于自己的教师职业发展的重要性，既要严肃认真对待，又要充满自信。

2. 充分认识学生与老师的双重角色

在教育实习过程中，实习师范生要虚心向实习学校老师学习。在他们面前，实习师范生还是学生，处于学习阶段；但在学生面前，实习师范生又是老师，要以老师的角色关心、爱护、欣赏学生，对学生要宽严相济、亦师亦友，要以身作则、为人师表。

3. 团队意识与严于律己的准备

实习师范生要遵守师范院校对实习师范生的纪律要求，还要严格遵守实习学校的校纪校规。实习学校对本校教师的教学管理要求、班主任管理要求同样适用于实习师范生。同时，各实习组也有实习组的纪律，实习师范生要养成守时、守信、守纪、守法的良好习惯。

4. 生活上吃苦耐劳的思想准备

接收实习师范生到学校实习，实习学校有很多生活上的问题需要解决。实习师范生要明白自己实习的目的，只要基本生活条件具备即可，不要追求享受，对实习学校提供的机会要心存感激，不要在生活问题上纠缠。

二、教学工作准备

教学工作主要包括备课与课堂教学两大任务，需要师范生有充足的知识储备与技能准备。

实习之前要掌握与运用正确的备课方法，写出可行的教学设计方案，能够上完整的课堂教学模拟课。

（一）与备课有关的知识准备

实习师范生在实习前一学期，开始着手教学实习准备工作。找到《普通高中思想政治课程标准（实验）》《义务教育思想品德课程标准（2011 版）》，找到实习学校所采用的思想政治（品德）课教材，开始做准备。

备课需要有知识准备。知识准备不充分会影响备课质量，知识储备越充分的师范生，备课越有把握，教学时也越自信。知识准备取决于长年累月的积累。实习中的知识准备主要包括钻研课程标准、教材、教学参考资料等。

1. 钻研课程标准

备课从备课程标准开始。教材编写者根据课程标准来编写教材，课程标准是编写教材的基础，也是我们教学的基础。实习师范生要重视对课程标准规定的性质、理念、内容标准、教学建议、教学评价的钻研与理解。实习师范生只有读透课程标准，再结合教材内容的设计来备课，才能使授课更符合学生的学习规律。

2. 要熟悉实习教材

教材是沟通老师与学生的桥梁，学生并不知道课程标准，但他们手上有教材，课堂教学也围绕教材开展。备课的时候要注意备教材与备学生相结合，离开学生备教材，是一种错误的备课方法。

3. 注意开发与利用教学资源

课程资源是课程设计、编制、实施和评价等整个课程发展过程中可利用的一切人力、物力以及自然资源的总和。思想政治（品德）课可开发与利用的教学资源非常多，重点要注意开发与利用实习学校及实习当地的课程教学资源。每个学校都有自己独特的教学资源，师范生要注意观察与利用，还可以开发实习当地的各种资源。在开发与利用的过程当中，可以与实习学校的领导老师、学生、当地民众多交流，争取多掌握与学生生活关系密切的教学资源。

（二）与教学有关的技能准备

技能的养成不是一朝一夕能做到的，需要长时间的磨炼，与教学有关的技能准备需要不断训练。

首先，出发前，师范生要有一定的教学分项技能，如通过微格教学方式训练导入、讲解、提问、结束、演示、板书以及课堂教学组织技能等。可分小组进行课堂模拟试讲，练习各种技能的综合运用。试讲之后的评课、反思也需要大量的训练。

其次，到实习地后，要先观摩原任课老师的课堂教学。通过听课了解学生的情况，针对学生的学习态度、学习习惯调整自己的教学技能和教学方式，不断完善自己的教学技能。

最后，要有开展第二课堂活动的基本技能。第二课堂活动是教育实习的一项重要内容，对实习师范生的组织管理技能、活动设计能力是一次检验，需要师范生有足够的教学管理技巧。

（三）校内试讲准备

在师范院校内的试讲是课堂教学的模拟训练，目的是训练师范生课堂教学的综合能力，为教育实习和将来的就业做准备。试讲训练需要注意的问题有以下几个。

1. 语言流畅

讲课的语言要流畅，语言不规则的停顿，或相同意思的语言反复出现，或口头禅过多，或同语重复，都不符合讲课要求。

语言表达声音要洪亮，音量要保证教室各个角落的学生都能听清楚，音量的大小以学生为标准，不能以师范生本人的自我感觉为标准。尤其在课堂特别活跃或比较乱的时候，老师要通过语言来组织课堂。声音不洪亮、音量太小，很难保证学生能注意到教师的指令与要求。

教学语言还要能体现教师的情感要求。教师的教学语言要能体现出与教学内容相关的情感要求，通过语言的抑扬顿挫、高低变化、快慢结合来体现老师的情感。

语速的把握要适中，避免过快、过慢。过快容易形成信息积压，学生还来不及理解，新的信息又来了；过慢，信息量不够，会导致学生注意力不集中。

语言要准确，吐字清晰。不准确的语言会让学生产生与教学内容无关的联想，导致学生上课注意力分散，思想游离于课堂之外。

2. 板书美观

实习师范生在试讲中要根据不同的教学内容灵活尝试运用多种板书设计形式。思想政治（品德）课可利用的板书方式有提纲式、演绎式、归纳式、线索式、图表式等。板书可以是文字板书，也可以是板画；有主板书，也有副板书。板书的过程要注意避免写得太乱、太满。

3. 教学仪态

教学仪态要自然。教学仪态的自然表现在教学仪表上，包括穿着打扮要符合教师职业规范，课堂上的肢体语言与教学内容相吻合等。

4. 教学设计与教学组织

教学设计与教学组织的内容主要包括：教学目标准确合理，教学方法得当，教学导入精彩，吸引学生；抓住重点，条理清晰；设置合乎教学内容的互动环节；教学结尾收束有力，教学过程完整等。

三、班主任工作相关的准备

1. 善于与人沟通

班主任工作是实习时又一项重要的内容。班主任工作要求实习师范生学会与人沟通，善于与别人交流。师范生平时在校园的交往圈子比较小，社会交往机会也比较少，有的实习师范生存在见到陌生人就脸红，或者说话不自然，与人交往有障碍等问题。因此，实习师范生在大学期间要培养自己开朗的性格，能与不同类型的人交谈，善于挖掘聊天话题。遇到问题能寻找帮助，自己正当的要求要善于通过沟通来表达。

2. 知识与方法准备

班主任工作需要的知识与技能准备涉及以下内容：掌握并运用教育学、心理学的理论知识来分析班主任工作所遇到的事情或学生的情况，掌握与学生交往的方法，掌握组建班团组织的方法，掌握班级、团队学生干部的管理方法，掌握集体、个别学生心理辅导方法，掌握思想教育的一般规律，掌握做班级活动计划等知识与方法。

四、物质准备

教育实习往往需要持续一段时间，各个高等师范院校对师范生的实习时间都有明确要求。实习师范生到一个陌生的学校，如果物质方面的准备不充分，会影响到教育实习任务的完成与完成的质量。为了减少物质准备不足给实习带来的不便，在出发实习之前，实习师范生应该进行必要的物质准备。

（一）实习前的踩点

实习组应该在实习出发之前先了解实习学校的情况，派代表去实地了解情况，然后根据实际情况进行准备。

开学第一周，带队老师和实习组组长到实习学校踩点，和实习学校主管领导见面，了解实习学校情况，包括落实实习年级和任课老师、班主任名单及联系方式，教学进度，食宿等情况。踩点回来之后，制订可执行的实习计划，再把实习计划发给实习学校。

实习组长要把了解到的情况通告实习组的同学，让大家做好充分的准备。所以，实习前的踩点很重要。即使不踩点，也应该与实习学校保持联系，尽量通过联系获取对实习有帮助的信息，尤其要通过与任课老师联系，了解教学进度。如果能落实上课的内容，实习师范生则可以在出发前做好足够的资料收集工作，可以提前在校内试讲。

（二）注意踩点联系的技巧

实习前的联系很重要，但需要注意沟通技巧，否则会弄巧成拙。与实习学校沟通，建议如下：

（1）可以由实习组长或指定组内比较善于人际交往的组员与学校联系，如果有熟悉这个学校的师范生则更好。到实习学校踩点时，要找到合适的负责人进行联系，如主管实习工作的教导处等。

（2）在合适的时间进行联系。中学教师一般课较多，比较忙，所以联系的时间应选择在上班时间比较合适，这样对方才有较充足的时间回答问题。尽量不要在晚上和下班后打扰对方。

（3）用适当的方式进行联系。刚开始在不熟悉的情况下，尽量采用文字的形式进行联系，如利用电子邮件、短信进行有礼貌的问候，不要直入主题。可以先介绍实习组的情况，或将实习组的实习计划发给对方。待比较熟悉之后，可以直接打电话询问一些问题。

（4）建立好第一印象。要尊重实习学校的负责人，交谈时要详细记录实习学校对实习的要求与建议。聊天时要注意用词和礼貌，谈吐应该得体、礼貌、谦虚。

掌握实习学校的情况后，实习师范生可以有意识地做好教学、班主任工作的资料收集及试讲工作，尤其是做好充足的物质准备。毕竟实习一开始，最难适应的就是住宿与伙食。一般实习都安排在秋季期，实习师范生应该准备好过冬的衣物与床上用品。如果实习学校不能提供电脑，建议实习师范生带上电脑，以方便备课和查找资料。如果没有网络，找资料不太方便，则建议尽量多带参考资料。关于日常用品，可以到实习地购买，以减少行李搬放的麻烦。

第三节　融入实习学校

教育实习是实习师范生第一次以老师的身份进入学校、第一次踏上讲台、第一次被学生称为老师。面对陌生的环境、陌生的人群，实习师范生在心理上会产生紧张感。尽快适应新环境，尽快融入新的群体，是消除紧张感的好方法。

一、了解实习学校环境

到实习学校后的工作与生活节奏都很紧张，中学的时间观念往往比较强，效率也高。实习师范生到达实习学校的当天下午或晚上，实习学校就会召开见面会，实习学校领导会在会上介绍实习学校的详细情况，这是实习师范生深入了解实习学校的最好时机。

（一）实习学校的历史

每一所学校都有自己的历史，校史记录了学校诞生、发展的历程，留下了师生共同前进的足迹。了解实习学校的历史包括：创办时间、创办者、发展历程、重大事件、知名校友。

了解实习学校的校训。校训是学校为了树立良好校风而制定、要求全体师生共同遵守的行为准则和规范。校训往往与学校的历史、重要事件、知名校友有关，它集中反映了一所学校的办学宗旨和历史传统，体现了学校的文化追求和精神风貌。

（二）学校的现状

了解学校及当地的状况：学校的地理位置、周边情况，当地的治安与安全状况、交通状况，当地社会的总体经济、文化状况等。

了解实习学校的占地面积、教学设施情况；了解教学班级数量、学生总人数、实习各班级的学生人数；了解学校教职员工人数，教学人员的学历、职称情况，以及学生来源及其家庭的共同点等。

了解实习学校在新一轮课程改革下的办学理念、教学理念方面是否有新的变化，学校近几年的高考、中考成绩概况，实习学校与当地其他中学相比较的优势与劣势，社会对实习学校的评价等。

（三）学校的教学设施

结合实习学校领导的介绍及会后的校园实地观察，了解学校计算机房及联网情况；了解学校的文体场地及器材，以便开展第二课堂活动及文体活动；了解学校的图书馆、阅览室的作息安排及管理规定；了解学校的教学设备。

（四）学校的管理

实习师范生需要适应实习学校的管理制度，因此要了解实习学校的管理制度和要求，重点要了解与教育实习关系最紧密的管理制度。了解校长负责制下学校的行政机构设置、党团机构设置；了解教导处与政教处的工作与职责范围；了解科室及班主任工作职责、德育管理制度、课堂教学管理制度、宿舍管理制度；了解学校的后勤管理制度，适应后勤对食宿、水电的管理；了解学校的作息时间表、课程表等。

二、适应实习环境

实习是思政专业师范生专业成长的需要，是师范生专业知识与能力、专业自主意识与情感态度等方面获得发展和提高的过程。这一过程必须建立在适应实习学校环境的基础之上。

1. 能自觉调整情绪，克服因不适应环境而引起的焦虑情绪

首先，到达实习学校安顿好以后，应召开实习组会议，根据学校的实际情况合理调整计划，同学之间互相帮助、互相鼓励，妥善安排好住宿等事宜。其次，要杜绝一切对实习学校环境不满的言论，不能让这些消极情绪在实习组内漫延，应该尽快完成由焦虑到适应的自我调整、自我适应过程。

实习开始前，实习师范生就意识到自己的角色将要发生变化，即从教育实践的学习者、旁观者转换为参与者与践行者。教育实习的新鲜感总能激起实习师范生的无限热情，大家往往把实习学校想象得过于理想化，认为实习学校会为实习准备充足的硬件与软件环境；或者思想上对可能遇到的困难有所准备。但真正到实习地后，如果学校的软硬环境达不到自己的预期，情绪就会受到影响。适应能力强的实习师范生可能一天就能调整好自己的心情；适应能力差的实习师范生就可能要花几天时间，包括无法很快适应饮食、起居、纪律、作息制度等，显得很焦虑、苦闷。带队指导老师要及时引导实习师范生尽快调整好紧张与焦虑情绪，引导学生尽快安顿好床铺、购置好自己的日用品，把注意力集中到最重要的教学及班主任工作上。

2. 采取务实的态度，就地取材开展实习工作

到实习学校后，实习师范生应尽快熟悉校园环境和周边环境，尽快融入新的环境。在心理上能很快调整好理想与现实之间的差距，对实习工作有一个新的、务实的认识。

实习师范生要认识到实习学校提供实习岗位是要克服一定困难的。适合实习的学校，由于每年都要接受实习师范生，要解决实习师范生的食宿、水电、办公场所及各种可能出现的问题，他们做出的努力是巨大的。学校管理者、任课老师、班主任指导实习师范生的工作繁

重，容易感到疲倦。

好的中学，对接受师范生实习的热情并不高，担心会打乱自己的教学计划，影响教学质量。有的重点学校由于各种原因接收了实习师范生，在为实习师范生创造好的实习条件方面也没有足够的积极性。比如，布置实习师范生反复听课、说课、试讲，或只给学生上练习课、讲评课，或只让实习师范生批改大量的作业和试卷，尽量不给实习师范生上新课，或者尽量减少上课的次数。如果出现这种情况，实习效果就会大打折扣。教学实习需要有一定的独立备课、独立完成教学的尝试，重点中学往往不愿意给这个机会。班主任工作也会遇到同样的问题，实习师范生只能跟班学习，没有独立组织班级活动的机会。

如果选择校风与学风不好的实习学校，实习学校的指导老师将大量的教学工作完全交给实习师范生，却并不指导实习师范生教学，或其本身指导能力就有限。其他非思想政治（品德）科的老师也将他们的课交给实习师范生上，如历史、地理、语文、英语等，让实习师范生处于无组织、无管理的状态。班主任工作更可能全部放手，完全由实习生替代原班主任工作。这种放羊式的实习，课虽然多，但由于课堂很难组织，有时实习师范生很难完整上完一节课，得不到必要的指导，这对实习生教学水平的提高非常不利，这样的教学实习也难以达到实习目标。

以上种种都是实习师范生正常实习可能遇到的问题，这需要实习师范生有正确的认识，并在实习阶段及时调整心态。如果实习学校后勤有问题，就及时与带队老师商量，与实习学校沟通解决；没有办公室，就在宿舍办公；没有试讲地点，就利用学生休息、教室空的时候到教室试讲。同时，也要尽量为实习学校分忧解难，能帮上忙的事情一定尽力，给实习学校留下好的印象，为以后学生的实习留下好的印象。

三、与实习学校建立良好的关系

实习学校与老师对实习师范生的第一印象，是在第一次见面时产生的。第一次见面会由实习学校的领导主持，学校领导介绍完学校的情况后，会给实习师范生介绍指导老师。在见面会上，实习师范生会认识自己的班主任指导老师和任课指导老师。

第一次见面，实习师范生的一举一动、一言一行都会影响到实习学校对实习小组的评价。在老师的眼中，实习师范生不只是一名学生，还是一名老师。这一双重角色不时在实习学校领导与老师的眼中轮换，实习师范生甚至不知道他们跟自己说话的时候是把自己当作学生还是老师。在一般情况下，刚开始时他们会把实习师范生当学生看；实习生开始接手教学和班主任工作后，他们会把实习师范生当老师看待，但也只是当成实习老师，一个可以犯错误但能被谅解的准老师。

实习生到实习地安顿好之后，在见面会之前，实习组需要强调实习组的组织性与纪律性，强调所有实习师范生在实习学校的言行举止规范，强调实习师范生的言行举止要符合实习学校的标准和习惯。

（一）规范实习师范生着装的要求

实习师范生在日常工作中应统一佩戴胸牌，升旗仪式时的着装要体现严肃性。教师着装对学生的心理、审美、行为有较大的影响。衣着整洁得体，仪表朴素大方，能体现教师职业的特点和健康的审美情趣。所以，实习师范生应按照教师职业的特点，注重个人衣着、仪容的修饰。

通常，实习师范生的着装、穿戴、举止等方面如果离实习学校要求太远，就会引起实习学校的领导和老师的反感。因此，实习师范生的穿戴标准最好和实习学校的青年教师保持一致，稍微保守些也无妨。由于实习师范生和高中生年龄差别不很大，所以实习师范生的穿戴显得成熟些是有好处的，不至于被误认为是高中生。在实习期间，禁止穿奇装异服，禁止穿超短裙、短裤，禁止化浓妆，禁止佩戴夸张的耳环、项链等饰物。

（二）保持与实习学校有效沟通

实习师范生要注意与实习学校沟通的技巧。在实习过程中，实习师范生肯定要与实习学校的领导和老师打交道，尤其是实习师范生遇到自己解决不了的难题时，可以向实习学校寻求帮助。在解决问题的过程中，可以增进和老师之间的信任感，避免不必要的摩擦。这需要实习师范生做到态度诚恳和精神顽强。诚恳就是要有诚意，以自己的能力赢得老师的信任和理解；顽强就是采取实习学校、老师能接受的方式争取合理的要求。

参加集会或集体活动要保持实习组整体良好的精神风貌，强调实习组的整体形象，行动应该统一，在公开场合要有组织、有纪律，因为集体活动时大家不仅代表实习组，而且代表自己的母校。

在言谈举止方面，实习师范生要谈吐高雅，不失分寸，与实习学校的领导和老师交往要不卑不亢，要充分尊重实习学校，私下不对实习学校说长道短，不胡乱批评实习学校的管理制度、校风等。

要懂礼仪礼貌，参加集会时要比实习学校老师提前到会场，要认真听报告并做好记录，见到老师要主动问好，排队时要懂得礼让。

要尊重学生，实习师范生切勿用尖刻的语言侮辱学生、取笑学生，不能用讥讽的语气来呵斥犯错误的学生，不给犯错的学生贴标签。

实习师范生以自我为中心，不屑于或不敢与人交往，都是心理不健康的表现，需要进行自我纠正。大学生总要进入社会，实习是一个社会化的过程，学会与人交往非常有必要。实习师范生应保持一种积极乐观的心态。

（三）与指导教师相处融洽

实习学校一般会给实习师范生安排两名指导老师，其中一名是任课教师，另一名是原班主任。在实习过程中，实习师范生与他们会发生经常的、最密切的工作联系。实习的好处之一就是能得到有丰富实践经验的指导老师的直接指导，让实习师范生可以少犯错误、少走弯路，这对实习师范生的专业成长非常有帮助。因此，实习师范生要特别注意处理好与指导教师的关系。

（1）要理解指导老师的处境。实习师范生的教学工作与班主任工作的开展都离不开指导老师的指导。教学实习指导对任课指导老师来说可能是一件费劲的事情，要做一名优秀的指导老师并不容易，许多指导老师感到指导实习师范生的教学要比自己进行教学还困难，特别让他们担心的是实习老师的课上得不好，会影响学生们的学习。在实习师范生走后，他们还得重新再教一遍相同的内容。对原班主任来说，如果实习班主任工作管理不好，班上的纪律可能涣散，班上的学习氛围也可能受到影响。实习结束后，有的班主任可能还得花很大的精力把班级恢复到原来的秩序。

（2）要虚心听取指导老师的指导。大多数指导老师责任感很强，他们希望实习师范生能够在实习期间真正学到东西，他们比较欣赏实习师范生能进行创造性的教学尝试。相反，消极工作的实习师范生将最先失去指导老师的信任。

第一，不要迟到和缺席。实习阶段，总有一些实习师范生纪律松散，经常迟到和缺席。

第二，不要胡乱抱怨和批评实习学校。实习师范生在和其他教师或实习同学谈话中要尽量避免埋怨学校。即使发现不足之处，也要先和带队老师沟通。如果有非解决不可的问题，就由带队老师向实习学校的有关部反映。即使对教育教学现象有不同意见，师范生也要保持耐心、克制，充分理解。有些问题的产生可能有其深刻的原因，这或许可以成为实习师范生做教育调查研究活动的课题内容。师范生应运用所学教育教学理论和专业知识进行深入研究分析。在没了解原因之前，不要随意提意见和胡乱批评。

尤其要注意不能联合班级学生对抗指导老师，也不能成为学生对抗指导老师的代言人。不论学生如何奉承，实习师范生都不要沾沾自喜，要理性看待学生对自己的评论。有的师范生为了与学生搞好关系，附和学生对其他教师评头论足。这是非常不可取的，因为那样做只会引起误会和不愉快。

第三，实习师范生在进行教学创新和采取新的班级管理措施之前，要和指导老师通气，然后遵照指导老师的意见去实施。实习师范生要多向老教师寻求帮助，虚心请教，老教师总是乐意指导实习师范生。一般来说，他们的教导是有益的，建议也是可取的。在实习阶段，师范生应多聆听老教师的指导，这样可以少走很多弯路。虽然实习师范生对某些不完善的建议不必照着做，但对指导教师必须保持尊重，必须虚心、有礼貌地听取他们的建议。无论如何，实习师范生多请教是没有坏处的，即使没有效果，也能促使师范生进行思考，也是对指导教师多年教学经验的敬重。

第四，独立工作，或协助指导老师做好教学与班级工作。实习期间，有的指导教师会放手让实习师范生独立工作，这对实习师范生的工作能力是很大的考验。可能也有一些指导教师不太放心，不愿意放手让实习师范生独立工作，但会安排实习师范生进行批改作业、改试卷、了解学情、出板报、管理纪律、做统计材料、完善学生的档案、家访等工作。遇到这种情况，实习师范生没必要抱怨，应乐于承担这些工作。因为这类工作是教师工作的一部分，实习师范生应在这些工作中表现出自己的能力。如果能把这些工作做好，指导老师就会对你很放心、信任，最终会放手让你独立工作。

四、与学生建立起健康良好的师生关系

（一）给学生留下好的第一印象

在见面会互相认识后，原班主任会带实习师范生到班上认识学生，这又是一次重要的见

面。实习师范生的第一次自我介绍是学生对实习老师的第一次评价。短短的时间内就要完成学生到老师这两重身份的转变，对实习师范生来说是一个考验。

在学生面前，你不再只是一名实习师范生。一定要精心策划，给学生留下良好的第一印象。

1. 着装要得体

学生对老师的认识是从外表开始的，实习老师从踏进教室起，学生就开始关注实习老师的衣着、谈吐、风度，以及一切容易被观察到的外在行为，并在内心暗暗评价实习老师的外在条件，进而观察实习老师的一言一行，依此对实习师范生作出初步的评价。尽管外在着装给学生留下的只是一个人外在的表象，但这种表象却能在学生的头脑中形成某种认知结构，尤其对于还处在通过感性认识来决定自己喜好的中学生来说，第一外在印象包括的内容信息是相当丰富的，往往成为日后情感交流的基础。

实习师范生要力求一开始就给学生留下一个美好的印象：面对陌生的学生时，选择适合自己气质的着装，对自己的仪表形象进行适度的修饰，做到整洁、朴素、大方、端庄，不可奇装异服、浓妆艳抹；面对学生落落大方、从容沉稳，情态要亲切、谦和、自信，有精神气；表情温和而自然，不可装腔作势、怒气横生或惶惑不安；举手投足恰到好处。

2. 要克服胆怯和紧张

实习师范生都知道第一次与学生见面的重要性，也高度重视这次见面。在大学的训练中也不止一次地做过模拟训练，但在实际中还是免不了产生无名的情绪波动，毕竟这是自己人生的头一次。

原来准备好的讲稿，当在一个陌生的环境面对一群陌生人时，讲稿就会变得陌生起来，更何况旁边还站一个陌生的班主任。这个陌生人有权利评价自己，并且他的评价还会影响到自己的实习表现。面对前所未有的第一次、陌生的环境、被评价的压力，实习师范生的紧张不言而喻。但如何缓解紧张、自我减压，这是实习师范生要解决的问题。实习师范生可以通过深呼吸、自我安慰、自我鼓励来缓解紧张情绪，要鼓励和相信自己，毕竟自己为了实习已经做了充分的准备，就算想不起讲稿也能临场应变把自我介绍完成好。可以转移注意力，把自己的注意力放在自我介绍的内容和自我介绍的方法上。在讲台上如果想不起讲稿内容，可以通过与学生互动的方式，鼓励学生提问题，慢慢完成自我介绍过程。

（二）精心设计自我介绍的内容

好的开场白是教师和学生沟通的第一座桥梁。因此，开场白要简而精，要使学生感到自然、新颖、生动，富有吸引力。不可为表现自己知识渊博过多地介绍自己过去的成绩，以免给学生一种哗众取宠的感觉。

1. 要注意介绍的方法

通过第一次自我介绍就能让学生既专注于老师的讲台表现，又能记住老师的名字、兴趣、爱好、特长等信息，这需要我们实习师范生多下点功夫去精心设计。自我介绍可选用的方法有单向信息输出和双向互动谈话式。

一般情况下，师范生习惯于单向信息输出式自我介绍，主要介绍自己的姓名、所读大学及专业、家乡、特长、爱好、性格、人生格言等。这些是自我介绍的一般套路，这样介绍能满足学生了解老师的好奇感，讲话的信息量也很充足，对学生了解实习师范生本人是有帮助的，也是必需的。但也有弊端，似乎这是老师一人在唱独角戏，学生只是被动地了解老师。

双向互动式的自我介绍方法比单向信息输出式自我介绍的效果更理想，在与学生互动中完成自我介绍，让学生处于与老师平等的地位。实习师范生简单几句开场白后，就引导学生进入提问情景，从满足学生的提问开始，慢慢把自己要介绍的内容和盘托出，这种方式需要我们实习师范生在实习出发之前就有足够的准备，并且做好预案。用与学生谈话法的方式完成自我介绍，与在课堂教学中尊重学生的主体地位、让学生带着问题去学习的道理是一样的。

不管用哪一种自我介绍方式，在结束前都一定不要忘记自我介绍的目的是要增进与学生的感情，所以一般要联系师生感情，对自己实习期间追求怎样的一种师生关系进行展望，以此来争取学生对自己的理解与信任。

2. 自我介绍忌讳的方式

第一次见面，成功的自我介绍往往能吸引学生对实习师范生的关注，为教育实习的顺利开展奠定基础。社会心理学的吸引效应研究了人际交往中相互吸引的种种因素，而一个吸引学生的教师常常具备下列因素：形象吸引，即所谓以身立仪；感情吸引，即所谓爱是开启学生心灵的钥匙；品行吸引，即所谓德高为师；能力吸引，即所谓学高为范。这四个方面是我们设计自我介绍内容与方式时应该注意的。相反，实习师范生要注意避免第一次见面留给学生不好的印象。

（1）"下马威"式的自我介绍。有的实习师范生可能接手了一个纪律有问题的班级，原班主任也觉得纪律是个问题，所以班主任会建议在学生面前保持威严，实习师范生第一次见面就采用特别严厉的口吻进行自我介绍，试图给学生一个"下马威"，希望今后的班级管理工作能有效。但这种方式的效果不会好，甚至会适得其反。学生也不会喜欢，无法接受一个从一开始就把自己假想为"敌人"的老师。从一开始就主动挑起并拉开了师生之间的"战争"序幕，学生因为不知道新老师的深浅，也无意从一开始就冒犯老师，"下马威"的确可能换来一时的表面安宁，但绝对不可能营造出持续和谐的课堂氛围。"下马威"式的自我介绍，给学生留下的第一印象不外乎就是：这个教师不好惹，他的课堂一定不好玩。

（2）软弱可欺式的自我介绍。第一次自我介绍切忌给学生留下软弱可欺的印象。有的实习师范生在大学四年的学习生活中形成了自我中心的思维，与人交往不顺畅，在公共场合讲话容易怯场。表现在：只顾自己讲，不管别人听不听；声音小，不能兼顾全场，缺少亲和力；不敢与学生进行正面的眼神交流，眼神飘忽，经常看教室两边和天花板；在讲台上缺少老师的现场感，不能形成讲话的气场。学生会觉得这老师不够自信，胆量也不够。实习师范生的胆怯，往往会使学生感觉到这老师软弱可欺，因此会忽视老师的存在，或者认为老师根本不把自己放在心上，久而久之就会厌烦甚至反感老师的教学。

如果没有原任课老师或班主任在场维持纪律，此类型实习师范生的课很难有效果。指导老师也会觉得实习师范生缺乏自信，没办法驾驭课堂及管理班级，因而也不敢放权。这类问题如果在实习出发之前不能通过训练有效解决，到了实习地后就会影响师范生的讲台表现和教学效果。实习师范生必须不断上讲台，在没人的时候站到讲台上找老师的感觉，使自己熟练掌握教学技能。

（3）自由散漫式的自我介绍。第一次自我介绍给学生传达一些不符合实习学校或原班主任管理理念的思想。比如，有的实习师范生最喜欢推崇无为而治的管理理念、过分民主平等的管理理念，甚至鼓吹自由放任式的教育管理理念。实习师范生由于涉世不深，在大学比较自由，崇尚自我管理，崇尚挑战权威，突出个人能力、自由竞争、班级民主管理等，因此也想在实习学校中推行这种思想。但中学生的身心发展状况决定了管理的必要性，一些乡镇中学的封闭式管理也应运而生，并且实践证明是可行的管理方式。尤其是对违反纪律的学生，学校往往会加大管理措施，以规范中学生的日常行为。第一次自我介绍不明事理，在学生中灌输放任自流、无为而治或追求绝对民主的思想，往往不被实习学校管理层及班主任所接受。实习学校在今后的实习中可能不会、也不敢放手给实习师范生。相比前两种不恰当的自我介绍，这一种介绍方式的后果更严重。

第一印象一旦形成，就会产生定型效应，会在一定的时期内左右学生的思想，影响他们与实习师范生的交往行为。特别是班主任这一角色，一旦给学生留下某些不良的印象，就会使自己的权威性降低，会引起学生消极的情绪体验和态度倾向，不利于师生之间的情感交往，以至于影响班主任的角色形象和威信。

第四节　备课实习

思想政治（品德）课实习师范生的备课是课堂教学实习的前提和基础。备课的内容应该涉及学情分析、目标制定、教具准备、课程标准研究、教材研究、教学方法探讨、编写教案和学案等。实习师范生应在上课前以学生为基础，结合课程标准、教材内容规划教学活动，做好教学设计并写出具体可行的教案。

一、备课概述

（一）备课的类型

1. 按备课的内容范围与教学时间跨度划分

按思想政治（品德）备课的内容范围与教学时间跨度，备课可划分为学期备课、单元备课、课时备课三种。

（1）学期备课。实习学期一开学，实习师范生知道了自己的实习学校、教学实习的年级与内容后，就开始进行初步的备课，对教学实习的内容有所准备。实习出发前的备课采用集体备课的方式进行，同年级的实习师范生组成一个备课集体。如果能与实习学校任课教师联系，拿到任课教师本学期的教学计划、教学进度，那么这样的学期备课更有针对性。

（2）单元备课。思想政治（品德）单元内容往往以主题的方式出现，以某一个关键项为主题展开一个单元的内容，所以单元备课也称为主题备课。单元备课在实习出发前应该有所准备，到实习学校后再向任课教师请教。实习师范生要对所用教材的每一个单元主题作通盘考虑，全面了解本主题在整个教材知识体系中所处的地位，以及与前后主题之间的联系。

（3）课时备课。课时备课是思政专业实习师范生最重要的备课内容。课时备课对于实习师范生来说是更直接、更具体的教学准备。实习师范生的课时备课建立在学期备课、单元备课的基础上。每节课都只完成单元知识体系中的一个方面的内容，这需要实习师范生进行深入的分析，充分准备。

课时备课要做好课时教学设计，编写好教案。教案内容内容应包括：授课主题，课的类型，授课的班级、时间，教学的目标要求，教学进程安排（包括教学环节及时间的分配，教学重点、难点的讲解预案，教学方法的运用，课堂巩固小结及课后作业的拓展等），教学板书设计等。

2. 按备课的主体划分

按思想政治（品德）课备课的主体，备课可分为个人自主备课和集体备课两种类型。实习师范生在实习学校的教学期间一般采用集体备课与个人自主备课相结合的方式开展教学准备工作。

（1）个人自主备课。个人自主备课是备课的起点，要求备课实习师范生认真学习和研究课程标准、教材、教学参考书以及其他相关材料，要深入了解学生整体的知识起点、能力起点和学习成绩情况等智力因素，还要了解学生的学习兴趣、学习态度和学习习惯等非智力因素。

个人自主备课要求完成教学设计或教案，教案可以是写在备课本上的有形教案（实习师范生的要求是详案），也可以是融入教师心头的无形教案（腹案）。有丰富的教学经验、对教学内容很熟悉的资深老师可以采用的无形教案，或者写出简略的教学设计。实习师范生只能采用有形教案，并且要求是详细的有形教案，或者写出详尽的教学设计。

（2）集体备课。在实习过程中，同年级的实习师范生形成一个备课集体，集体备课是提高课堂教学质量的有效途径。集体备课的重点是课时备课，实习师范生的集体备课要规定内容、时间、地点、（中心发言人）主备人。中心发言人可以由指导老师指定，原则上每个实习师范生都要担任一次。

（二）编写教学计划

教学计划是备课活动的书面总结，是备课成果的文字记录。编写教学计划的过程，也就是把备课成果书面化的过程。一般来说，实习师范生的备课应该完成好三种教学计划。

1. 实习教学工作计划

师范生的实习教学工作计划是宏观计划，是对实习期间的教学工作进行规划。由于师范生的实习期往往是一学期或不足一个学期，很少会持续一年，所以实习师范生的教学工作计划主要是写学期教学工作计划或实习期间的教学工作计划。

（1）研究课程标准要求。认真贯彻新课程理念，加强对新课程标准、新教材的学习与研究，转变教学观念，更新知识结构，研究课程标准内容、教学建议，了解考试评价方法，严格按照新课程理念指导教学。此外，还要对学生情况详细分析，明确实习教学的目的与任务、教科书的章节题目及各章节的时间分配与安排、教学所需的仪器设备、考核与评价安排等。

（2）分析教材。应对教材进行较系统的分析，明白教学内容在教材中的地位与作用，确定教学目标，明确知识中的重点，找到学生在学习过程中可能会遇到的难点等。

（3）分析学生基本情况。实习师范生在备课过程中要对学生的基本情况有所分析，分析学生的知识基础、能力起点、情感态度等。在一般情况下，对学生学情的分析是提高教学质量的基础。明确学情，首先，有助于实习师范生明确教学目标、教学重点与难点；其次，有助于实习师范生选择教学方法，教学方法的选择往往体现"教学有法，教无定法，贵在得法"的原则；最后，有助于教师面向全体学生，注重因材施教，把握好备课及讲课的深浅度。不同学习基础的学生，对他们的要求应该有所不同。

2. 单元教学计划

单元教学计划相对于学期或实习工作计划而言，并没有那么宏观，但比课时教学计划要粗，所以也称为中观教案。单元教学计划是思想政治（品德）课实习师范生要认真对待的教学计划，思想政治（品德）的教学内容以某一特定的主题为核心，按主题来构建单元教学内容。单元与单元之间体现了学科逻辑思路，几个单元一起组成一册书的整体知识框架，每个单元内部的知识则构成一个相对比较严密的知识主题。单元教学计划是备课时不可忽视的重要一环。

（1）熟悉课程标准对于本单元的要求。主要内容包括：明确单元课题（主题）名称、教学目标与任务、课的类型，研究本单元的教学方法、本单元的教学时间分配，掌握本单元的教学内容、教学要求和教学重点，根据本单元的重点、难点确定教学的详略部分和教学活动的序列，明确以单元为单位的练习反馈，以及教学检测（测验）、教学评价与讲评等内容。

（2）编写单元教学设计。思想政治（品德）课的单元教学设计就是从一单元（或主题）出发，根据单元中不同知识点的需要，综合利用各种教学形式和教学策略，通过一个阶段的学习让学习者完成对一个相对完整的知识单元的学习。单元教学设计包含下列五个基本要素：教学任务及对象、教学目标、教学策略、教学过程、教学评价等。

3. 课时教学计划

课时计划也就是课时教学设计（微观教学方案），是实习师范生的教学蓝本，是实习师范生直接用于教学过程的直接依据。一个完整的教案应当包括授课班级、学科名称、授课时间、教学题目、教学理念分析、学情分析、教学目的与任务、课的类型、教学方法、教学用具、教学过程、作业、教学反思与备注等。

教学设计一般有两种写法，即详写和简写。详写的称为"详案"，简写的称为"简案"。实习师范生的备课要求写详案，每上一节新课都要设计好一个完整的教学方案，要把老师与学生的所有活动都进行设计，并对要取得的教学效果有充分的预期。

二、确定教学目标

实习师范生的备课，不管是个人自主备课还是集体备课，一般都包括以下一些程序。

（一）确立教学目标的依据

教学目标是指教学活动实施的方向和预期达成的结果，是教学工作的出发点和最终归宿，是检查和评价教学效果的标准，在制订教学计划、组织教学内容、确定教学重难点、选择教学方法、安排教学过程中起着导向作用。思想政治政治教育专业实习师范生备课时必须首先明确教学的目的和任务，然后围绕着目的、任务来准备其他方面的内容。确立教学目标的依据有以下几方面。

1. 依据课程标准中的目标规定

课程标准是依据教育部《基础教育课程改革纲要（试行）》的要求制定的，是国家对基础教育相应课程的基本规范和要求，是国家管理和评价课程的基础。《中华人民共和国义务教育法》规定："教科书根据国家教育方针和课程标准编写。"这从法律的角度明确了课程标准与教科书的关系。

思想政治（品德）课程标准所规定的总目标与分类目标是一个有机的整体，它体现了国家对不同阶段的学生在知识、能力、情感态度与价值观等方面的基本要求，也是教材编写、教学、评价和考试命题的依据。它规定各门课程的性质、目标、内容框架，提出教学和评价建议。思想政治教育专业实习师范生在实习出发之前要认真学习这一基本纲领性文件，必须按照课程标准第二部分（课程目标）所规定的总目标、分类目标和第三部分（课程内容）所规定的内容目标、活动建议、评价与建议确定教学目标，从而达到课程标准所要求的目标水准，把课程标准规定的目标精神贯彻到备课与教学中。

2. 依据教材确定教学目标

在确立教学目标时，除了要体现课程标准所规定的总目标与分类目标要求之外，还要创造性地挖掘教材中的教育价值。

首先，掌握教材的内容和知识结构。在课程标准的指导下分析、熟悉教材，形成全册（初中）、模块（高中）和各单元教材的知识结构，画出知识结构图。把握教材编写目的、指导思想、教材特点、设计思路、技能要求、策略与情感渗透等。在设计某个单元或课时的教学目标时，要充分考虑这些内容，使各个单元或课时的教学目标形成一种线性联系。这项工作应该在实习前完成。

其次，深入挖掘不同教学内容对于学生发展的教育价值。要认真阅读、研究单元或课时材料，了解某节课的知识，研究知识传递的方法，以及情感态度价值观的体现。为了在教学中体现教材的教育价值，实习师范生可以充分利用当地的校本课程资源、当地社会的课程资源对教材的知识结构进行改造利用，发挥教材的生命激活功能，充分挖掘教材所蕴含的更深层次的教学目标，更好地实现课程目标。

3. 依据学生实际情况确定教学目标

在思想政治（品德）课备课的过程中，备学生是关键内容，也是实习师范生最不擅长的环节。如何备学生是实习师范生绕不过的关卡。

（1）建立符合新课改的学生观。学生既是课堂教学的起点，也是课堂教学的目标承载者。教学目标要通过学生在知识、能力、情感态度与价值观的发展来实现。

2001年以来，新课改的核心理念之一就是关注学生，摒弃了以学科为中心的重认知轻情感、重教书轻育人的错误观念。要求以"一切为了学生，为了一切学生，为了学生一切"的教育理念为根本出发点，关注每一位学生（关注本身就是最好的教育），关注学生的生活和体验，关注学生的道德生活和人格养成。这体现在思想政治（品德）课中的基本理念就是：帮助学生过积极健康的生活，做负责任的公民；以逐步扩展的生活为课程的基础，以学科知识为支撑；坚持正确价值观念的引导与学生独立思考、积极实践相统一；把加强思想政治方向的引导与注重学生成长的特点相结合等。课程的基本理念是开展教学要体现的基本要求，体现了以学生的发展为主、坚持学生主体地位的思想，学生的发展始终是教学的关注点和最终关怀。

（2）了解学生集体与个体状况。学生集体的内容包括集体人数、年龄结构、性别比例、民族构成、家庭背景、人际关系、集体风气、凝聚力、向心力等，这些都是教师必须掌握的。

学生个体的内容包括知识水平、智力能力、思想状况、兴趣爱好、个性特长、情绪情感、意志毅力、身心发育、家庭情况等。只有对每一个学生都有所了解，才能做到因材施教，促进其健康成长。

（3）了解学生的知识基础、能力起点及情感态度状况。学生是学习的主体，能否充分调动学生学习的积极性和主动性，取决于实习师范生对学生的知识、能力及思想状况的认识。因此，备课时，除了了解学生的年龄、性别、家庭情况、身体状况及心理特点等情况外，还要了解学生已有的知识基础、能力起点和对学科学习的情感态度等。

只有了解学生的知识、能力与情感态度，备课才能更有针对性，教学时才能因势利导，取得好的教学效果。要求实习师范生对学生的学习情况进行深入的了解，如学习态度、学习目的、学习动机、学习方法、兴趣爱好、知识水平及接受能力等。只有对这些情况进行深入的了解和细致的分析，才能合理、正确地确定教学目标，确定教学内容的深浅程度、课堂教学容量的大小，正确选择教学方法等。

（二）制定教学目标的原则

思想政治（品德）课教学目标是课堂教学的核心和灵魂，教学目标的有效性直接决定课堂教学的有效性。制定教学目标有以下原则与要求。

1. 教学目标的主体性与全面性

（1）教学目标的行为主体是学生。教学目标是指师生通过教学活动所要达到的预期结果或标准。它是针对学习者的结果或标准，不是对教师的要求。实习师范生在确立课堂教学目标时容易出现行为主体表述混乱的现象，违反主体性原则。

例如，高中思想政治必修①经济生活中的《多彩的消费》，这一课时的教学目标有如下表述："通过对影响消费的因素、消费的类型、消费心理、消费原则以及恩格尔系数含义的学习，使学生理论思维能力、分析经济问题的能力有所提高。"

仔细推敲上述表述不难发现，后半部分"使……提高"所表述的主体是教师，这种表述方式违背了学生是学习主体的要求。

（2）教学目标的陈述必须全面。教学目标要全面反映课程目标的要求，即要包括知识、能力、情感态度价值观三方面内容，真正体现三方面内容的有机结合。实习师范生在确立全面的教学目标过程中容易出现的问题有两种：

第一，教学目标缺失或不明确。

案例：高中思想政治必修①经济生活中的《多彩的消费》，在这一课时教学目标的陈述中，三维目标只涉及知识与能力，没对情感态度、价值观目标进行预设。如果加上"健康的消费心理和正确的消费观"等内容，目标的预设就全面了。

第二，教学目标与教学实际相脱离。

在《多彩的消费》一课的教学目标陈述中，提出了恩格尔系数的含义这一知识目标，在新的课程标准及教材中并不要求学生掌握这一知识点。实习师范生在教学过程中可能会拓展这一内容，但要求学生掌握却不符合新课程标准的要求。

2. 教学目标的设计要有弹性

教学目标切合实际，坚持适度性与差异性原则，应根据教育对象的群体性和个体性发展程度，参考课程标准的要求来设置教学目标。

（1）教学目标要顾及学生的群体性差异。思想政治（品德）课教学过程由教师、学生、教学内容和教学手段等因素构成。学生是教学过程中最活跃的因素，是教学活动的主体，因此在教学目标设计中，应该以"学"为出发点，根据学生的实际情况设计教学目标。乡镇中学生与城区中学生、东部与西部、学习能力强与学习能力差的学生之间在知识、能力、生活体验等方面区别很大。实习师范生在确定教学目标时，既要坚持课程标准的要求和建议，也要考虑这种群体性区别，目标设置要体现适度性与差异性，保持一定的弹性。

（2）教学目标要顾及学生的个体差异。要对学生进行个体解读，学生的能力、兴趣、爱好、特长等方面的差异是客观存在的。在传统教学中，教师关注的是中间学生，并以这样的目标设计来兼顾两头，这也是一种理想化的教学目标设计。教学目标只针对中等学生，学困生往往被忽视，学优生也很难得到发展。因此，教学目标的设置要有一定的弹性，对不同的学生要区别对待，既要规定所有学生达到的最低目标，又要对学有余力的学生提出更高的要求。

3. 具体性与可操作性

思想政治（品德）课教学目标设置要坚持具体性与可操作性相统一。明确而具体的教学目标，能引导师生围绕教学目标实现有效的教学活动。如果目标过于抽象或脱离实际，教学效果就很难保证，也无法进行有效的检测评价。

三、处理好课程标准与教材的关系

掌握教学内容，这是备课工作的核心，是备课活动的主要任务，在掌握教学内容时应该要注意初中与高中的不同特点。

（一）初中课程标准与教材的内容特点

1. 初中课程内容的设计思路

《义务教育思想品德课程标准》提出加强思想品德教育的针对性、主动性和实效性，着力从学生成长与生活实际出发，从学生思想品德发展的现状、问题和需要出发，打破传统的学科式框架体例，真正使教科书的编写发生实质性的转向，由面向成人世界的规范设计转向学生的品德与生活实际，生活逻辑居于学科逻辑之前。

（1）以生命成长为主线，以品德为聚焦点进行整合，把社会的、国家的、公民教育方面的内容融入该课程，促进学生身心发展。

思想品德课要反映初中生个体生命成长中所面临的种种变化，如身心方面的变化、个体生存状况的变化等。只有把握住这一点，思想品德课才能真正尊重个人的成长，才能展现学生成长中的矛盾和困惑，真正走进学生的生命，并为学生的活动和成长提供空间。也只有这样，思想品德课才能具有现实的针对性。

课程还要把握社会变化给初中生带来的影响。社会的变化、重大事件的发生等都会给学生的生活产生一定的影响，在这种情况下，需要引导学生进行思考，使学生在辨析中认同主流价值观念。

（2）以学生的成长为目的，而不是以知识的传播为目的。根据学生的生活需要来确定教学内容，避免原来过分强调知识的系统性的弊端，即从我们教什么向学生生命成长需要什么转变。课程内容的设计基于学生成长的主题，以心理健康、道德、法律和国情教育等内容为横坐标，以成长中的我、我与他人和集体的关系、我与国家和社会的关系为纵坐标，形成内容三纵四横（三大关系、四大内容）的逻辑体系。如表 2-1 所示：

表 2-1　《思想品德》课程的知识体系

内容 关系	心理健康	道德	法律	国情教育
成长中的我	认识自我	自尊自强	心中有法	文化认同（中国心）
我与他人和集体	交往与沟通	在集体中成长	权利与义务	共同理想
我与国家和社会	积极适应社会的发展	认识国情，爱我中华	法律与秩序	知国情、爱中华

（3）以品德为核心，辅以政治、思想、法律等方面的重要内容，最终通过个人心理将其内化为个人品质。通过这种整合，内容呈现不以年级为逻辑，而以学生生命成长的需要为逻辑，有效地改变以往按年级、分学科进行的知识性德育模式，体现的是"大德育"观念：学校德育的目标、内容、方法都要以促进学生的思想品德发展为出发点和落脚点；教育工作者要具有"一切为了学生"的自觉意识，对学生的品德发展具有高度的责任感；要面向全体学生，绝不放弃对任何一名学生的德育引导，确立"为了一切学生"的教育思想。

2. 课程内容设计以生活为中心

品德不是"教"出来的，而是在生活中形成的，与学校整体生活也有关。因此，解决思想品德课合法性的唯一出路就是要让德育回归生活。

（1）课程价值取向的转向。思想政治（品德）课培养有道德的人而不是道德研究者。让学生拥有道德知识只是基础，更重要的是要促使他们践行，在行动中体现出道德。如果只把学生当成道德知识的学习者，而对他们的情感态度与价值观不闻不问，则很难要求他们把所学知识内化为信念，更谈不上外化为行动。

（2）课程的逻辑。不是从学科逻辑角度强调知识的完整性，强调学生需要什么样的知识结构，而是从学生的生活需要角度来确定应该向他们传授什么样的知识。

（3）德育课程与学生生活的关系。虽然思想品德课不能涵盖学生的整体生活，但力求反映学生的整体生活。思想品德课是一门德育课，有明确的教学目标，只能针对一定的内容，力求反映学生的生活，但难以反映学生生活的全部，教学过程中不可能解决所有的问题。德育是一个大范畴，涉及学生生活的方方面面，要依靠整体的力量，形成合力。

（二）高中课程内容的特点

1. 课程的性质

高中思想政治课程，从核心价值来看，是一门进行马克思主义基本观点教育的课程；从基本内容来看，其是一门提高认识、参与当代社会生活能力的课程；从培养目标来看，其是一门培养学生思想政治素质的课程。因此，对高中思想政治课的课程定位，既需要在学科系统中把握，又需要在德育系统中把握。

作为学科课程，思想政治课是集理论教育、社会认识和公民教育于一体的综合性课程。相对于一般学科课程，其既具有更为宽泛的学科背景，又具有更为重要的德育功能，是其他任何课程都替代不了的，也是其他国家的课程所无法类比的。作为德育课程，它是学校德育工作系统中的一个重要环节，具有不同于一般德育工作的课程特点。增强德育工作的针对性、实效性和主动性，就要使德育工作真正做到无时不有、无处不在，使各种形式的教育活动和社会实践，都成为德育的重要载体。在德育工作中，思想政治课程起着奠基和导航作用，但不能包揽全部德育任务。

总之，高中思想政治课的设置，集中体现了开展未成年人思想道德建设的根本指针、根本目标、根本任务、根本途径和根本举措。实习师范生应该从这个高度理解和把握思想政治课的性质。

2. 课程设计思路

（1）理解"课程模块"的建构方式。所谓模块，不是指固有的知识体系，而是指课程意义上的模块。针对不同的模块，可以形成不同组合。它有利于学生形成不同的知识系统，能够满足学生不同的需求及能力趋向，为不同学生的发展打下不同的基础。所以，从技术层面上看，如何深入理解模块建构方式，对于把握课程标准是至关重要的。

课程模块是建构高中课程体系的基础，根据《普通高中思想政治课程标准（实验）》的规定，普通高级中学思想政治课程由学习领域、科目、模块三个层次构成，思想政治课被列为人文与社会学习领域中的科目，包括4个必修模块和6个选修模块。模块之间既相互独立，又反映学科内容的逻辑体系；每一模块都有明确的教育目标，并围绕某一特定内容，整合学生经验和相关知识，构成相对完整的学习单元；每一模块都对教师教学行为和学生学习方式提出了要求与建议。

（2）把握必修课的基本框架。根据课程性质和课程理念，从总体上把握必修课的框架设计思路有三个基本点要注意：

第一，从课程性质看，进行马克思主义基本观点的教育是课程的本质特征。

第二，从课程理念看，"三个代表"重要思想是统领课程内容目标的灵魂。

第三，从课程理念看，以生活逻辑为主线是整合课程内容的方法论基础。

据此，必修课程共设四个课程模块。即思想政治必修①《经济生活》；思想政治必修②《政治生活》；思想政治必修③《文化生活》；思想政治必修④《生活与哲学》。思想政治①②③分别讲述经济、政治、文化三大生活领域的常识，以对应社会主义物质文明、政治文明、精神文明的协调发展要求。社会主义市场经济、民主政治、先进文化的意义，是整合这三个课程模块的核心概念。思想政治④的哲学知识则是上述三个模块内容目标的支撑，即认识经济、政治、文化三大生活领域的世界观和方法论；求真务实，集中体现了辩证唯物主义与历史唯物主义的科学精神，是整合这个课程模块的核心概念。如图 2-1 所示：

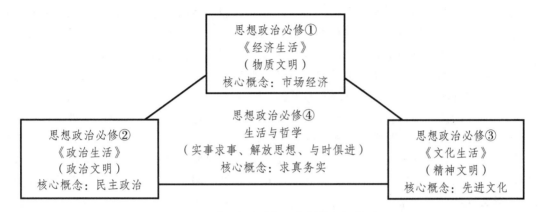

图 2-1　《思想政治》必修课的知识体系

上述四个课程必修模块的构建，反映了"三个代表"重要思想是统领课程内容目标的灵魂：

思想政治必修①《经济生活》：以"中国共产党始终代表中国先进生产力的发展要求"为统领。

思想政治必修②《政治生活》：以"中国共产党始终代表中国最广大人民的根本利益"为统领。

思想政治必修③《文化生活》：以"中国共产党始终代表中国先进文化的前进方向"为统领。

思想政治必修④《生活与哲学》：以"解放思想、实事求是、与时俱进"为统领，这是"三个代表"重要思想的精髓。

（三）熟读教材，创造性使用教材

1. 熟悉教材

教材凝聚了无数人的智慧，是备课的基本依据，是学生的学习用书，架起了沟通教和学的桥梁。因此，通晓教材，掌握教材，运用教材，是教师的基本功之一。实习师范生备课，要注意以下过程与方法：

（1）通读教材。通读教材，了解它的全部内容和知识结构，把握每一章节内容在教材体系中的地位和作用，做到心中有数。比如，在通读思想政治必修①《经济生活》时，要掌握本册书是由单元、课、框、目四个层次构成，分别是四个单元、11 课、22 框、45 目，每个单元都安排了综合探究课，帮助学生体验研究性学习。在这个基础上，整理出以单元主题为基础的知识结构，对所有单元进行综合，形成全册书的知识结构图。全册的知识结构图能让实习师范生从宏观上了解教材编写者的编写思路，以及该思路及相应的内容是否与课程标准要求相吻合。以课程标准为基础，自己还可以发现在哪些问题上有拓展的空间。

（2）精读研究教材。要深入细致地研究每一单元的内容，弄清其中的重点、难点和关键点。比如，思想政治必修①《经济生活》的第二单元"生产、劳动与经营"这一内容，实习师范生可以在知识结构图中对本单元的主要知识点进行罗列，把重点、难点、关键点整理出来，再根据其内在的联系，把它们融合成一个知识结构图。

（3）深入研读教材。在精读的基础上，进一步深入理解、弄清课本中的每一个概念、原理，以及每一个句子。思想政治课每一节课的备课都要求实习师范生字斟句酌。作为一个教学新手，很多实习师范生对课本的研读过于粗泛，以想当然的心态阅读教材，到头来发现对课本相关知识的了解还只是停留在教材文本的字面理解上，没深入文字的背景及推理过程，在课堂教学过程中只能照本宣科，缺乏知识想象与知识迁移。要解决这个问题，实习师范生还要回到对教材的研读上，要下大功夫。读课本要达到一定的阶段才可能对课本内容的处理得心应手。在备课时，阅读教材一般要遵循如下要求：

第一阶段阅读，不看任何参考资料，通读教材文本。这一阶段阅读要确定教学目标，教学重点、难点与关键点，形成有关教学内容的知识结构图。

第二阶段阅读，掌握与教学内容有关的资料，仔细对照自己第一阶段的阅读成果。这个阶段最大的要求就是能发现自己第一阶段备课中存在的缺漏，别人想到而自己没关注到的有哪些，导致这些问题产生的原因是什么，是自己学科知识欠缺还是思维方法有问题，今后应该怎么避免。如果是自己想到但别人没关注到的，那么能否建立自信。在课堂中如果教学效果好，这可能就是自己的优势、自己的特色。

第三阶段阅读，要求能熟练解答课本的问题，还要能解决题库中有难度的练习。实习师范生需要找到相关知识的练习进行检验，通过练习检验自己的阅读效果，检验自己对知识的理解是否全面，在哪些方面还有待拓展。实习师范生有必要建立自己的练习库，对历年能收集到的试题及练习进行归类。这一阶段研读教材对实习师范生的要求比较高，但这一阶段基本上能让实习师范生吃透教材，熟练掌握教材中的内容，这是提高教学质量的基本保证。

第四阶段，应用备课知识进行课堂教学实践，检验课堂的现场效果和自己课前设想的是否一样。如果不一样，实习师范生就应该根据上课的具体情况，对教学设计进行调整。

2. 创造性地使用教材

创造性使用教材的依据是课程标准，教材是编者根据课程标准的要求发挥创造性思维的产物，它在教师与学生之间的教与学搭建了桥梁。实习师范生仍然有可能根据课程标准，结合自己的教学对象进行课程标准的再次解读，创造性地使用教材。教材面对的是大众群体，因此编者在编写的过程中只能尽量考虑共性，对于特定区域的特定群体或个体的特定认识和生活经验是没办法全部考虑的。而我国地域广阔，地区之间的经济、文化、教育水平的差异是客观存在的，这也是创造性使用教材的客观基础。

在教学实践中，许多思想政治（品德）课实习师范生习惯于"教教材"，把教学定位为如何把教材规定的内容教给学生，原封不动地按照教材内容和编写顺序组织教学活动，把教材看作教学的全部，处处以教材为中心，课堂缺乏生机与活力。教材是"死的"，人是"活的"。在教育实习过程中，实习师范生可以根据教学对象，根据实习学校的校本资源，可以尝试创造性地使用教材。

（1）以课程标准为依据，因地制宜地使用教材。新课改一个重要的理念是"用教材"，而不是"教教材"。课程标准是教材编写的依据，教材是课程标准最主要的载体。教材的编写思路、框架、内容目标不能违背课程标准规定的课程性质与课程基本理念。新的教材观将思想政治（品德）教材视为实现课程目标的一种案例或范例，尤其是初中思想品德课教材，全国出现了"一标多本"的情况，不同地区所采用的教材并不相同，但他们都是根据同一个课程标准来编写的。这就意味着，实现同一个课程目标，可以采用不同的呈现方式，而每一本教材都只是呈现课程标准的一个案例，是诸多案例中的一个版本，它虽然正确，但可能远离某些学生的生活经验，缺乏实效性。这就要求实习师范生有必要对教材进行适当处理，紧密联系当时、当地的社会实践和学生的生活经验，因地制宜地开发和利用合适的课程教学资源，选择具体的教学素材，对教学内容进行必要的调整。

以课程标准为基础，结合具体教学内容和实际学情，研究教材，创造性地使用教材成为一种必要的选择。教师可以根据教学需要选择、重组、超越教材，通过自己的加工与再创作，使教材符合贴近学生、贴近实际、贴近生活的原则。

（2）改变教材内容的表达呈现方式，更好地利用和挖掘教材资源的内涵。思想政治（品德）课教学必须以教材为本，充分发挥教材在教学工作中的引领作用，发挥其在教学评价中的平台功能。现行教材的教学资源十分丰富：每一课、每一框、每一目都安排了形式多样的活动；为加深对正文的理解，配有"相关链接"以及名言警句等；表格清晰、简要，图片精美，图文并茂，这也正是思想政治（品德）教材的可阅读性、趣味性的表现。但由于这些资源都已经以文字或图片的方式在教材中呈现给了学生，学生如果已经阅读过这些资源，而实习师范生原封不动地重复讲解，可能效果并不理想，这就需要实习师范生能够对这些资源加以改造后再利用，把"静态"的教材教学资源"动态"化。如把文字或图片后面的背景挖掘出来，把它们改造成视频或音频方式呈现，这种只改变表现形式不改变其内容的方法也是对教材的一种创造性使用。有的实习师范生甚至把教学内容改造成剧本，用小品、情景剧、相声等方式进行呈现，寓教于乐，寓学于行，把抽象空洞的说教变成具体的活生生的形象指导，这些都是创造性地利用教材的表现。

（3）改变教材的表达呈现顺序。《初中思想品德课程标准》规定："思想品德课程以初中学生逐步扩展的生活为基础，以学生成长过程中需要处理的关系为线索，有机整合道德、心理健康、法律、国情等方面的内容，进行科学设计。"以学生的生活为基点，以学生在生活中遇到什么问题、怎么思考这些问题、如何解决问题为设计思路，体现的是"不追求知识的系统性"的思路，这一建议为实习师范生调整教材的某些内容奠定了基础。教学时，实习师范生可以根据自己学生的特点，在深入理解和全面把握教材编写体系的基础上，合理调整教材的内容顺序，形成自己的教学思路，促进学生积极主动地建构知识。尤其是在现实生活中发生了一些突发性事情，而与这些突发性事情相关的内容还没有涉及的时候，实习师范生可以抓住这一契机，对教学内容的先后顺序进行一定的调整，以达到教学的时效性效果。

（4）深入分析和挖掘教材内容的多重价值。思想政治（品德）课体现国家意志，教材作为范本，要与时俱进，引进最新的时事热点事件，要不断挖掘其价值，发挥它的德育导向功能。我国的政治、经济、文化等各方面变化发展比较快，教材某些内容跟不上变化，显得陈旧，需要不断赋予新的内容。如何结合社会的发展来挖掘教材内容中的价值，尤其是挖掘思想政治（品德）课教学内容的政治导向价值，是实习师范生面临的一项重要任务。

作为一门德育课程，实习师范生要注重挖掘思想政治（品德）教材中的情感态度和价值观内涵。教材中的知识具有多重价值，思想政治（品德）与其他课程相比是一门德育性明显的课程，任何一个知识点都能在情感态度、价值观方面挖掘出有深度的思想教育点，这是教材知识的迁移价值。但这种迁移不能停留在知识方面的迁移，还要上升到世界观、人生观、价值观层面。在应试教育模式下，许多思想政治（品德）老师在教学过程中往往比较重视知识的迁移价值，而忽视了情感态度、价值观方面的价值。创造性使用教材，就要发挥思想政治（品德）课的"传道、授业、解惑"的综合价值，而不仅仅是它的知识传授价值，更要看到教材背后所隐含的思想、观点和方法。

四、选择教学方法

教学方法是师生为了完成教学任务、实现教学目标，在共同的教学活动中所采用的教学方式、途径和手段的总称。

（一）原理性与技术性教学方法

思想政治（品德）课的教学方法可分为两个层次：第一个层次是反映思想政治（品德）课教学共性的原理性教学方法；第二个层次是反映思想政治（品德）课教学个性的技术性教学方法。

1. 原理性教学方法

思想政治（品德）课的原理性教学方法是启发式教学方法，它体现了正确的教学规律、教学指导思想，并且为具体教学方法提供理论指导，具有原理性，所以被称为原理性教学方法。

启发式教学方法是原理性教学方法，它并不直接运用于课堂教学之中，不具有操作性，而是通过各种具体技术性教学方法的运用体现出来。同时，它也通过影响教师的思想、观念，在教师的备课和教学活动中得到体现。与启发式教学方法相对立的是注入式教学方法，它是一种错误的教学指导思想，两者是有本质区别的。具体可参考表2-2。

表2-2　启发式与注入式教学方法的对比

	启发式	注入式
教育哲学思想不同	从"性善论"出发，认定人天生喜欢并善于学习、思考，立足人的内在积极性和学习潜能启动和激发上	从"性恶论"出发，假定人不喜欢也不善于学习，需要外在力量强制灌输才能获得知识
教学目的不同	知识、能力、情感态度和价值观并重	片面注重知识，忽略能力、情感态度和价值观的发展
教学行为方式不同	重视学生主观能动性的发挥和学习动机的培养	片面强调教师外在的注入、灌输，突出学生的机械记忆，不注重教师的启发、点拨、诱导和教给学生方法
师生的关系不同	坚持教师主导与学生主体相结合，教学相长。师生是民主型和合作式的，地位和人格都是平等的	抹杀了学生的主体性，师生关系是专制型和对抗式的，教师的权威建立在对学生压服的基础上
从教学效果来看	学生富有个性，思维敏捷灵活，善于思考和实践，善于运用已学知识解决实际问题，富于创造精神、探索精神和积极进取精神	严重压抑甚至摧残了学生的个性，扼杀了学生的创造性，窒息了学生智力的发展，培养出来的学生唯书是从，因循守旧，思想僵化

作为一种教学指导思想，启发式教学方法符合现代教育规律，注入式教学方法却违背了教育规律。"启发式"和"注入式"教学方法的区别不在于课堂教学中老师讲授多少、是否提问，以及课堂占用时间的长短，而在于教学过程中教师是否把学生放在主体地位。由于应试教育思想在我国还大范围存在，注入式教学思想在我国中学的思想政治（品德）课教学中仍大量存在，这制约了学科教学质量与教师教学水平的提高。素质教育所倡导的启发式教学仍未成为广大思想政治（品德）课教师的自觉性教学行为。

2. 技术性教学方法

一般来说，启发式教学方法与注入式教学方法作为对立的两种教学方法指导思想，体现的是一种共性，都依赖于个性的技术性教学方法。技术性教学方法是教学方法的另一个层次。思想政治（品德）课可利用的技术性教学方法有讲授法、谈话法、讨论法、参观法、练习法、读书指导法等，每一种方法都在原理性教学方法的指导下与思想政治（品德）课教学内容相结合，在实践中构成操作性教学方法，发挥着中介作用，因此被称为技术性教学方法。

技术性教学方法只有体现启发式教学指导思想才具有真正的价值。如果把注入式思想体现在技术性教学方法之中，并且用以开展思想政治（品德）课的教学，则明显违背新课程改革的要求，是一种错误的做法。

中学思想政治（品德）课以社会主义核心价值体系为导向，体现国家意志。知识本身由于具有一定的抽象性、理论性，与中学生的生活联系不够密切，或者与学生的生活体验有不一致之处。所以，学生对于国家与社会的正确态度有赖于教师的知识传授。如果实习教师不注重教学方法的选择，不注意体现正确的原理性教学方法，一味地灌输，教学效果往往就会适得其反，容易让学生失去学习的热情与主动性。所以，在技术性具体教学方法中体现出启发式教学思想，使传统的教学方法在新的课改条件下焕发出新的活力，是思想政治（品德）课实习教师应该关注的事情。

把启发式教学思想融入讲授法、谈话法、讨论法、练习法、读书指导法等技术性教学方法之中，并把它们进行重新分化与重组，就能形成新型综合教学方法组合模式，发挥出新的功能。

（1）"读读、议议、讲讲、练练"教学法。这种教学方法组合模式，把技术性教学方法进行了创造，很好地发挥了讲、想、做这些学习要素的优点，符合学生学习新知识的认知规律。

（2）探究式教学法。这一教学方法组合模式的基本程序是：教师提出问题→学生独立思考→互相研究→回答问题→教师总结提高。

（3）学导式教学法。学导式教学法是以学生的自学为主，包括学生自学、相互解疑、教师精讲、学生练习四个环节。

（4）单元整体教学法。它的基本程序是：自学研究→重点讲解→综合训练→总结提高。

第一，自学研究。自学研究是教师对本单元的学习目的、方法进行简单的揭示和引导后，让学生在导学案的引导下阅读教材，提出问题并展开讨论。

第二，重点讲解。教师讲解本单元的重点、难点和易混淆之处。

第三，综合训练。学生在模仿教材做一般性练习的基础上，着重研究那些综合性、技巧性练习。

第四，总结提高。在学生对本单元知识进行整理与归纳的基础上，教师再予以深化、提高，即由学生的"自我总结"过渡到师生的"共同总结"。

（5）"自学、议论、引导"教学法。所谓"自学"，就是阅读教材和参考书，自我掌握基本知识和基本技能，通过观察、分析、推理，自己去发现问题和解决问题；所谓"议论"，是指生生间、师生间讨论知识结构、学习思路、解题规律和经验教训；所谓"引导"，是指教师用点拨、释疑的方法激发学生的学习兴趣。

这些新型教学方法体现了教学方法应用的综合性，它综合运用了各类技术性教学方法。比如，以言语传递为主的教学方法，包括讲授法、谈话法、讨论法、导读法等；以直观感知为主的教学方法，包括参观法、演示法等；以实际训练为主的教学方法，包括练习法、社会实践法等。综合教学法创造出单独运用任何一种方法都不具备的效果，极大地拓展了思想政治（品德）课教学方法的选择范围。

（二）选择教学方法的依据

1. 依据教学目标与任务选择教学方法

每节课都有一定的教学目标和任务，不同领域或不同层次的教学目标与任务的有效达成，都要借助相应的教学方法。教师可依据具体的可操作性目标与任务来选择和确定具体的教学方法，所选择的教学方法要能够实现教学目标、完成教学任务。

如果一节课的教学目标与任务是让学生获得感性知识，那就可以选择演示法或参观见习法；如要使学生掌握新知识，则用讲授法、谈话法等；如果一节课的主要教学目标与任务是让学生在已有的感性知识的基础上形成理性知识，就可以选择讲解法或谈话法等；如果要培养学生的技能技巧，则可选择练习法等；为了帮助学生复习巩固旧知识，就可采用问答、讨论、练习等方法。

2. 依据教学内容特点选择教学方法

思想政治（品德）学科包括的内容众多，涉及不同领域。不同领域的知识内容与学习要求不同，不同阶段、不同单元、不同课时的内容与要求也不一致。这些都要求教学方法的选择具有多样性和灵活性。

3. 学生的年龄特点和知识水平

学生的实际特点直接制约着实习师范生对教学方法的选择，这就要求实习师范生能够科学而准确地研究分析学生的身心发展特点，以及认知发展规律，有针对性地选择和运用相应的教学方法。

学生的年龄特征不同，其已有的知识基础不同，所以应选择不同的教学方法。一般来说，中学低年级学生注意力易分散，理解力不强，教学方法宜多样化且具有新颖性；低年级学生形象思维占主导地位，知识经验少，应以直观感知的教学方法为主。如果学生缺乏对所学内容的感性认识，则可采用演示法，已有相应的感性认识时就不必再使用演示法。高年级学生抽象逻辑思维发展迅速，知识经验相对丰富，可用谈话法、讲授法，讨论法等。

4. 依据教师的自身素质选择教学方法

任何一种教学方法，只有为实习师范生充分理解和把握，才有可能在实际教学活动中有效地发挥其功能和作用。因此，教师在选择教学方法时，还应当根据自己的实际优势，扬长避短，选择适合自己的教学方法。语言生动、文采飞扬的教师，可多用讲授法；心灵手巧的教师，可多用演示法。有些方法虽好，但教师缺乏必要的素养，如驾驭不了，就难以产生良好的效果。

5. 依据教学环境条件选择教学方法

实习师范生在选择教学方法时，要在条件允许的情况下，最大限度地运用和发挥教学环境和条件的功能与作用。

一般来说，教学环境是指教学活动所依赖的各种外部条件。教学环境的类型可分为物质环境与精神环境，物质环境是在运用教学方法时要考虑的，如班级教学用品、教学的仪器设备、学校图书设备、文体器材、教育经费等。精神环境则是教学方法选择时要注意的软环境，如班集体组织状况、师生交往水平、学校管理水平、社会风尚、学生的心理状况、校风、班风、学风等。教学环境对思想政治（品德）课教学方法的重要意义就在于：教学环境为教学方法提供了一定的物质和信息基础，对教学方法具有制约作用。因而，教学方法的选择和运用必须从现实的教学环境出发，根据教学环境和条件选择教学方法。

第五节　实习听课与评课

实习师范生进入实习学校，明确自己的管理班级及教学班级后，便开始进入工作状态。教学工作包括听课、备课、说课、试讲、上课、评课、课后辅导、作业批改与讲评、测验和考试等内容。其中，听课与评课是教学工作的起点。

一、听课的意义

实习师范生的听课分两种情况：一种是听原任课指导老师的课，这种听课以学习及适应实习学校的教学为目的；另一种听课是实习师范生之间的互相听课，以互相交流学习为目的。

1. 听任课老师的课是教学工作的起点

教育实习是一个现场学习的教学活动过程，其中教学工作的起点是听课。通过听课向原任课老师学习，向课堂学习，同时也向学生学习。课后不断修正自己的备课预期，为即将到来的教学实习做好准备。

听课也是实习师范生一项必不可少的教学研究活动。对于实习师范生来说，听课既体现了求学的态度，又是一项常规性的教学任务。实习师范生要争取多听任课老师以及实习学校其他优秀教师的示范课、教学研究课。听课不仅有利于实习师范生学习优秀教师的先进教学经验，而且有利于尽快熟悉教学对象。

听原任课老师的课，首先要观摩原任课老师的课堂教学，借鉴原任课老师的教学方式，这是实习师范生获取经验的捷径。其次是观察学生，掌握学生在课堂中的表现情况，针对学生的情况对自己的备课进行调整，尽量把可能预计到的学生的表现在备课时做好应对预案。最后要注意观察老师的教与学生的学相结合的情况，学习原任课老师如何把所教内容与调动学生学习的兴趣、积极性联系起来。

2. 实习师范生互相听课有助于互相学习

教学实习开始后，实习师范生之间也要互相听课与评课，实习组内部要组织实习师范生上研究课，要求每个实习师范生都至少要上一次研究课。实习师范生在实习期间还要向实习学校上实习汇报课，接受实习学校的评估与指导。

实习师范生之间互相听课，有利于实习小组形成良好的教学风气，促进实习小组教学研究的深入；有利于实习师范生之间相互学习，相互取长补短，共同提高；有利于转变教学思想，更新教学观念，提高教学水平，提高教学质量。

3. 听课使备课更有针对性

在进入实习学校之前，实习师范生已经进行了大量的模拟教学准备，但"纸上得来终觉浅，绝知此事要躬行"，试讲毕竟是脱离学生的模拟教学，真正面对学生的时候会出现什么情况，很难预知。模拟教学中大量的教学预设，往往以试讲实习师范生的意志为主，真实的课堂教学除了老师的预设外，还会有大量的课堂生成问题、大量的动态教学资源或教学突发事件会出现，怎么管理及组织课堂，是实习师范生最没把握的事情。最好的应对方法就是：通过听课向原任课老师学习；通过听课向学生学习，向课堂学习。

二、听课的要求

（一）以学习者的心态去听课

这是实习师范生在实习阶段大部分时间里的角色定位，尤其是刚到实习学校的见习阶段，听原任课指导老师上课时的最佳角色应该是学习者、审美者，而不是批评者。要多学习授课教师的长处，多体会其特有的风格、闪光点。从这个角度看，实习师范生不仅要用欣赏美的眼光去感受教师的仪态美、语言美、板书美、直观教具美等外在的美，还要用心领悟他们独具匠心的课堂设计的结构美，以及他们通过严密的推理、精巧的思维、合理的实证来充分展示教学内容的理性美。特别是他们在教学过程中所表现出来的对学生的尊重、赞赏、合作、共享等更高层次的人性美，更值得我们去欣赏、去学习、去追求。

（1）进入"学生"角色。听课的实习师范生必须有意识地转变角色，认认真真地充当中学生的角色，使自己处于"学"的情境中。要设身处地从学生角度，按学生的知识与能力水平去听课，常想一想：如果我是学生能否听得懂、学得会。

（2）进入"教者"角色。听课的实习师范生者要设身处地地思考，这堂课自己来上该怎样讲。将自己的构思与讲者的设计进行比较，才能判断出自己的教学设计存在的问题。这要求听课的实习师范生在听课之前必须有充分的准备，对要听的内容要非常熟悉，否则无法通过对比发现讲课老师的可学习之处。只有有"备"而听，而且从思想上参与到教学活动中，并尽可能以学生的身份参与到学习活动中，才能获取更有价值的第一手材料，从而为自己上好一堂课奠定基础。

（3）要避免充当旁观者。把自己当作旁观者，有两种错误态度：一是以局外人的身份去挑剔，看不到长处，不理解讲课者的良苦用心；二是无目的、无所谓地听课。实习师范生如果把自己定位为课堂教学的旁观者，听课前无充分准备，听课过程中无视学生的课堂表现，不重视收集学生的课堂反馈信息，就不能了解任课指导教师的意图，无法获取学生全面的、真实的课堂表现。

（二）关注教师的教

实习师范生听课不同于中学生听课，听课的目的是学习原任课老师的教学艺术风格、课堂教学组织技巧以及如何处理重难点、如何实现教学目标、如何处理课程标准与教材的关系；观察学生的学习态度、学习方法、对课堂的参与度等。听课后可以对自己的备课进修改，模仿原任课老师的风格处理好教材与学生的关系。

1. 关注课堂教学环节设置

思想政治（品德）课堂教学环节设置一般包括课前准备、复习旧课与导入新课、讲授新课过程、当堂巩固、课堂小结、课后作业拓展等环节。这些环节的组合形成课堂教学的结构。实习师范生主要观察任课指导老师是如何安排这些环节的顺序以及如何分配各个环节的时间。课型（练习课、复习课、讲评课与授新课）不同，课的结构（课堂教学各环节的顺序及时间分配）也不同。其中授新课是听课的重点课型，它的课堂教学结构如下：

（1）复习旧内容。如何通过复习环节使学生有意识地从已有的认知结构中提取相关的旧知识，并激活旧知识，这是实习师范生在听课时的一个观察点。这个环节主要找到与本节课主要内容相关度高的已经学习过的内容，这些内容有可能是上一节课的内容，也有可能是以前学过的内容。复习这些内容的主要目的就是遵从知识之间承上启下的内在联系，从而引导学生自觉学习并掌握新的内容，不产生知识之间的断层，也避免割裂知识之间的联系，帮助学生形成宏观的知识结构。这个环节可采用的方法也很灵活，可以是老师讲学生听，或者老师通过谈话、讨论、提问等方式引导学生回忆，或通过做练习的方式帮助学生温习。

（2）导入新课。思想政治（品德）课主要运用的导入法有时事导入法，置疑导入法，漫画导入法，温故知新导入法，故事导入法，歌曲、视频激情导入法等。

复习的主要目的是找到旧知识与新知识的内在联系，帮助学生整理思路。导入新课目的是为了突出本课堂的主要学习内容。为了提高学生的学习效果，实习师范生在导入阶段要呈现本课的教学目标（亮标），亮标能让听课学生的学习目的性更强，能提高学生的学习效果。教学目标在何时、采用何种方式呈现才能最大限度地引起学生的好奇，激发学生的学习动机，这是实习师范生听课中要观察的一个教学点。

良好的开端是成功的一半。导入是课堂教学的第一个环节。在课堂教学中，导入环节如果安排和设计得好，学生的积极性就能调动起来，迅速集中思维，激发兴趣，产生学习动机。因此，为充分调动学生学习思想政治（品德）课的积极性，提高教学效果，必须充分重视导入艺术。怎样创设教学情境，导入新课的教学，这又是实习师范生听课中的一个观察点。

（3）讲授新课的过程。新课的讲授是一节课的重点环节，要听懂任课老师的讲授过程，实习师范生一定要做足准备，必须在听课之前就有自己的教学设计方案，还要通过对比自己与指导老师在处理教材上的差别，发现自己的不足。

第一，听课要注意教学目标的落实。思想政治（品德）课在三维目标的侧重上，初中阶段与高中阶段有所不同。高中思想政治的顺序是知识、能力、情感态度和价值观；初中思想品德则是情感态度和价值观、能力、知识。听课之前首先要确定听课的教学目标，好课的一个重要标志就是课堂教学目标达成度高。新课程改革提倡课堂教学目标要把知识、能力、情感态度和价值观三者真正统一起来，使学生在获得知识、能力的同时，形成正确的情感态度和价值观。因此，实习师范生既要关注上课教师能否完成知识、能力等基础性目标，也要注意学生情感态度与价值观目标的实现。

第二，教学重点的明确。教学重点是指要求学生必须掌握的最基本、最重要、最关键的知识和技能。准确地确定思想政治（品德）课的教学重点，有利于思想政治（品德）课教学向着有序、高效的方向发展。确定思想政治（品德）课教学的重点有四个依据。

首先，依据课程标准、教材，确定知识传授的重点。以课程标准为指导，在具有一定理论和相对完整知识体系的课本中，将内容划分成"了解、记忆、理解、判断、分析、认识、行为"七大类，其中要求学生必须掌握的、常用的、最基本的知识就是重点。

其次，依据学生特点，确定能力培养的重点。不同年龄、年级、性别的学生其个性心理特征不同。根据这个特点，我们在不同年级的教学中，定出不同层次的能力培养目标，其中要求学生必须具备的、常用的能力就是重点。

再次，依据教育目标，确定思想品德教育的重点。学生在思想品德表现中普遍存在的问题，往往就是教学中要联系实际着重解决的思想品德教育重点。

最后，依据形势的需要，确定践行导行的重点。思想政治（品德）课有一个特殊的、鲜明的特性，即时代性。因此，思想政治（品德）课教学必须与当前形势的重点、热点问题联系起来，以澄清学生心中的模糊认识与观点，引导他们辩证地、全面地看待和分析社会热点问题，真正起到指导和规范学生行为的作用。那么，凡是教学中能与当前形势的重点、热点问题联系紧密、属指导行为类型的知识点，就都是重点。

在明确教学重点时，还要注意应区别教材重点和教学重点。两者的辩证关系是：教材重点肯定是教学重点，而教学重点未必是教材重点。就教材重点而言，一般是指教材中那些最基本、最重要的知识和能力。课程标准对各年级都规定了不同的情感态度价值观目标、能力目标、知识目标，一般来说，课程标准所确定的这些目标就是我们在课堂教学过程当中的重点。就教学重点而言，则是指教师在教学中，为便于和帮助学生理解、掌握有关内容而重点讲解的知识。

突出重点就是教师在讲解过程中要分清轻重缓急，哪些应该重点讲、哪些应该略讲。有的知识在教材中是重点，但学生对此已经理解，只要适当交代清楚即可，不必过分花费精力来突出；而有的知识，就教材本身而言并非重点，但学生在理解上可能模糊不清，这将为学生以后掌握一系列知识造成障碍。此时，这些内容便可确定为教学重点。

第三，突破教学难点。所谓教学难点，简单地说就是学生难以理解、接受的教学内容，有来自教材的难点，也有来自学生的难点。所以，准确定位教学难点，不能只局限于对教学内容的分析和把握，还必须将教学内容与学生实际联系起来加以考虑。

教学内容本身的抽象性、复杂性、模糊性，是形成教学难点的因素。但这只是形成教学难点的一种可能性，或者说，仅就教学内容本身而言，至多可以确认为一种潜在的教学难点。而这种潜在的教学难点是否真正构成现实的教学难点，还要看学生的具体认知水平、能力状况、价值取向和情感意愿等。如果学生在理解、接受这些教学内容时真的发生了比较严重的认知和情感障碍，那么可以确定这些教学内容就是所要寻找的真正的教学难点。也正因为如此，在定位教学难点时，必须坚持以下原则：

首先，理论联系实际，具体问题具体分析。由于每位实习师范生面对的学生群体是不相同的，不同的学生群体对同样的教学内容的理解能力和接受水平是不同的，所以实习师范生要想准确定位教学难点，必须对教学对象有一个深入、全面、细致的了解，根据自己特定的教学对象的特殊状况，找出哪些教学内容才是真正构成学生学习的"拦路虎"。

其次，着眼整体，面向大多数。学生的差异性不仅存在于不同的学校和班级，而且存在于同一个班级内部。面对同样的问题，有的学生感到不可思议，有的学生却觉得顺理成章。那么，面对参差不齐的学生，该依据什么来定位教学难点呢？这里只能遵从大多数，根据班里大多数学生的能力、知识等状况，找出大多数学生都难以理解和接受的知识点。

课堂教学难点不是全体学生学习难点的总和，而是大多数学生共同的学习难点，而且是共同学习难点中比较突出的那部分。只有着眼班级整体来定位教学难点，实习师范生突破教学难点的努力才能真正取得课堂教学效益的最大化，而个别学生的特殊难点只能通过课外个别辅导予以解决。

实习师范生听课时要注意听指导教师是怎样联系学生已有知识，化难为易，突破难点、突出重点的，这些往往是他们积累多年的教学经验。

第四，听教与学的组织方法。听课时，听教师如何教仅仅是一个方面，还要看学生怎样学、看教师如何调动学生学习的积极性。实际上，学生学习的积极性、主动性往往需要教师的激发，学生的主体地位要靠教师去落实。

观察任课指导老师设计了哪些教学活动步骤来组织学生学习，用什么方式或方法把课堂有效地组织起来。例如，设计了怎样的问题让学生进行探究以及如何探究；安排怎样的活动让学生动手动口操练，使所学知识得以延伸、迁移、巩固；设计怎样的问题或情景引导学生对新课内容和已有的知识进行整合；培养学生哪些方面的技能，达到什么地步；渗透哪些教学思想；课堂教学氛围如何等。

观察学生在教师的引导下是否积极参与到学习活动中，学习活动中学生经常会有怎样的情绪反应，学生是否乐于参与思考、讨论、争辩、动手操作，学生是否经常积极主动地提出问题，学生活动的时间是否充分，学生的自学习惯、读书习惯、书写习惯是否养成，学生分析问题、解决问题能力如何等。

第五，看板书设计。板书是为了帮助学生了解课堂教学的主要内容及知识结构。学生通过板书可以掌握教师讲授的脉络和思维过程，了解教材的重点、难点，这些也是学生课后复习的重要依据。

一般来说，板书必须做到内容完整、目的明确。板书要详略得当，重点突出，如果过于简单，则达不到板书的目的；而过于繁杂，则喧宾夺主。板书要能起到提纲挈领的作用，要层次分明、脉络清晰。板书要有直观效果，有利于引导学生由形象思维向抽象思维过渡，便于课堂小结和课后复习等。

第六，看教学媒体的运用。听课时要注意结合教学内容，看指导教师对多媒体的选择、运用是否行之有效。传统的书本、黑板以及随后出现的幻灯片、投影仪、电视机等教学媒体在教学中仍能发挥积极的作用，辅助教师传递教学信息。

除了看任课指导老师运用传统媒体工具之外，还要观察他们是如何运用最新的多媒体教学技术。当前迅速发展的多媒体技术功能强大，不只是单纯的教学手段，可以为学生创设多种学习环境，提高其学习的效率，还可以作为学生的学习工具，培养学生的思维能力和解决问题的能力。因此，在现代教学中，媒体发挥着愈来愈重要的作用。恰当运用媒体，不仅能调动学生的学习兴趣，增大课堂教学的信息容量，而且有助于提高学生的接受能力。

第七，观察课堂氛围。课堂气氛是弥漫、充盈于师生之间的一种教育情境氛围。这种氛围如果是和谐融洽、平等民主的，就能激发学生的潜能，树立其学习的信心，培养学生的创新能力。一个优秀的教师能够创设一种愉悦、和谐、充满人文情怀的课堂氛围，在这样的课堂上，师生能够平等对话，完成情感交流；师生能共同创造奇迹，唤醒各自的潜能；教师的主导作用和学生的主体地位会得到完整的体现。

实习师范生听课时，要注意观察教师对课堂的调控艺术，采用什么方法让学生积极参与教学活动，发挥学生的主体地位；观察教师如何用教学口语、肢体语言、教学机智组织课堂，调控课堂气氛等。

（4）课堂巩固及课后拓展。实习师范生在听课过程中还要注意观察教师是如何结束课堂的。好的课堂结尾，不仅能巩固知识，拓展视野，升华情感，还能让学生学会归纳，产生继续探究的欲望。

思想政治（品德）课堂的结尾通常有三大功能：一是梳理知识。一节课下来，学生接受的信息量很大，需要通过小结，按知识的内在规律整理归纳，便于学生提纲挈领、举一反三，实现知识迁移。二是升华情感。一堂好课的结尾，能让师生的情感得以升华，迸发出一种精神力量。三是反馈教学。通过课堂总结，发现学与教的不足，为以后教学方法的改进提供基础。

（三）关注学生的学

实习师范生听课要关注教师的表现，但如果只关注老师的表现，则会变成"教师中心论"，这是不全面、不科学的听课方法，有可能把师范生的教学引向误区。教师教学的目的是为了学生更好地学，老师是课堂教学中的服务提供者，学生则是服务的接受者。如果学生不接受老师所提供的服务，老师服务的价值则无法体现出来。所以，听课不仅要关注教师的教，更要关注学生的学。

1. 关注学生学习的起点

由于缺少经验，很多实习师范生在组织课堂教学时，约定俗成地以学科理论知识作为逻辑起点，按教材的编排顺序进行教学，这种处理方式是初为人师的实习师范生的一般备课与教学方式。但这种方式有可能遇到实际问题，如果所教的学生与教材编者所想象中的学生大相径庭，学生的真实基础知识与能力达不到教材所期望的起点，学生理解课堂教学内容时就会显得非常吃力，进而在心理上抵触学习，在行动上放弃学习。另外，如果实习学校的生源好，学生的真实起点比教材要高，老师还是照教材按部就班，可能就会导致学生游离于课堂之外，出现无效教学现象。

以初中思想品德课为例，初中思想品德课可选用的教材在全国有多个版本，这多个版本都是根据同一个课程标准来编写的，"一标多本"实际上是承认我国教育发展的不平衡，承认学生学习初中思想品德课的学习起点不均衡。因此，向任课指导老师学习因地制宜地组织教学，用好本地、本校的教学资源，在教学过程中体现贴近生活、贴近实际、贴近学生的"三贴近"教学原则显得很重要。实习师范生在高等师范院校内的模拟试讲训练，往往是脱离学生的，因此，在实习中利用好听课的机会，熟悉自己的教学对象，是师范生实习上好第一堂课的基础。

实习师范生在听课中一定要注意观察，通过听课，大概了解教学对象的知识基础和能力起点，应该在课后多向指导老师请教，或在实施教学之前多做一些调查。

2. 关注学生的学习状态

学生的学习状态包括参与状态、交往状态、思维状态、情绪状态四个维度。

（1）关注学生的参与状态。新课程改革实施以来，许多教师都意识到课堂上不能再包办，不能再唱"独角戏"，而要想方设法为学生的参与提供时间和空间。学生的参与状态、参与程度直接影响着教学的效果，真正有效的学习必须是在学生的积极参与下进行的，参与面的广度和参与机会的次数决定了参与是否充分、积极、有效。参与状态良好的学生，总能积极踊跃、满怀热情地参与到课堂教学之中。影响学生参与状态的因素很多，以下几点是实习师范生应特别关注的：

第一，学生是否为上课做好充分的课前准备。从提高学习效率来看，教师应该在课前让学生适当预习，思想政治（品德）课的教学是需要学生有一定的课前准备的，或资料收集，或查找相关知识，或思想准备等。

第二，老师能否根据学生在课堂上表现出来的精神状态，把握教学节奏。中学生在课堂教学过程中，最佳思维状态为 10 ~ 15 分钟。如何调控学生的最佳精神状态，使之分布在老师需要的教学环节和教学内容上，做到教学张弛相间、富有节奏感，是实习师范生应该重点考虑的问题。所以，要多观察教师在课堂教学中把握教学节奏的艺术，观察教师如何灵活调动学生听、看、讲、想、做这五个学习要素，把这些要素进行不同的组合，形成动静交换、快慢交替、错落有致的格局。

第三，观察学生是主动参与还是被动参与，是部分参与还是全程参与，是有效参与还是无效参与。

（2）关注学生的交往状态。学生在课堂中的交往可以分为师生交往和生生交往。思想政治（品德）课程改革理念之一就是重视合作探究的学习方式，强调学生在自主的基础上与人合作，与人分享成果，进而一起探究未知领域。小组合作是课堂教学中出现最频繁的一种组织形式，是合作探究教学思想的体现。合作探究非常讲究团队精神，尤其是同学之间的合作，如是否有良好的合作氛围，交互过程中是否有合作意识、合作技巧等。这些都需要经过专门的学习方式培训。要求学生在学习过程中学会科学合理地进行分工合作，学会倾听他人的意见，能够自由表达自己的观点，树立遇到困难时能与他人合作、交流，共同解决问题的意识。

（3）关注学生的思维状态。教学交流最重要的是思维交流，只要学生的思维一直活跃在课堂教学内容中，在教师的引领下积极学习，就是有效的思维状态。思维交流表现在学生是否具有问题意识，是否敢于发现问题、提出问题，发表自己的见解，提出的问题是否有价值，探究问题是否积极主动、是否具有独创性。课堂要"动"起来，这个"动"主要是指思维的"动"，而非身体的"动"。看似活跃的课堂氛围，但学生的思维没有开启，这不是有效的教学。

（4）关注学生的情绪状态。思想政治（品德）课的教学内容有明显的德育性，学生的求知欲及情绪如何，对教学效果有很大影响。如何激发学生的学习动机和兴趣，引导学生以饱满的精神状态投入学习之中，并能自我调节和控制学习情绪，对学习保持较长的注意，始终是一个难题。

实习师范生在听课时，首先要关注上课教师是如何调节学生情绪的。由于情绪具有不稳定性和易变性，所以面对学生的消极情绪时，教师要善于疏导，及时矫正。其次要关注教师的情绪如何影响学生的情绪。情绪在一定的条件下具有传染性，教师应用自己积极的情绪去感染学生，尤其要控制不利于良好课堂气氛形成的消极情绪，应以良好的情绪激发学生的兴趣。

（四）重视课后的交流与反思

实习师范生要注意听课后与任课老师沟通与交流。听课过程是审美过程，课后的反思则是认识升华的过程。听课后应该马上进行课后反思。实习师范生应主动参加课后评课活动，虚心听取其他听课教师不同的评课建议，以及与指导老师就课堂教学问题进行交流。交流可以从两个方面展开：

（1）聆听指导老师的课后自评。听完指导老师的课后，要及时与指导老师交流，指导老师会客观地反思自己的课堂教学。听老师谈谈自己的教学成功之处，从课前备课到课堂教学，从教材处理方式到教学组织方式，从课堂管理到课后拓展，从教学中老师的教与学生的学的协调等，指导老师在这些方面有丰富的教学经验。而且，指导老师在专业上与实习师范生相同，对于思政专业实习师范生来说，指导老师的经验是最宝贵的课程教学资源财富。

实习师范生今后的教学风格会受到指导老师的影响。教学过程中指导教师会凸显自己的教学风格，实习师范生会在教学初期进行不自觉的模仿，在不知不觉中会将其内化成自己的教学风格。但在教学艺术风格的模仿过程中，实习师范生要注意结合自身的基础条件。如果师范生只知道模仿和移植，而不问指导教师为什么这样做，也不反思自己是否具有实施这种风格的思维方式和技能，就很容易出现指导教师用得成功而实习师范生失败的情形。因此，针对指导教师的成功之处学习，就要在课后与老师交流，咨询指导教师为什么这样教，知道老师教什么、怎么教还不够，还要知道老师为什么这么教。教学有法，教无定法，贵在得法。只有熟悉行为决策背后的原因，明确教学思维和教学决策的原理，才能创造性地模仿和移植。

（2）聆听教学遗憾的反思。教学是一门艺术，是一门带着遗憾的艺术，任何一堂课总会存在遗憾。指导老师也会客观地反思自己在课堂教学中的遗憾，一些指导老师甚至会把自己多年教学中的困惑和实习师范生一起探讨。

指导老师在教学中所遇到的很多问题都与现行的教育管理体制有关，这些问题能帮助实习师范生尽快发现社会现实问题，并且促使实习师范生去深思背后的原因，更好地思考改进的策略。这样，老师的遗憾与困惑有可能变成师范生在教育实习中应该做调查研究的课题。由于很多都是直接针对当今教育时弊的，虽然任课老师发现了问题，但在现有的教育体制下，他们无法全部加以解决。但在多年教学实践中，他们肯定有相应的深入思考，他们或找出问题的原因，或设想出对策，这些都是实习师范生认识我国教育体制和教育现状的有效途径。

三、实习师范生互相听课与评课

实习师范生互相听课与评课，指的是实习组内实习师范生之间的互相听课与评课。见习阶段听任课指导老师的示范课，实习师范生以学习、欣赏者的身份向任课指导老师学习。见习结束进入实习阶段后，实习师范生开始进入课堂教学活动的实习期。实习师范生的课堂教学实习有两种情形：第一种是在指导老师的指导下完成备课，并在任课指导老师与实习组同学随堂听课下开展课堂教学；第二种是独立备课，在同组实习师范生随堂听课的情况下独立完成课堂教学。现在重点就实习师范生互相听课与评课进行说明。

（一）坚持"以学论教"的听课与评课理念

在传统的教学理念下，教学被认为是传授知识的过程，教学过程往往成为以教师活动为主，教师讲授、学生接受的过程，所关注的是教师的教，从而把教师活动作为教学评价的重点。

教育部在 2001 年颁布的《基础教育课程改革纲要（试行）》中规定："教师在教学过程中应与学生积极互动、共同发展，要处理好传授知识与培养能力的关系，注重培养学生的独立性和自主性，引导学生质疑、调查、探究，在实践中学习，促进学生在教师指导下主动地、富有个性地学习。教师应尊重学生的人格，关注个体差异，满足不同学生的学习需要，创设能引导学生主动参与的教育环境，激发学生的学习积极性，培养学生掌握和运用知识的态度和能力，使每个学生都能得到充分的发展。"这一规定为思想政治（品德）课的教学指明了方向。2001 年以来的课程改革，在评价思想政治（品德）课堂教学这一环节时，坚持"以学论教"的课堂教学评价观。"以学论教"即以学生的学评价教师的教，体现了以学生的学习为中心来组织教学的课程改革理念。这种评价观以人为本，尊重学生的主体地位，真正体现了教学是为了学生主体的发展的理念。评价的目的在于提高教学的有效性和针对性，促进学生的全面发展，促进教师的专业成长。

"以学论教"从关注教师的教转向关注学生的学，重视学习过程，其根本特征是促进教师的专业发展和学生的有效学习。因此，学习者学习活动的结果势必成为评价课堂教学好与坏、优与劣、成功与否的关键要素。学生在学习活动过程中，如果思维得到激发、学业水平得到充分（或较大程度）的发展与提高、学习兴趣得到充分（或较大程度）的激发并产生持续的学习欲望，则可以认为这堂课就是一堂很好的课。

（二）听课与评课要有备而来

听课实习师范生要准确定位自己的角色。应把自己定位为教学活动的参与者、组织者，而不是旁观者。

（1）把自己定位为教学活动的组织者。要求实习师范生参与到课堂教学过程之中，听课一定要有备而听，否则无法对课堂教学进行合理、客观的评价。如果听课者把自己定位为课堂教学的旁观者，听课前就不可能做充分准备、听课过程中会无视学生的课堂活动、不重视收集学生课堂反馈的信息，也就无法获取学生全面的、真实的课堂表现。只有有备而听并参与到教学活动中，和授课教师一起参与课堂教学活动的组织，把自己假想为讲课的教师，参与学习活动的组织、辅导、答疑和交流过程，才能有更大的收获。

（2）把自己定位为教学活动的参与者。要求听课实习师范生尽可能以学生的身份，把自己假想为学生，模拟学生的思路、知识水平和认知方式参与到学习活动中。这是在"以学定教"思维下，对授课教师进行教学质量评估的最好方法之一。

把自己假设成为教学过程中的组织者和参与者，才能真正做到课前有一定的准备工作，听课中认真观察和记录，课后思考和整理。杜绝课前没有任何准备或准备不充分的情况下就去听课，这样的听课既无法参与教师的教，也无法参与学生的学。听课时与教和学都不发生关系，就不能体验到教学的目标与效果是否一致，也体会不到由于课前预设与课堂生成之间的冲突而引起的理性思考，更体会不到学生学习情况对教师教的影响，以及教师的教对学生的学的影响。

（三）同课异构的听课与评课

同课异构的听课与评课，需要听课的实习师范生以参与者、研究者的心态融入教学活动中。以参与者、研究者的角色听课与评课是在实习师范生独立上课阶段进行的，主要是指实习组师范生互相听课与评课，包括常规上课、公开课或实习汇报课。实习组内的相互听课与听指导老师的课是两种不同的听课方式。如果说听指导老师的课是以学习者、欣赏者的身份去听的话，那么实习师范生之间的互相听课就应该以参与者、研究者的心态去听，这种听课与评课以互相帮助、互相学习、研究提高教学质量为目的。同课异构的课对于实习师范生以参与者、研究者的角色开展教学研究最有价值，但同课异构课的开展有一定的要求，需要有相应的准备。

1. 集体备课

集体备课一般按照特定的程序：个人备课、集体研讨、修正教学方案、听课跟踪、课后交流等。集体备课首先要确定中心发言人，中心发言人先说课，然后大家共同探讨、相互补充，从而提高对未知课堂的预见性，教学预设的针对性也更强，有助于教学设计方案和内容更加充实、完善。集体备课并不追求完全相同的教案或教学设计，而是用同课异构的方式，使每个实习师范生均形成自己的个性化教案。

2. 听课跟踪

在集体备课及个性设计自己教学方案的前提下，实习师范生之间应互相听课。在听课过程中不断与执教实习师范生的教学进行比较，把听课过程中产生对比的结果记录下来，尤其是听者要把自己感悟较深之处（即时想法）及时记录下来。要及时采集学生学习活动的信息，分析学生课堂学习的效率，把握真实的教与学的效果，从而得到第一手课堂教学资料。

建立在个性化教案基础之上的互相听课，往往能给实习师范生很多启示。同课异构下的课堂教学，在教学内容相同的情况下，每位实习师范生的教学方式都有自己的独到之处，每一种方式都取决于执教者对自己教学对象的独特理解，以及执教者的教育理念的独到之处。在整个听课过程中，听课实习师范生首先应以发现者的角色听课，对课堂教学细心观察，敏锐地发现优点，以便评课时及时给予肯定；准确地发现讲课者的不足，为讲课者提出改进和提高的建议。其次应以研究者的角色听课，运用已有的教育教学理论和教学经验，对课堂教学做出分析与判断。

同课异构下的课堂教学效果是有区别的，因此听课的实习师范生应不断地思考为什么会出现这些区别。例如，不同知识起点的班级之间能不能用同一种教学方式与方法？如果用相同的方式与方法，教学效果会有什么区别？相同知识起点的班级为什么用相同的教学方式方法，却会出现不同的教学效果？这是教师教的原因，还是学生学的原因？或者是教与学的共同原因？如果互相换班上课，教学效果会有什么不同？这些问题从一开始就困扰着实习师范生。实习学校分班结果公布后，实习师范生之间会互相攀比自己的运气，分到一个重点班与分到一个普通班的心情有天壤之别，大家都认为分到一个"好"班，教学就很顺畅；分到一个"差"班，教学就会很困难。其实这只是想当然，教学无所谓"好"班与"差"班的区别，不同的教学对象，需要执教者采用不同的教学方法来组织教学；不同知识基础、不同能力起点的教学对象，需要区别对待，因材施教。如果不能因人而异地选用教学方法，教学效果就肯定受到影响。

同课异构下实习师范生之间互相听课的目的之一，就是要让实习师范生明白，在没办法挑选教学对象的情况下，如何"以学定教"，实现从传统的以老师为中心的教学模式向以学生为中心的教学模式转变。课堂转型最关键的就是"以学生的学习为中心来组织教学"，这也是课堂教学改革的方向所在。尤其是遇到"好"班教学效果不好，"差"班教学效果好的案例，在评课时一定要深入地分析原因，引导实习师范生找到真正影响教学效果的原因。

同课异构下的互相听课与评课也能让实习师范生明白，教学成功与否不能过多地从教学对象上去找原因，而应该多从自身找原因，反思自己的不足，从教育理论、专业知识、教学技能方面去研究自己的发展方向。别人的成功与自己的失败，自己的成功或别人的失败，都需要我们不能只停留在成功与失败这一现象上，而要进一步去分析原因，去深思教育改革的必要性与艰巨性，以加深对我国教育现状的认识。

（四）要注重对实习师范生基本技能的评价

思想政治（品德）课老师需要具备教育理论、学科知识与教学技能，这也是思想政治（品德）课教师专业成长所需要的综合素质。教育理论与学科专业知识的发挥都建立在教学技能的基础上，主要的教学技能包括教学语言、教学设计、教学方法、教学板书、教学讲授、教学组织、教学导入、教学结尾、教学提问、教学演示、教学评价、教学媒体、教学机智与教态等。教学技能及技能综合运用所形成的教学艺术风格可塑性很大，在实习过程中实习师范生可多做各种技能综合运用的尝试，充分利用各种教学技能的优势提高教学质量，这也是实习的一项重要内容。

第六节　上好第一课

实习的第一堂课对于师范生来说意义重大。万事开头难，第一堂课如果上好了，就会让师范生信心满满，相反则会给其整个教学实习带来压力。第一堂课，也是实习学校教师与学生对实习师范生的第一次正式教学评价，会影响到学生对实习教师的认可，进而影响到学生对思想政治（品德）课程的学习兴趣。

一、做好教学的心理准备

实习师范生在上第一课时，有些紧张甚至害怕，这是一种很自然的现象。例如，可能因为紧张而把内容讲错或漏讲应该讲的内容，也可能因为紧张而忘记事先准备好的板书，还可能因为紧张而不会使用甚至损坏教具、教学设备等。对此，应该有思想准备。为了避免上课出现莫名其妙的紧张，实习教师应该有一定的心理准备。

（一）课前熟悉教室环境

紧张与害怕情绪产生的原因之一是因为陌生，不适应课堂教学环境，包括教室硬环境与学情。尽量避免或减少陌生感带来的紧张与害怕情绪的最好办法是熟悉教学环境与学情。

首先，熟悉教室教学环境，上第一课之前，先去教室看看，应该准确地知道要上课的教室在什么地方，熟悉教室的教学设备，对教学设备进行一次使用练习。检查灯是否有损坏、灯光是否合适、通风是否良好。如果要使用多媒体设备，就应该检查设备是否完好、是否能正常工作。很多实习师范生由于缺少这个熟悉过程，想当然地使用教室的教学设备，结果因为不熟悉而影响了正常教学，使本来就紧张的情绪更严重，从而给学生留下了不好的第一印象。

其次，多到教室的讲台上试讲，感觉一下声音的传播情况，以判断自己在正式上课时要用多大的音量，决定在正式讲课时是否需要麦克风。如果上课时需要板书，应该在黑板上写下几行大小不同的字，然后走到教室最后一排观察，看看自己能看清哪种大小的字，以确定自己在正式上课时要写多大的字。

（二）课前多与学生沟通

1. 关心学生

俗语说：亲其师，信其道，效其行。实习师范生与学生关系的好坏，对第一堂课影响很大。实习师范生应该与学生建立良好的师生关系，要主动关心学生。在完成各种教学准备工作后，要争取时间在上课前与学生进行一些非正式的交流。这样既可确保课前教学准备充分，又能缓解教师的紧张情绪，还能增进与学生的感情，减少课堂教学过程中因陌生而产生的尴尬现象。

实习师范生如果能够叫出学生的名字，学生会认为你很重视他，会无形中尊重你。与学生多交谈，在谈话中消除对学生的陌生感，让学生了解实习老师讲话的方式与性格特点，便于在课堂教学中互相调适。

总之，实习师范生应该努力去认识和了解自己的学生，在与学生的交往过程中要注意塑造自己的教师形象，并以恰当的方式向学生表明实习老师是关心、理解他们的，愿意与他们亦师亦友，也非常乐意给他们上课，并且非常热爱这门学科。

2. 坚持多听课

听课，能让实习师范生从教师与学生两个不同的角度感受课堂的魅力，听实习学校老师的课是最快速也是最有效学到教学经验的方法，也是熟悉与了解学生最主要的方法之一。

听课对上好实习第一课意义重大，可以进一步熟悉学情，观察学生的学习态度、学习热情、学习方法等，为第一堂课做好思想准备。实习师范生的听课与平常在学校作为一名学生时的听课是不同的，作为学生时的听课，往往只听知识点，而且注意力并不专注。作为实习教师听课，身份与心态与做学生时截然不同，不仅要听知识，还要将听、看、思、评结合起来，尤其要重视观察学生的学习状况，把教与学双边活动联系起来。

二、精心备课

备课是教师对整个教学活动的一项预设，是高效完成教学任务的重要环节，它直接决定着课堂教学的成败。实习师范生要掌握备课的方法与技巧，努力提升备课的能力。无论教学如何改革，都不应淡化备课环节。课堂需要即兴发挥，但同样需要有效的预设。所以，教师要重视修炼备课这一教学基本功，掌握备课的方法与技巧。

（一）备学生

备学生主要包括以下三个方面：备学生的认知水平和能力起点；备学生的身心特点；备学生的兴趣爱好，找准学生的兴奋点，让教学过程能更好地被学生接受。

（二）备教具

教学过程中不乏这样的现象：有的教师由于对使用的教具不熟悉，上课时手忙脚乱，既影响了课堂气氛，又耽误了时间；有的教师由于教具摆放位置不当，学生过早地看见，待使用时，失去了应有的效果，或用完随意一放，分散了学生学习的注意力。因此，在备课时应考虑教具的使用策略。

（三）深挖教材的价值

"教材无非是一个例子"，挖掘教材、利用教材是教学的首要任务。实习师范生应树立全新的教学观念，结合现代社会的需求和学生的实际需要，研究教材的价值。首先，要深入钻研教材，在反复认识、深思领悟的基础上，对教材进行全面的把握，使教学内容形成一个结构清晰、层次分明的体系。其次，对教材进行二次开发与利用。针对教材的知识点，开发与利用与之相关的校本教学资源和地方教学资源。

（四）写出完善的教学设计

在钻研课程标准、了解学情、熟悉教材的基础上，围绕教学目标、教学情景创设、教学过程的构建、学生学习方式的引导、课堂教学问题的预设、教学活动的组织与调控、课程资源的开发与利用等内容进行教学设计，写出可供执行的教学设计方案。

三、反复试讲

实习师范生在上第一课之前要反复进行试讲，试讲是上好第一堂课的基础。虽然试讲仍然属于模拟课堂教学，达不到真实课堂的效果，但它的独到作用是不可忽略的。首先，试讲可以让实习教师熟悉教学内容。在第一堂课中，如果对教学内容不熟悉，当出现突发的、超出预设的情况时，实习教师可能会顾此失彼。熟悉内容有利于实习教师根据课堂教学的生成情况随机应变，做到熟能生巧。其次，试讲能使实习师范生的教学准备更充分，能得到指导教师或实习同伴的帮助，解决大部分预想不到的事情，预见课堂教学中可能会遇到的问题并做好应对方案。

四、注重课堂的管理

1. 创造和谐的课堂学习气氛

学生对实习教师的第一节课总是充满好奇感，一般而言，在一个能激起学生好奇心、学生能主动介入并积极参与的学习环境里，学生的学习更认真、学习效率更高。所以，教学过程中要设法充分调动学生的学习积极性，激起学生对教学内容的好奇心，激发学生的学习兴趣。上第一课时，应该有意安排一些活动，如通过师生交流合作来解答问题；鼓励学生在课堂上提问，探究新知识；让学生彼此进行合作交谈，给学生在课堂上相互交流的机会等。

2. 教学过程要以学生为本

第一堂课要学会换位思考。在课堂教学过程中，教师是学生学习活动的引导者、组织者、管理者，但不能取代学生的主体地位。有的实习师范生摆不正自己的位置，误解了师生之间的关系，把课堂理解成为教师完成教学任务的活动，不考虑学生的学习；或者实习师范生虽然想确立学生的主体地位、发挥老师的引导作用，但在教学中却只管教不管学。要解决这些教学理念的偏差问题，实习师范生就要多从学生的角度去考虑问题，以学生的学习为本，为学生的学习提供帮助，确立学生的主体地位；教学要贴近学生的生活，尊重学生的生活体验与经验。不能让课堂教学高高在上，变成纯粹的说教课。这种偏离学生的主体地位、不尊重学生生活体验的课堂，往往会让学生感到无所适从。

五、要注意课后的反馈

第一课的执教方式，很自然为以后上课定下基调，有些上课的基本形式在上第一课时就确定下来，以后就会照此进行。所以第一堂课结束后，实习师范生要及时收集教学反馈意见，自觉进行反思，根据问题进行整改，在往后的每一节课中努力完善，慢慢在教学实践中形成自己的教学特色。首先，课后要听取指导教师的评课建议；其次，要虚心听取实习同伴的建议；最后，听取学生的意见，通过问卷向学生了解自己教学的效果。

第七节　班主任工作实习

班集体是学校教育教学的基本单位，是学生学习、生活的直接土壤，一个优秀的班集体对学生的身心发展会产生深远而积极的影响。但优秀班集体的形成不是自发的，需要全体老师与学生的共同努力，尤其是班主任的智慧和创造性的劳动。班主任是班级管理工作的直接管理者和第一责任人，是搞好班级管理工作的关键，也是学生最信任、最依赖、最可靠、最畏惧的人。班主任对学生的教育和影响是持久的、深远的，甚至会影响学生的一生。

思政专业实习师范生在班主任工作中有一定的学科优势，因为思想政治（品德）课是一门德育课程，是以课程的方式开展思想品德教育的过程，是学校德育的主渠道，它与班主任工作是相辅相成的。

一、班主任工作实习的意义

实习师范生既教学又当班主任，是适应未来教育工作的需要，也是对个人综合能力的锻炼和提高。班主任工作实习对于实习老师来说有重要意义。

1. 有利于培养教育事业情感

班主任是学校德育工作骨干队伍的重要组成部分，是教师队伍里的中坚力量。班主任工作是一所学校工作质量的缩影，可以说，学校的全部学生工作都与班主任有关。班主任工作实习有利于实习师范生进一步体验做学生工作的乐趣，巩固专业思想，热爱教育事业。

2. 有利于提高师范生的综合能力

学校工作是复杂的、多样的，学校各个部门的工作几乎都离不开班主任。班主任是校内各种力量形成教育合力的纽带，还是联系本班各科教师的纽带。因此，实习师范生需要拥有较强的组织管理能力、人际沟通能力以及创新能力。

班主任是沟通学校、家庭、社会三种教育渠道的桥梁。学生作为社会的一员，他们的思想品德是在社会、家庭、学校多方面教育影响下形成和发展的。

3. 有利于促进教学工作

班主任工作的核心内容是德育，在与学生交往过程中发现并解决各种问题，帮助学生在身心方面健康成长。实习师范生做好班主任工作会形成良好的师生关系，能够提高教师课堂教学的管理水平。在班主任工作过程中，实习师范生对学生的了解会加深，对学生集体或个体存在的思想问题都会有所了解，这有利于在思想政治（品德）课教学过程中结合相应的教学内容，进行有针对性的、比较完整的思想品德教育。

二、班主任工作实习的任务

1. 了解学生

对全班学生的全面了解和研究是做好班主任工作的基础。要教育学生，就得了解学生，只有了解和熟悉学生情况，才能从实际出发对学生进行教育。

（1）了解学生群体情况。实习师范生要了解班级人数、男女生比例、年龄结构、班风、班级当前状况、主要倾向、存在的问题，还要了解班级学风，优秀生、中等生、后进生的比例情况，各学科的学习成绩情况等。

了解学生整体的身心健康情况。身体健康方面的内容主要包括身高、体重、疾病状况、视力状况，体育测试各单项成绩以及锻炼身体情况，饮食方面的营养均衡情况，休息睡眠质量等。心理健康方面的内容主要包括：学生的自我认识是否正确，是否能了解自我、悦纳自我；在处理人际关系时能不能接受他人、善与人处；能否协调与控制情绪，能否在复杂状况下保持良好心境；学生的性格特点及气质类型；学生整体心理发展状况。

（2）了解学生个体的情况。学生个体的一般情况包括姓名、性别、年龄、健康等。学生家庭的一般情况（家庭主要成员及主要社会关系）包括家庭是否完整、父母的职业与文化水平、家庭经济状况、家庭其他成员情况、居住地等。学生个体的思想品德情况及学习情况，如个人兴趣爱好、特长、性格、气质、威信与影响力、学习目的、学习态度、学习方法、学习习惯、分析问题与解决问题的能力、各学科作业的完成情况、学习上存在的问题等。

2. 了解班主任的工作职责

（1）观摩原班主任主持的各项活动，熟悉班主任工作的职责和方法。在原班主任的指导下，实习师范生应制订较为详细的班主任工作计划，经原班主任同意后实施。

（2）抓好班级的常规行为规范，杜绝迟到、早退、旷课等现象，抓好自修课纪律，提高学习效率。

（3）记住全部学生的名字，观察学生每天的表现，包括学生的值日表现，早读、午读、晚读表现，做早操、课间操是否认真，午睡、晚睡情况，上课时的表现等。

（4）要全面关心学生，工作要深入细致，对学生既要热情耐心，又要严格要求。定期与学生谈心交流，了解学生的思想动态，及时疏导学生的心理，解决学生的问题，努力做好个别学生的思想转变工作。

（5）在原班主任指导下，组织班级主题班会与集体活动，开展有益身心的文体活动，教会学生劳逸结合，做到学习、娱乐两不误，促使学生的身心健康发展。定期开展丰富多样的学习活动，培养学生良好的学习态度和方法，帮助学生适应学习生活。努力创建班级文化，通过提高板报、墙报质量，营造良好的学习氛围，通过组织班级活动培养学生的集体观念，增强班级凝聚力。组织学生积极参与学校的各项活动，力争在各项活动中取得好成绩。

三、班主任工作实习的实施

（一）制订班主任工作计划

1. 制订班主任工作计划的重要性

（1）保证班主任工作的有序性。班主任工作是有目的、有组织的教育实践活动，需要有计划、有步骤地进行。班主任工作计划一般都包括班主任对班级建设的长期、中期及近期目标规划，只有制订好工作计划，才能有主次、有先后、有顺序地开展工作。

（2）提高班主任工作的效率。班主任工作繁琐细致，需要班主任花大量的时间与精力，学校、社会、家长对学生的要求都希望通过班主任执行来达到，这会使班主任疲于奔命，却很难产生好的效果，工作效率也很低。

在完成具体事务时，不至于忽略班级建设的中长期目标，这就需要有班主任工作计划的指引。班级工作计划是提高班主任工作质量、提高工作效率的前提与保证。如果没有切实可行的班主任工作计划，班主任在追求近期目标的时候就很容易忽略班级建设的中长期规划。有了工作计划，就能让班主任工作的目的性更强，能抓住班级建设的重点，有步骤地把学校的教育计划落实到具体工作中，使学校培养目标具体化、阶段化和层次化。

2. 实习师范生制订班主任工作计划的要求

由于实习教师的实习期并不长，在制订班主任工作计划时主要侧重的是近期计划，但近期计划不能与原班主任的中长期目标相冲突，应该协调一致，以确保目标方向一致。

（1）要与原来的班主任工作计划保持一致。实习师范生在制订班主任工作计划时要与原班主任商量，在班主任的指导下，从实际出发制订切实可行的班级工作计划。班级工作计划还应在深入了解、分析本班学生各方面情况的基础上制订，需尊重学生干部和任课教师的意见。

（2）班主任工作计划要符合班情。班主任工作计划还要反映班级特色。每一个班级都由一定的学生组成，每个学生都有自己的个性，每一个学生背后的家庭情况也各有特点。实习师范生在制订班主任工作计划时，也要考虑这些因素。计划中提出的一些目标，必须符合本班的情况，否则执行起来很容易遇到挫折，容易打击学生的积极性。有了符合班情的可靠的计划，就能做到与学校、社会、家庭三方面教育协调一致，遇到的阻力与压力就会最小化，目标才会更明确，工作才会主动、自觉，减少盲目性。

（3）掌握了解学生的途径与方法。第一，向班主任、任课老师和学生干部了解全班学生的思想、学习、纪律、文体生活、劳动等情况，具体包括学生总数、男女生比例、年龄结构、学生来源、班级中的人际关系、班中的正式群体与非正式群体等。这要求实习师范生在一周内把班内所有学生的档案看完，并记住每位学生的特殊情况，特别留意后进生。

第二，实习期间，实习师范生应参加学校有关的教研组会议、班主任联席会议等教师集体活动，以便了解和熟悉班主任的工作方法。

第三，实习班主任直接与学生接触，了解并研究学生。直接了解和研究学生的方法也多种多样，如观察法、谈话法、问卷法等。观察法要求班主任在自然情况下用自己的感官来了解学生的言论和行为。但观察要注意时间、频率、次数，这样能让观察结果更准确、全面。谈话法是指班主任通过与学生面对面的谈话来了解学生的情况。问卷法、访问调查法则强调调查，可进行家访，向家长、学生的亲友或任课教师了解学生情况。

（二）实施集体与个体教育

1. 重视班集体建设

（1）确立班集体建设的目标。班集体建设首先要有鲜明的目标，班集体不是一个简单的集合体，而是一个让所有学生都有归属感的集体，因而必须有每个学生都认可的集体奋斗目标。

目标是集体的发展方向和动力，集体的目标应由班主任、班干部、全体学生一起讨论确定。集体的目标一般包括近期的（如搞好课堂纪律等）、中期的（如成为优秀班集体等）、远期的（如每个学生都成为全面发展的好学生等）。目标的提出应由易到难，实现一个目标后，再提出新的目标。

实习师范生应该把班集体建设的目标具体化为每一次班级或校级活动的具体追求目标，激励学生朝着明确的目标努力。比如在班级学风建设中，追求每一个学生上课都不无故迟到或缺课；在早读、午读、晚读、自习课中都能保持良好的秩序、良好的学习气氛；在体育运动会或全校性活动中，根据班级实际情况提出可实现的目标等。这些都是实习教师在实习期间可以做到的事情，也是把长远目标、中期目标落实到具体活动中的一种表现。

（2）构建和谐的班级人际关系。要让班级的每一个学生对班集体都有归属感，除了用共同的班级目标把学生组织到一起外，还要注意建立良好的班级人际关系。班级中总会有矛盾，矛盾积压或没得到有效解决，会导致班级组织纪律涣散，从而失去凝聚力。

和谐的班级人际关系应该是团结互助、友爱尊重、民主平等的关系，表现为同学之间彼此互相帮助、合作，这种关系能让所有的学生都感受到集体的温暖。

和谐的班级人际关系能化解同学之间的矛盾。一旦出现学生之间的纠纷，实习班主任就要及时处理，不能等矛盾激化到难以克服时才处理。所以，要建立一种师生交往的机制，让问题在潜伏期就得到发现和化解。

和谐的班级人际关系应该是一种你追我赶、齐头并进的关系。和谐的人际关系并不排除良性竞争，班级中要形成良性竞争的风气，鼓励学生之间互相竞争，尤其是学习上的竞争。

（3）选拔和培养高效的班干部队伍。实习班主任要注重培养班干部队伍，做好班干部的选拔与培养工作，发挥班干部集体应有的功能。班干部可以民主选举，对选举出来的班干部，实习教师既要发挥他们的积极作用，又要对他们进行不断的培养。能放手的事情，应该信任班干部，放手让他们去做；班干部存在的问题，实习班主任要及时发现，并进行引导，帮助他们成长。

（4）坚持正确的集体舆论导向。在班集体中，正确的舆论是班级的主旋律，实习班主任应该明白班级舆论导向的重要性，并用正确的集体舆论导向引导学生成长。

实习班主任应该奖惩分明，发挥表扬奖励的正确导向作用，同时也发挥批评惩罚的纠偏作用。马卡连柯认为："合理的惩罚制度不仅是合法的，而且也是必要的。这种合理的惩罚制度有助于形成学生的坚强的性格，能培养学生的责任感，能锻炼学生的意志和人格，能培养学生抵抗诱惑和战胜引诱的能力。"如果在班级工作中形成一个正确的舆论导向，就能让班主任的工作事半功倍。个别学生可能敢与教师作对，却惧怕集体的力量，不愿意与集体相抗衡。

注意引导与利用班级中非正式群体的力量。班级中总有一些力量很特殊，他们虽然不是学校、班主任组织的正式机构或团体，但他们由于志趣相同，互相吸引，会形成一种相对独立于正式班级机构的群体。这些群体有的与班级正式群体方向一致或无冲突，有的有可能与班级建设目标相反。实习班主任要注意引导，加以利用，发挥他们在某一个领域或某一方面的正能量，使之成为班级建设的重要力量。

2. 重视对个别学生的教育

个别教育同集体教育是相辅相成的，班集体状况如何，完全取决于班上每一个学生的具体状况。每个学生在思想、性格和爱好等方面都可能存在某些问题，因而需要教育者耐心细致地引导，使之向好的方面不断发展。

（1）因材施教。做好个别学生的教育工作，既包括做好后进学生的教育工作，也包括做好中间学生和学优生的教育工作。

第一，倡导品学兼优的人才标准。一个班集体的学生，无论是学业成绩还是思想道德品质，都有差异，他们都各有自己的经历和具体情况。各类学生都有自己的优点、缺点，"好"与"差"不是绝对的，先进、中间和落后也都是暂时的和相对的，在一定条件下可以转换。学业成绩和思想道德品质虽有密切联系，但绝对不是等同的，学业成绩优秀的学生不一定道德品质好，后进生身上不是没有积极因素。因此，摸清各类学生的各种情况，对每一个学生都有正确的认识和分析，是做好个别学生教育工作的基础。

实习班主任要注重对优秀学生的教育，对优秀学生也要严格要求，既要不断鼓励，又要加强管理，激励优生多参与竞争，实现全面发展。对优秀生必须坚持品学兼优的标准，防止学优德差现象的出现。

关注中等生，激发他们的潜能。一些处于中间状态的学生，由于在班集体中好坏无名，常被教师和同学遗忘。他们在学习及其他各项活动的能力有限，有的自卑感较强，想干好又怕干不好，想上进又缺乏自信心；有的思想顾虑较多，表扬不敢攀，批评少沾边，不前不后，甘居中游。实习班主任要善于把握他们的思想特点，抓住其思想矛盾斗争的焦点，积极引导、鼓励他们好好学习，力争上游，朝着更高的目标发展。

实习班主任应善于根据不同类型学生的实际，有针对性地做好个别学生特别是后进生的教育工作。要善待后进生，不应该嫌弃、放弃后进生；分析其后进的原因，循序渐进地提出要求，使他们在各自的基础上不断取得进步。

第二，不要把学生培养成和自己一样的人。实习教师必须用爱与尊重相结合的态度与学生相处，尊重其人格，爱护其做人的尊严。要尊重全体学生，尊重智力发育迟缓的学生、被孤立的学生、有过错的学生、有严重缺点和缺陷的学生、与自己意见不一致的学生。

实习教师要对学生严格要求，对不同类型的学生要提出不同的要求。这些要求是有区别的，是学生经过努力后可以达到的，能提高学生学习热情，激励学生追求进步。

（2）个别心理辅导。个别心理辅导是对学生进行心理健康教育的重要途径，对解决个体心理问题、提高心理健康教育的实效性具有非常重要的作用。教师是"人类灵魂的工程师"，实习班主任要有开展心理工作的能力与准备，育人要从育心开始。

实习班主任年轻，与学生代沟小，比较受学生欢迎。绝大多数学生对实习班主任都比较信任和依赖。由于与学生一对一交往比较多，实习班主任容易成为学生倾诉的对象。所以，在深入了解个别学生的心理问题方面，在个别心理疏导方面，实习班主任与原班主任相比有独到的优势。

自我意识问题。帮助存在自我意识问题的学生重新建立自信，走出自我的小圈子。主要的办法是鼓励和引导这部分学生参加集体活动，给予他们表现自己的机会，给予他们赞扬和奖励。

人际关系问题。实习班主任可以通过主题班会、个别谈话等办法帮助人际关系比较紧张的同学，引导存在交往障碍的同学参加心理辅导，提高他们的交往技巧。

学习心理问题。实习班主任可以根据每个学生的实际情况，采取多种多样的辅导手段帮助其解决学习上的问题。主要方法是协同科任老师改善教学方法，激发学生学习的积极性；通过个别辅导等办法，帮助存在学习障碍的学生寻找解决学习问题的办法。

情绪问题。实习班主任在平时的工作中要注意教育学生学会情绪调控，让学生认识到消极情绪的不良影响。情绪调控的方法主要有转移法、宣泄法、理性情绪疗法以及升华法等几种。实习班主任可以通过班会、小组讨论、个别介绍等形式向学生传授情绪调控的方法，也可以求助专职心理咨询老师，让他们帮助学生走出不良情绪的泥潭。

（三）协调学校与家庭教育

1. 家　访

家访可以通过协调学校与家庭实现教育的同步性，使两种教育力量形成合力。实习教师的家访可分为沟通性家访、慰问性家访、针对性家访。沟通性家访，以了解学生的家庭环境、学生父母教育子女的方式与态度等为主要目的；慰问性家访，针对学生及其家庭的意外情况而开展；针对性家访，针对特定学生思想或行为的家访，这种家访的目的性很强，有一定的针对性。

家访要注意一定的技巧，首先要明确家访的目的，巧选家访的时机；其次要注意谈话方式，尤其是针对学生不良思想与行为的家访，要多了解家长的接受能力、态度和性格，这样能增加家访的效果。家访的目的是和家庭一起解决学生成长中的问题，而不是把问题扩大。

家访可采用的方式多种多样，实习教师可通过多种方式与家长保持沟通。通信工具的发展，为班主任与学生家庭的持续沟通提供了便利，实习班主任可以用电话、互联网聊天软件、电子邮件，以文字或语音的方式与家长进行即时联系。这种足不出户就能完成的家访，对沟通实习班主任与学生家长的情感，发挥家校在教育学生中的合力有重大作用。

2. 家长会

（1）家长会的形式。家长会是家校联系的主要途径，也是班主任与学生家长联系的主要形式。家长会的开展方式多种多样，采用什么样的家长会组织方式，完全取决于开家长会的任务与目的。

按家长会召开的规模来看，可以分为校级家长会议和班级家长会议。不管是校级的还是班级的家长会议，都可以邀请全体家长参与或部分家长（代表）参与。

从参加家长会的主体来看，可以是老师（班主任、任课老师）、家长、学生共同参与的多方家长会，也可以是家长与老师双方参与的家长会。

从家长会的主题内容来看，可以分为常规家长会或主题家长会。常规家长会一般安排在期中考试结束后，主要是对前半学期的总结和对后半学期的规划。主题家长会则是遇到班级中比较普遍的现象或问题时，临时召开的家长会。

（2）家长会的程序安排。

首先，全校会议。全校会议是家长会的重要组成部分，是学校管理层与家长的沟通阶段。在各班主任召开本班的会议之前，一般都由学校领导通过广播或现场大会的方式，针对所有年级的家长开会。家长会的内容一般包括向学生家长宣传党和国家的教育方针、政策；学校整体的教育教学改革情况；学校的整体管理措施；最近一段时间学校的主要活动以及下一阶段学校的教育教学计划等。

其次，分班会议。分班会议是由各班主任组织本班的家长在各班教室开会。主要由班主任、任课教师介绍本班的学习、纪律、生活、班级活动等方面的整体表现。学生家长也可以互相交流家庭教育经验，还可以听取学生介绍学习经验或汇报学习情况。

最后，家长会的反馈。家长会都应该有一个反馈环节，可以是家长对学校领导、班主任或任课教师讲话内容的反馈，也可以是对子女一段时间以来的情况的反馈。反馈是家长会的最后环节，也可以安排在家长会结束后。实习班主任需要虚心听取家长的意见反馈，善于与家长沟通；积极认真听取家长提出的一些要求，在家长会结束后的教育教学过程中，确保能得到执行，并能取得效果。

第八节　教育实习的研究与总结

教育实习的总结是对实习期间的工作、学习与生活进行全面深刻回顾、分析和反思研究的过程，通过总结找出存在的问题和不足，不断完善自己，促进自己的教师职业发展，使自己成为一名合格的人民教师。

一、教育实习研究与总结的目标

思政专业的教育实习总结是一个反思的过程，作为教育实习的延续，重在对实习过程的反思与研究。这一过程应该结合思想政治（品德）课教学的新理念、新思想、新方法、新技术以及新课程的实施要求，通过实习经验交流、教学设计研讨、课堂观察评议、主题班会研讨和教育科研报告研讨等多种途径，对实习过程中的教育教学行为加以分析、探究与评价，以达到经验交流与反思、分析与探讨、总结与提升的目的，为师范生的专业发展奠定坚实的基础。通过教育实习总结，学生应达到如下目标。

1. 进一步提高师范生的教学技能

教师的反思能力是一种理性智慧，它意味着将熟悉的事情再次陌生化。应用相关的评价分析表进行自我评价与同伴互评，客观地、理性地认识、判断、评价、反思自身在教案编写、教学设计、教学语言、板书图示、资源开发、媒体运用、教学机智等教学技能、方法策略方面存在的优点与不足，提升、完善自己的教学技能。

2. 进一步完善师范生的知识结构

通过教育实习总结，知道自身在教育实习过程中的主要收获与不足，并结合师范生自身的知识状况，制订个人的补缺补差行动计划，完善作为思想政治（品德）教师所需要的专业知识结构。

3. 进一步培养师范生的教育科研能力

教育实习总结要求师范生发现教育教学中有研究价值的重要问题，并进行相应的调查与研究，树立教学反思与教育教学研究的意识。选取教育实习过程中一两个疑点和热点问题作为专题加以研究，以取得本质认识，完成一篇有质量的研究报告。

4. 提升师范生的教育理论素养

教育实习总结要求师范生对成功与不足做出理论层面上的解释，这不仅有利于理论联系实际，而且有利于将感性认识上升到理性认识，对于丰富实习师范生的教育理论素养有积极的意义。

5. 进一步形成师范生的敬业精神

通过教育实习的研究与总结，让师范生对教育现状有更深认识，进而明确一名师范生的社会责任，对教育事业有更深入的认识。

二、教育实习研究与总结的内容

实习后的研究与总结，是为了寻找教育实习阶段的不足和问题，对共同关心的问题进行专题研讨，并听取指导老师或专业教师的意见，提高师范生的教育教学理论水平等。这个过程是一个由点到面、点面结合的反思和提高过程，也是一个提出改进措施和对策的深化认识的过程。具体来讲，教育实习总结的任务和内容主要包括以下几个方面。

（一）关于课堂教学

1. 课堂教学研究总结

要求每位实习师范生拍录一堂教学视频课，在实习总结阶段，围绕教学视频课进行教学研究和教学评价。

（1）教学技能研讨。教学技能主要包括语言、板书图示、教态、课件运用、资源运用、课堂提问、教学演示等。通过对教学视频的分析，评价实习师范生技能运用的合理性、效果以及改进方向等。

（2）教学方法研讨。主要内容包括讲授、提问、阅读指导、材料分析、情境创设、问题讨论等教学方法的应用。

（3）教学过程研讨。教学过程研讨主要包括以下内容：导入、展开、强化、收束及过渡语。具体而言，研讨导入是否能吸引学生，激发学生的学习动机与兴趣；教学过程中有什么优点、存在什么不足；练习设计与呈现的时机是否合理；教学组织技能的运用是否得当等。

（4）教学效果研讨。主要内容包括：学生学习效果如何，突出重点与突破难点的方式方法是否得当，教学目标的达成情况，教学理念的渗透情况等。

（5）教学准备研讨。主要内容包括：教案及教学设计规范性分析，教材拓展及课程资源的开发利用，教学目标的设计，教学的重点、难点的确定，学情分析，教学方法的预设，课前预习要求，学法指导等。

（6）教学策略研讨。主要内容包括：教学过渡、方法引导、机智应变、偶发事件处理、时间分配、教学过程中双边活动的组织，调控反馈措施等策略的合理性等。

2. 课堂教学视频研究

（1）教学视频研究的组织。要求实习师范生通过观看实习组所拍的教学视频，从教学行为等方面寻求课堂教学的改进举措，以提高课堂教学的基本技能与教学能力。在观看视频前，先由授课者说课，也可以在观看视频之后，由授课者进行课后说课；然后针对某一个或几个方面的问题进行研讨。

（2）教学视频研究的要求。在研讨过程中，指导教师要引导实习师范生发现课堂教学中的问题，针对该问题进行一些课题研究，并对课题研究提供专业的指导。鼓励实习师范生提出一些分析、思考的框架，对课堂教学问题进行深入研究。进行课堂教学研究与总结时，可以采用教学切片的方式进行，具体可以参考表 2-4 教学视频分析简表：

表 2-4　教学视频分析

教学时间	教学行为 （客观描述观察到的课堂事件）	教学技能	教学表现 （优良之处与改进建议）
片段 1：0～5 分钟			
片段 2：6～10 分钟			
片段 3：11～15 分钟			
片段 4：21～25 分钟			
片段 5：26～30 分钟			
片段 6：31～35 分钟			
片段 7：36～40 分钟			
总结指导教师（签名）：　　　　　　　年　　月　　日			

（3）提交研究报告。撰写研究总结报告，上交有关材料，并作为实习成绩评定的参考依据。学生的总结报告可以根据自己的教学视频，也可以根据同学的教学视频或者原任课指导教师的教学视频来撰写。

（二）关于班主任工作

1. 班级管理

主要内容包括：如何培养一支高效率的班干部队伍，如何做好班级常规管理，如何做好集体或个体思想工作等。

2. 学风建设

主要内容包括：如何营造良好的班级学习氛围，如何正确地引导班级舆论等。

3. 心理辅导

主要内容包括：如何了解学生在学习、生活、心理上存在的问题；如何开展形式多样的主题班会，教育学生学会感恩、惜时，养成良好的习惯和树立正确的生活作风等。

4. 班会设计探讨

主要内容包括班会主题、思路、课件辅助、活动准备等。

（三）关于教育调查研究

实习师范生在实习期间要完成教育教学调查研究任务，调查内容主要围绕实习学校的教育教学活动进行，一般包括选题、行动研究、资料收集、归因分析、成果呈现等环节。

（1）选题要有意义。认真做好前期的准备工作，定好调研题目。一般实习师范生的调研主题涉及教育教学管理、教学实践研究等方面，主要是自己在教育教学实践中遇到的问题，或观察到一线教师教学实践中的典型问题，或困惑自己、对自己有价值的问题。例如，教学改革的现状及发展趋势，教师队伍状况分析，本专业的课堂教学及改革经验等。搜集相关资料，与实习组成员共同商量，编写一份有质量的调查问卷。

（2）教育教学研究的途径。教育教学调查研究要注意了解实习学校的情况，做好调查问卷的印制、派发、统计等工作，实习组成员之间应注意工作分配的合理性，尽量做到各司其职、互相配合。如果是教研活动，则应多采用听评课、说课、教学视频研究等方式。

（3）定期汇报调查的进度，可以提出自己的意见、疑问，商量接下来的工作如何执行等问题。

（4）认真撰写调查报告，不抄袭他人作品。教育教学研究成果的呈现可以采用教育叙事、教育教学总结与反思、教育教学调查报告、教育教学调查研究报告等方式。初稿完成后可以给老师和成员过目，听取他们的修改意见，以进一步完善自己的调查报告。

（5）如果所调研的题目与实习学校相关，调查结束后应该及时向实习学校反馈调查所得的情况，并感谢实习学校的大力配合与支持。

三、教育实习总结的形式

教育实习总结是教育实习参与各方对实习活动的反思和认识提升的过程。由于总结的主体不同，涉及的总结内容也有差异，主要包括教育实习的组织、开展、收获等。

（一）实习师范生的个人总结

实习师范生的总结无疑是实习总结的主体工作。实习师范生的总结可分为实习小组的集体总结、个人总结。

个人总结的重点在个人。教育实习对于实习师范生而言，既影响到其本人的教师职业情感、态度和价值观，又影响到其本人的专业知识与专业技能的后续完善方向，实习总结对于个人具有现实与长远的意义。

个人总结是把实习过程中的一些感性认识上升到理性认识，是认识升华的关键阶段。没有深入思考和理性思辨，实习中的很多认识只能停留在现象阶段，也就没办法对自己的教育情怀、教育信念产生积极影响。所以，个人教育实习总结的深入程度，会影响到个人教育实习的收获。

（二）实习组的总结

实习组是教育实习活动开展最基本的实习团体，也是最有活力的群体。实习组的总结有助于反思实习组织管理中的问题，主要有以下方式。

1. 召开实习座谈会

实习座谈会的次数没有固定的要求，但从提高实习效果的角度看，实习中期和实习结束前各开一次座谈会是很有必要的。如果座谈会在实习学校召开，则应邀请实习学校的领导老师参加。

（1）中期的座谈。实习到中期时要召开一次实习座谈，目的是交流与研讨。交流既要有实习师范生与实习学校教师的交流，也要有实习师范生内部的交流。与实习学校老师的交流，侧重于感情交流。中期座谈会是联络感情的好机会。

研讨则是对所经历的实习阶段的回顾和反思，是交流的深入。在这一阶段，实习师范生会发现很多问题，产生很多疑惑。座谈会上的交流实际上是系统获得老师的指导的很好途径，平时由于时间限制，可能没有这么充足的时间来交流。

实习师范生内部的研讨也很重要。有些问题可能在实习学校领导、老师面前不好说，但却是困扰实习师范生的问题。内部交流研讨，可以邀请学院（系）的带队指导老师参加。

（2）实习结束前的座谈会。这次座谈会安排在实习即将结束时。实习师范生已经完成教学实习、班主任工作实习的任务，是临别之际的一次座谈会。这次座谈会是一次传统、常规的座谈会，是一次针对实习工作进行全面总结与交流的座谈会，也是与实习学校老师共叙情谊、祝福共勉的告别会。座谈会中，实习师范生应主动邀请实习学校领导和老师对实习工作进行评价，并指出实习工作中存在的问题。

这次座谈会如果能成功开展，对实习师范生有重要的意义。座谈可以由实习学校组织，也可以由实习组组织。由实习组负责组织召开，效果可能会更好，因为这是实习师范生社会化的一次独立尝试。但因为涉及面比较广，实习组必须做好周全的准备。

（3）与学生的告别座谈会。此类型的座谈会往往以班为单位，在原班主任的主导下进行。实习师范生主要以感谢老师与学生对自己工作的支持为主，同时也要对学生提出希望，鼓励学生在今后努力学习。

2. 实习组总结

实习组的集体总结往往安排在实习结束后进行，是实习师范生回到高等师范院校后的总结与交流活动。总结与交流可能更多的是一种回忆，是对共同生活、共同工作经历的回忆。但实习组集体总结对即将实习的低年级师范生的实习准备工作有参考意义，对于低年级的师范生来说是一次难得的教育教学见习机会。

（三）教育实习的组织管理者总结

对于教育实习的管理者来说，实习总结是为了把以后各年级的教育实习工作组织得更好。

首先，要找出实习组织工作中存在的问题。教育实习过程中出现的整体性的问题，一定是以后组织工作改进的重点。所以，总结应侧重于对教育实习过程中出现的问题的思考、归因以及寻找对策。教育实习涉及面很广，实习的形式又多，有集中实习、自主实习、代课实习、顶岗实习等，管理者如何协调各种实习方式，如何管理、检查、监督不同类型的实习师范生的实习情况，这些都是需要总结提高的内容。

其次，反思高校教学改革与技能培训的问题。实习师范生在实习过程中会出现各种问题，但如果这些问题有共性，又不是组织管理所导致的，那么教育实习管理者就应该考虑高校常规教学中的质量问题。现在中学的改革步伐不小，高校如果不关注中学课程改革的发展趋势，有可能培养出来的师范生就难以适应基础教育课程改革的需要。

（四）带队指导教师的总结

带队指导老师的总结很关键，他是联结高校与中学，也是联结中学老师与实习学生的关键一环。带队指导老师更能明确感觉到实习师范生的真实教学与管理水平，更明白今后教学的具体改善措施。

四、教育实习考核

（一）成绩评定

教育实习成绩的考核将结合个人自评，实习组内互评，原班主任、原任课教师评议，实习学校评价等情况，由带队指导教师最后做出总评。

（二）实习评价内容

（1）教学实习工作评价，包括教案编写、试讲、课件、课堂教学及反思、参与其他教学活动等情况。

（2）班主任实习工作评价，包括班主任工作计划、班主任工作记录、主题班会设计及实施效果、学生个案研究、教育工作轶事记录等情况。

（3）基础教育教学调查研究工作评价。

（三）评价方式

依据实习过程，教育实习总成绩由四部分组成，每一部分成绩在总分中所占比重如下：

（1）教学实习：40%。评分标准参考表2-5。

（2）班主任工作实习：30%。评分标准参考表2-5。

（3）教育教学调查：20%。

（4）实习态度：10%。

成绩分为优秀（90~100分）、良好（80~89分）、中等（70~79分）、及格（60~69分）、不及格（60分以下），实习成绩的优秀率应控制在30%以内。

2-5 教学实习与班主任实习评分标准

	教学实习成绩评定标准	班主任工作实习评定标准
优秀	1. 备课认真，能独立地钻研教材并较好地写出教案，按时完成任务。 2. 教学目的正确而且明确，对教材娴熟。 3. 正确贯彻教学原则，正确选择课的类型，正确运用教学方法。 4. 能使学生在课堂基本"消化"教材，在使学生掌握"两基"、发展学生智能方面取得较好效果。 5. 有强烈的教学责任感，对教学工作的几个环节（如辅导、批改作业、考核等）能认真负责，完成很好。 6. 在评议会上能作较深刻的自我分析，虚心听取和接受别人的意见	1. 有全面负责的精神，对工作全面规划，认真做好，成绩显著。 2. 有虚心学习的精神，服从实习组的工作分配，遵守纪律，积极工作，能主动争取指导教师的指导，依靠实习班级的学生集体开展工作。 3. 有团结互助的精神，在实习组内能团结互助，对实习班主任的各项工作积极负责，虚心接受别人提出的正确意见。 4. 有独立工作的精神，工作深入、细致，能从学生具体实际出发，正确贯彻德育原则，运用德育方法，独立地开展工作
良好	1. 备课认真，能独立钻研教材并写出教案，按时完成任务。 2. 教学目的正确而且明确，对教材熟练。 3. 贯彻教学原则，正确选择课的类型，运用教学方法基本正确。 4. 能使全班学生在课堂上了解教材，基本能完成教学计划。 5. 教学的责任感比较强，能搞好教学工作的其他几个环节（如辅导、批改作业、考核等）。 6. 在评议会上能较深刻地自我分析，虚心听取和接受别人的意见	1. 能在全面了解情况的基础上，正确地拟订出实习班主任各项工作的计划，并按计划进行，取得一定成绩。 2. 能服从工作分配、完成任务，能联系原班主任和指导教师，但主动性不够。 3. 能团结实习同学，搞好工作。 4. 有一定的独立工作能力，基本上能贯彻德育原则和运用德育方法
中等	各方面成绩虽优于"及格"的标准，但仍未达到"良好"的标准	各方面成绩虽优于"及格"的标准，但未达到"良好"的标准

	教学实习成绩评定标准	班主任工作实习评定标准
及格	1. 备课尚认真，独立钻研教材不够，写出的教案有缺点，但能在教师和其他实习同学的帮助下按时完成任务。 2. 教学目的基本上正确与明确，尚能掌握教材体系并进行上课。 3. 贯彻教学原则，选择课的类型和运用教学方法有较大的缺点。 4. 在教学效果上，能使全班大多数学生听懂教学内容。 5. 能基本完成教学工作中的几个环节（如辅导、批改作业、考核等）。 6. 在评议会上自我分析不够全面、深刻，但还能认真听取，虚心接受别人意见	1. 基本上能确定工作计划，并按时完成，但对情况掌握不全面，工作成效不大。 2. 能服从工作分配，工作中能保持与原班主任和指导教师的联系，但不够主动。 3. 基本上能做到在实习组内的团结互助。 4. 独立工作能力较差，在贯彻德育原则和运用德育方法过程中存在一些缺点
不及格	1. 备课不够认真，独立钻研教材有困难，教案有严重缺点且拒绝教师和其他实习同学的帮助，不能按时完成任务。 2. 教学目的不明确或不正确，对教材不熟悉。 3. 不能正确贯彻教学原则、选择课的类型、运用教学方法不当。 4. 大部分学生在课堂上听不懂教学内容。 5. 在教学的其他工作环节中马虎，不能切实地负起应有责任，或者出现较大失误。 6. 评议会上自我分析敷衍草率，对别人意见不虚心接受	1. 不认真拟订计划和执行计划，工作责任心差，未能完成实习班主任工作任务。 2. 不服从工作分配，不虚心接受指导教师指导。 3. 在团结互助方面做得不好。 4. 缺乏独立工作能力，工作中出现违反德育原则、德育方法的现象

第三章　思想政治学科讲解技能

第一节　讲解技能概述

通过讲解来传授知识和培养技能古已有之。在现代教学活动中，讲解技能仍然是教学上运用频率最高的技能之一。在新课改形势下，如能深刻领会讲解技能的精髓，并能在教学实践中推陈出新、与时俱进，教学效果就会显著提高。

一、讲解技能的含义

所谓讲解技能，是指教师以语言表达为主，运用其他辅助教学手段，对教学内容进行分析、综合、抽象、概括、论证以及阐述等，向学生传授知识和方法。启发学生思维、让学生学会表达思想情感的教学行为。

思想政治学科的讲解技能，是指在本学科的教学过程当中，教师运用通俗易懂的语言对教材内容进行解释、说明、论证，以帮助学生掌握知识、提高能力、端正情感态度和树立正确价值观的一种教学方法。

二、讲解技能的特征

讲解是我国中小学课堂教学中最常用、最基本的教学方法，是教师必备的一种教学基本技能。

1. 以语言传递为载体

讲解技能在教学行为上主要以语言表达为主。教师是主要的表达者，学生作为客体是主要的倾听对象，主要接受教师传递的信息。传递信息的主要载体是语言。

教师作为讲解主体，在表达之前要想好如何组织语言，确定哪些是能说的、哪些是不能说的。讲解应该充分运用语言的艺术魅力，富有趣味，生动幽默；在表达时，语气的变化也是很有讲究的，应富有激情与活力，把知识点有艺术性地传递出来。

2. 单向性传递

讲解技能是一种"单向性传递"。要求充分准备讲解的内容资料，分析方法要正确，证据和论证要充分；讲解的过程和内容结构要层次鲜明，主题明确，重难点突出；要充分考虑学生的年龄、兴趣爱好、知识水平和认知能力。

3. 有目的有计划

讲解过程并非无目的，而应根据学生的需求和课程教学目标对学生进行指导。对于讲解的知识，教师应该有一个详细的计划。

讲解并非简单地解释知识，讲解的目的还包括帮助学生分析问题、解决问题，提高学生的能力，熏陶学生的情感态度和价值观。所以，对于讲什么、如何讲、讲多少，教师要有明确的目的和计划。

4. 具有互动性

讲解过程是师生双方互相推动、互相交流、共同完成课堂教学任务的过程。在讲解的过程中，教师可向学生提问，请学生思考后回答；学生也可以提出疑惑问题，向教师请教。教师可通过与学生谈话的方式讲解，也可以与学生进行合作探究，共同解决问题。讲解是一个师生相互合作、达成教学目标的过程，具有明显的双向性。

三、讲解技能的优劣分析

（一）讲解技能的优势

1. 有助于联系新旧知识，形成完整的知识结构

教师在讲解新知识时，一般都会根据学科知识体系，充分利用学生原有知识框架结构，把新知识迁移到旧知识的框架结构中，从而使学生既巩固旧知识，又进一步理解新知识，达到"温故而知新"的目的。

2. 讲解法经济实用

（1）讲解法富有效率。教师经过精心组织策划，提取知识精华，在较短的时间之内，使传输的信息容量增大。对于学生的疑难困惑，教师也可通过讲解，快速地帮助学生消除学习困惑，提高课堂学习效率。

（2）讲解法简单易行。由于讲解只需要以语言为媒介，不需要通过其他更多的物质条件来配合实施，因此具有省时、省力、省费的特点。特别是对于教育资源相对匮乏的地区，讲解是一种经济实用的教学方式。

3. 启发思维、发展能力

（1）促进思考。教师在讲解教学内容时，应注重引导学生进行思考，而不是"填鸭式"地灌输，应坚持以学生为主体，在认真分析学生的基础之上，结合课程标准，深研教材，努力使讲解内容切合学生实际。

（2）提高能力。讲解是教师向学生系统地、具体地讲授知识的过程，同时也是引导学生进行思考、推理的过程。在这一过程中，学生不仅能快速获得具体知识，而且通过教师的讲解，学生能够提高分析问题、解决问题的能力。

4. 培养学生兴趣，激发学习热情

学生的学习是一种积极能动的活动，它是在各种因素的影响下进行的，经常会受到学生的认识、愿望、情感等活动机制的影响。教师通过具体形象、富有趣味的讲解，能调动学生学习的积极性；学生在这种潜移默化的影响下能逐步产生学习的兴趣，学习热情也能得到进一步提高，会把学习当作一件快乐的事情。

5. 突出教学重点，突破教学难点

教师讲解的过程就是让学生理解知识的过程。在讲解的过程中，教师和学生应该围绕具体的教学重点与难点展开，做到解决重点、突破难点，从而保证教学任务的实现。

（二）讲解技能的劣势

任何一种教学技能都会有其不足之处，讲解技能也不例外。讲解技能的不足主要表现在以下几方面。

1. 学生的主体地位问题

讲解是一种"单向性传递"的教学行为，相对学生的被动听讲来说，老师的课堂地位过于强势，不利于学生发挥学习的主观能动性。

在运用讲解法过程中，如果缺少必要的互动，缺少应用迁移，学生只是把教师所讲的知识经过整理保存到自己的大脑，没有充分的时间对所学知识做出及时的反馈，也来不及对所学内容进行应用和迁移，那么所学的内容始终没有内化为自己的东西，学习效果并不好。

如果老师不注意处理好主导与主体的关系问题，可能会滑向教师讲授与学生接受的注入式教学模式，背离讲解的初衷。

2. 讲解教学技能的课堂效率问题

教学应该是让学生"听、看、讲、想、做"各种要素充分参与的活动，讲究动静结合，充分利用学生的多种感官参与。如果单凭教师讲、学生听，学生只听不讲、不练，那么学生对所学的内容没有充分的时间做出及时反馈，老师也很难知道学生对所讲内容的接受程度。因此，长时间的单纯讲解，学生的信息保持效率不高，同时也很难让学生保持高度的注意力。

有鉴于此，讲解技能要与其他教学技能密切结合，如在讲解的同时，能渗透谈话法、讨论法等，在教师讲的同时鼓励学生质疑、动手练习等，这样就能弥补和避免其不足。

第二节 讲解技能的实施

一、思想政治学科讲解技能的组织形式

思想政治学科讲解技能的实现方式多样，无论采用哪一种讲解方式，都能体现出它的生命力。其组织形式主要有以下几种。

（一）帮助式讲解

帮助式讲解主要是帮助学生分析和解决实质性的问题，找到解决学生疑惑的关键点和重要的启发点。帮助式讲解的目的是帮助学生提高学习能力，从而引导学生更好地理解教学内容。

【案例】 教师在讲授思想政治必修①《经济生活》"影响价格的因素"的相关内容时，可以创设情景，帮助学生理解新知识：

为什么市场上的同一商品的价格时高时低呢？为什么在冬季我们买夏天的服装往往比较便宜，在夏季买冬季的衣服也比较便宜？为什么盛产季节的蔬菜通常价格也比较低？到底是什么因素影响了价格的高低呢？

考虑到学生对日常生活中各种商品的价格变动现象有所感知，而对价格变动背后深层次问题存在困惑，教师可抓住教材内容与学生实际作为切入点，创设具体的情境，很好地利用学生的生活体验和经验，引导学生思考，帮助学生找到引起价格变动的背后原因，从而对价格的影响因素做出全面的归纳概括。

（二）合作式讲解

合作式讲解是指通过构建师生协同的合作关系，针对学生难以理解的学习内容展开的互动式讲解。要合作就要有问题，带着问题进行讨论和探究，在互动中交流，在合作中讲解。这种方式主要培养学生的合作能力和交往能力，树立合作意识，团结一致解决问题，从而更有效地组织课堂教学。

【案例】　在思想政治必修①《经济生活》"公司的经营"这一教学环节中，设置合作探究的情景：一个公司能否经营成功取决于哪些因素？

展示案例思考：

（1）国际空调市场的逐鹿给我们什么启示？

（2）有谁知道，海尔冰箱的优势在哪？

（3）海尔最重要的战略抉择是什么？

请同学们组建合作学习小组，分组讨论，小组合作交流，并请代表发言。

这个环节就充分采用了合作式的讲解方式，让学生之间互相探讨，再通过学生和老师之间的交流，归纳总结出一个公司能否经营成功取决于哪些因素这一重要问题的结论。

（三）指导性讲解

指导性讲解是在帮助和合作关系的基础上进行的讲解方式，关键在于在引导中点拨，目的是引导学生获得正确知识，训练和提高学生的理解能力和分析能力。指导性讲解往往是教师先抛出话题，采用谈话法的方式进行，按特定的教学目的向学生提出问题，要求学生回答，并通过对学生的回答的质疑或拓展，达到引导学生获取或巩固知识的目的。

【案例】　在思想政治必修④《生活与哲学》"做好量变的准备，促进事物的质变"的内容讲解中，以下教学片断中体现了指导性讲解的方式：

老师：如何理解"不积跬步，无以至千里；不积小流，无以成江海"？

学生答：做事情都需要慢慢积累，不能一跃而成，需要一个过程。

老师："九成之台，起于垒土；千里之行，始于足下。"同学们是如何理解这句名言的？

学生答：告诉我们做事要从小事做起，从点滴做起。

老师：刚开始事物的变化并不能代表什么，但是到最后却过渡到反面去了。这是为什么呢？

学生答：因为在事物的发展中，量的积累达到一定的程度就会出现质的变化。

通过老师和学生这种问答式的方法，老师一步步地引导学生明白什么是量变与质变，以及它们之间的区别和联系。量变是质变的前提和必要准备，质变是量变的必然结果，事物的发展就是这样由量变到质变，又在新的质变的基础上开始量变，如此循环反复，不断前进。启发学生做事情要脚踏实地，从一点一滴做起，做好量的积累。在这里，教师的讲解是通过互动谈话、问答的方式来实现的，最终达到教学目标，取得良好的教学效果。

（四）研究性讲解

研究性讲解是基于研究性学习的教学讲解模式，在一定的教学理论指导下，根据学生的认知特征、学习进度和对知识点的掌握程度，给出相应的学习目标、学习内容和学习策略，让学生在课堂活动中带着问题进行研究学习，主动参与观察、操作、讨论、质疑、探究的过程，主要目的在于培养创新精神。在整个过程中，老师发挥着主导作用，主导教学过程的发展，组织和管理好学生的学习行为。这样的讲解方式主要就是创设探究情景，发现并提出探究的问题，实施探究活动的方案，最后清晰有序地分析讲解问题并得出结论。

【案例】 在讲授思想政治必修①《经济生活》"信用工具和外汇"的内容时，为了向学生解释几种常见的信用工具的用途，理解金钱在现代经济生活中的意义，感受现代经济生活中学会正确使用信用工具的好处，增强参与经济生活的能力，确立与市场经济相适应的金钱观，创设的情境探究如下：

由于小张工作表现突出，公司以支票形式重奖小张3万元。于是，他在今年8月携一家三口到美国旅游了一周。除机票和住宿外，小张另外也带上了这3万元奖金到当地消费。

问题探究：

（1）小张怎样才能把支票兑换成现金？

（2）你能为他安全携带这笔钱出境提供一些建议吗？请说明理由。

探究实施阶段。学生分小组讨论探究，选派学生代表发表意见：

（1）到相应银行，凭身份证兑换。

（2）带出境时，可以携带信用卡、旅游支票、人民币现金出境，或出境前先兑换成美元等。

得出探究结果：外汇的含义是指用外币表示的用于国际间结算的支付手段。

通过这种探究式的讲解能够充分发挥学生的主体作用，将自主学习与合作探究相结合，把信用卡、支票和外汇的有关知识与实际生活紧密结合，最终达到教学目标。

（五）描绘叙述讲解

描绘叙述式可简称为描述式，是教师运用生动活泼的口头语言描述事实、事件、过程及原理，使学生对教学内容有形象具体或一定深度的认识。根据描述内容的抽象程度不同，描述可分为概括描述和具体描述。现列举实例说明如下：

概括描述。它是以浓缩、概括的口头语言描述、勾画出事物或知识的轮廓，使人一目了然，获得清晰而深刻认识的方法。

【案例】 关于"公民与人民的区别和联系"，书中并没有对"公民"和"人民"这两个概念进行概括说明，学生理解"公民"和"人民"的概念，但还必须理解这两个概念的联系和区别。对此，教师可作如下概括描述：

1. 公民与人民的区别

（1）含义不同。公民是指具有一个国家国籍的人，它是一个法律概念，一般泛指社会的全体成员。在我国，凡具有中华人民共和国国籍的人，都是我国的公民。在有些国家，"公民"与"国民"是同一含义。

人民是一个政治概念，它相对于敌人而言。人民的范围以阶级内容来确定，具有阶级性和历史性。在不同的国家和各个国家的不同历史时期，人民具有不同的内容。在我国现阶段，工人、农民、知识分子等全体社会主义劳动者和一切拥护社会主义的爱国者、拥护祖国统一的爱国者，都属于人民的范畴。

（2）外延不同。在我国，公民的外延比人民大，它既包括全体人民，又包括具有我国国籍的敌人。一般来说，人民是从整体来讲的，如"一切权力属于人民"；公民则是指单个的个体，如"公民既是权利主体，又是义务主体"。

2. 公民与人民的联系

公民概念的外延包含人民。凡是人民一定是公民，但公民并不一定是人民。

二、思想政治学科讲解技能的主要策略

讲解是思想政治学科最主要的教学方法之一。要想充分发挥讲解技能，就必须有一系列的策略，这样才能让讲解由单边传授变成帮助式、合作式、指导式、探究式讲解。这要求教师不断将先进的教学理念与实际结合起来，遵循讲解中的基本要求和原则，对讲解方式进行创新，推进教学的发展。

（一）讲解结构

讲解结构是指教师在运用讲解法教学时所遵循的一些步骤或过程环节。讲解结构基于对教学内容和学生学习情况分析的基础上，结合新旧知识之间的联系，形成层次清晰的知识框架结构。在通常情况下，先将讲解的内容分解为若干个部分，每一个部分有一个明确的阶段性目标；再将各部分内容按一定的逻辑排成一个序列，并在讲解实施中正确清晰地呈现出这一序列。

【案例】 在讲解思想政治必修①《经济生活》"货币的本质"这一内容时，为了让学生明白货币的本质，构建学习这一内容的思维框架。

根据教材的编排，学生必须首先明白"商品"的含义，并逐步知道货币产生的过程，最后才能理解货币的本质。这三个问题环环相扣，主要是帮助学生进一步了解"货币的本质"。

这个讲解结构的设计，主要起到纲举目张的作用，三个关键问题形成了一个清晰的思维框架。在教师的主导下，学生可以明确教材的知识结构。

{
1. 商品的含义
2. 从商品中分离出来
3. 固定充当一般等价
}

从上例可以看出，讲解结构一般包括提出问题、知识迁移、知识归纳总结等环节。

1. 提出问题

从以上教学实例的分析可以知道，讲解法首先是创设需讲解的问题，创设问题需要教师通过精心组织策划向学生提出问题，让学生思考问题，最后解答问题。所创设的问题要能激发学生的兴趣，引导学生一步步思考，最后通过教师讲解达到预先设定的教学目标。

2. 知识迁移

对讲解的知识，老师还需要引导学生进行迁移，以达到举一反三的教学效果，让所学内容在应用中得到巩固发展，并且和课堂之外的现实联系起来。这就要求教师根据教材知识间的学科逻辑，让学生明确新旧知识之间的联系，通过系列化的关键问题让学生明白各部分知识间的转折和过渡，形成清晰的思维框架，使讲解条理清楚。

比如，在讲解货币的本质基础上，应该很自然地链接到货币的职能，利用货币本质的推导过程，为讲明货币的基本职能奠定基础，同时也可以为学习后面有关纸币的内容做准备。

3. 知识归纳总结

一般在讲解知识结构的过程中，老师可以引导学生建立以某一观点、原理或知识点为基础的知识框架结构图，从而达到创设问题、迁移问题和综合完善知识结构的目的。

在分析问题、解决问题和问题迁移过程中，要求教师紧密结合课程标准和学生原有知识水平，在综合概括全部学习内容的基础上，帮助学生分析、梳理、提炼知识结构，形成完善的知识结构图。

（二）语言与板书表达相结合

1. 语言表达

由于讲解技能主要以语言为传递工具，因此，语言对于教学质量，学生接受信息、思考问题，启发思维都有重要作用。语言表达要讲究一定的技巧：

（1）表达时要注意情感的投入。讲解是一门艺术，讲解的好坏离不开个人的情感态度。讲解应该要富有激情，要富有感染力和艺术性。应尽量做到以情动人，讲学生之所爱，满足学生听课的要求，让学生感受到积极的力量。在讲解过程中不仅要传递知识信息，还应有"情感的交流"，这样才能使讲解更生动。

语言表达要生动幽默，具有趣味性；还要有节奏感，做到抑扬顿挫，创造一个和谐温馨的语言环境。

（2）表达流畅有逻辑性。讲解要按照一定的逻辑思路，讲解的语言要具有连贯性，即要求教师的语言表达要有条理和流畅。

（3）讲解运用的语言要清晰，层次分明。讲解要把握语言使用的准确性，采用标准的普通话，尽量避免使用方言。讲解的内容要深入浅出，层次分明，便于学生对知识内容的理解。

（4）要求教学语言有针对性，教师能根据教学对象身心发展的特征以及思维特点采用适当的语言表达方式。

（5）教学语言要有启发性。这要求教师善于运用语言表达，在讲解时并不是要把自己所知的一切都告诉学生，而是要给学生留下一定的思考余地，充分调动学生思考问题的积极性。

（6）教学语言还应具备教育性。教师在讲解时应根据教学内容蕴含的教育因素，结合语言的魅力，对学生循循善诱地讲解。

2. 配合板书进行语言表达

讲解并不只是依靠老师的语言，还可以借助直观的教学板书，使教师的讲解思路更清晰、更直观。

在讲解的过程中，板书是必要的辅助手段。教师把自己讲解的教学内容简明扼要地写在黑板上，通过板书的合理布局和系统概括，让学生对讲解的内容一目了然，明确教学重点和难点。同时，教师的板书除了可以传授知识、提纲挈领之外，还可以潜移默化地影响学生的书写习惯。

【案例】　在讲解思想政治①《经济生活》"生产与经济制度"内容时，板书设计如下：

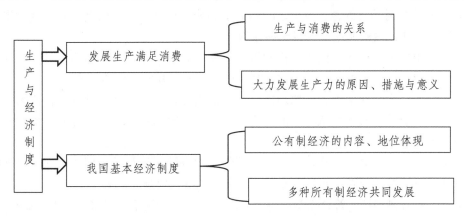

通过如图所示的板书可以给学生呈现一种整体的感觉，使讲解的目的更明确，思路更清晰；同时也能使学生明确重难点，便于理解记忆，同时给人以整体的美感，强化讲解的内容。

（三）进行强调

1. 强调可以集中学生注意力

进行强调是教师清楚讲解教学内容的重要方式。讲解是一种"单向性传递"的教学方法，教师处于主动输出信息的地位，学生处于被动的信息接收状态。学生注意力具有不稳定性，容易分心走神，游离于课堂教学之外。此时，强调就显得非常重要，可以吸引学生的注意力。从心理学上来讲，学生只有在有意注意的状态下才能对事物做出清晰的反应与判断。总之，强调有利于加深学生对知识的注意与理解。

教师可以通过语言、语调的变化来进行强调；也可以在板书时，在一些关键的字、词、句下面画线或用其他颜色的粉笔进行突出强调。

2. 强调有助于突出教学重点与难点的讲解

在一堂课的教学中涉及许多的内容，其中包括重点和难点。重点是指教学过程中的关键点，是教学中最具有现实意义的内容。首先是教材中的关键性概念、原理或观点等，在知识体系中有重要的影响作用；其次是学生中普遍存在的思想理论认识问题。难点则是体现在学生学习过程中遇到的主要障碍，或在思想认识上容易产生迷惑的知识内容。

对于重难点，在讲解时要用更多的时间、更多的耐心进行讲解。在讲解重难点时语速可以放慢些，声音可以洪亮些，语气也需要适当加重。不失时机地进行强调，可以引起学生的重视，能够帮助学生清晰、牢固地掌握重难点。

（四）运用例子讲解

在讲解中运用例子来说明问题是常用的手段，通过具体的事例可以把理论知识生动地体现出来。

在思想政治（品德）学科教学中使用例证，主要表现在讲解理论性较强的概念和原理时，要列举与之相关的实例予以形象化、具体化，便于学生理解。使用例证讲解能使学生举一反三，达到学会迁移的目的。使用例证讲解时要注意三点：

（1）对所举的例子与概念、原理之间的关系要分析透彻，所举的例子要适合学生的认识水平，在例证中能比较鲜明地说明概念和原理。

（2）在运用例子的时候要注重分析和解说，要引导学生深入分析案例，对其中的问题做出判断、推理和论证，寻求解决问题的答案，从而启迪和开发学生的思维。

（3）在学生初步掌握了概念、原理之后，要恰当地引入反面例子进行比较鉴别。正反例子交叉使用虽然容易造成学生认知上的冲突，但在经过教师讲解之后，可使学生对知识的理解更准确、更深入。

（4）例子的选择要具有实践性。对实践性例子的讲解要满足学生理解概念、原理的真实要求，不可泛泛而谈，否则会使学生丧失学习兴趣，感到厌烦。

（5）例子要有典型性，符合教学内容的要求。例子的运用不宜过多或过少，要有典型性，符合教学内容的要求，能保证达到教学目标。

（6）举例要注意趣味性。教师运用趣味性的例子可以增添讲解的有效性，能引起学生的关注。

（五）反馈与调整

学习是一个信息传递的动态活动过程，学生心理和行为向预期目标发展，需要依赖反馈调控。

（1）观察学生的反应。讲解应是教学信息和情感的双向交流。教师在讲解过程中要关注学生的信息反馈。讲解中一般的反馈方式有：

① 通过观察学生的言行获取信息反馈。观察学生的表情、行为和活动，如留意学生的正式和非正式发言、听课时注意力是否集中、反应能力的快慢、回答问题是否流畅等。这些细节都是学生对老师讲解的反馈。

② 通过提问来获取信息反馈。提出问题，引导学生回忆旧知识或引发对新知识的思考；给学生提问的机会，使他们提出自己的看法和困惑等。这些反馈将影响教师讲解策略的选择。

（2）调整讲解策略。观察学生在教师讲解教学内容过程中的反馈，对教师的讲解是有帮助的。首先，有助于实现师生间的情感交流；其次，发现学生存在的问题，有助于及时弥补；最后，随时调整讲解进度，帮助学生理解新知识。

如果不注意反馈信息，就难以了解学习者的心理、学习状况与要达到的教学目标间的差距，就不能有效地调控讲解进程，使师生在讲解过程中协调同步。因此，教师在讲解过程中应随时从学生的表情、情绪变化、对问题的回答等方面获取反馈信息，及时调整讲解过程的方法、内容与进度，使学生跟上教学进度。

三、讲解技能的正确运用及应注意的问题

（一）讲解技能的正确运用

要根据教学目标、任务和教材内容的特点，针对学生实际，灵活地运用讲解技能，真正实现讲解的功能和作用，教师必须注意以下几点要求：

（1）教师必须要对讲解的内容（如概念、原理、规律等）有深刻的理解，并且能够准确掌握思想政治学科知识逻辑上的特点，明确最佳的讲解策略和方法。

（2）思想政治（品德）学科的讲解必须坚持科学性和思想性。教师向学生讲解的内容，必须真实反映客观事物的规律，其观点必须是正确的，符合辩证唯物主义和历史唯物辩证法的基本原理和基本观点。讲解的科学性和思想性是保证教学质量的首要条件。

（3）讲解要条理清晰、重难点明确突出。教师讲解时，应先向学生说明课题和教学要求，以及讲解的主要内容。教师讲解还要应注意教学内容各个部分之间内在和外在的联系，要有条理地讲解教学内容。讲解时思路清晰，层次分明，既能体现整体性结构，又能突出重点。教师要把握教学内容的精神实质，精讲重难点，使学生能够透彻理解，融会贯通。

（4）讲解过程中要善于激发学生的思维，引导学生独立思考。教师应有技巧、有艺术性地向学生提出问题，把新旧知识紧密结合起来，做到在思维上影响学生。教师讲解要具有说服力，使学生确信教学内容的真实性，论点、论据的正确性，并使两者正确结合起来。讲解还要能运用语言感染学生，升华学生的情感态度和价值观，从而达到思想政治学科的德育目标。

（5）讲解时要恰当地、灵活地运用板书。讲解时能利用板书辅助表达，呈现教学内容的提要和重要结论等，以利于提高教学的效果。

（6）讲解时的语言要清晰、流畅、准确、生动，既有严密的学科逻辑，又要使讲解的内容通俗易懂。

（7）讲解技能的应用要做到"点"上。在讲解技能的具体运用中，教师应该要做到几个点：要讲在学生的需求点上，讲到学生的兴奋点上，讲到学生的思考点上，讲到学生的感悟点上。

（8）讲解技能的应用要注意细节。首先要明确在讲解的过程中，什么时候该导入、什么时候该设问、什么时候该讲解等。这些细节问题都会影响教学的完整性和教学效果。

（二）讲解技能运用应注意的问题

（1）讲解前，必须明确讲解内容的范围、重点、难点以及与学生已有知识的联系，使讲解建立在一种知识发展的逻辑必然之中。

教师应深入钻研教材，这是讲解技能的基础。教师不能把握讲解的结构，不能条理清晰地讲解教学的重难点，往往是因为没有理解透教材和课程标准。教师只有理解透教材，才能明确学生需要掌握的知识点和学习方法，才能制定合理的、符合学科逻辑的教学目标。

要分析学生，在了解学生知识基础的前提下，帮助学生把新旧知识联系起来。否则，学生所学知识就会变成一盘散沙，无法形成完整系统的学科知识体系。

（2）讲解时，把学生所掌握的全部储备知识中能解决所面临问题的相关部分抽取出来，作为讲解的起点，促使学生运用已有的知识和相应的思维方法，对所面临的问题进行独立思考。

如果学生不能够很好地解决问题，教师应积极启发，并逐步分析和进行详细讲解，引导学生思考，最终解决问题。讲解应该是精讲，该讲则讲，可以不讲的，让学生自我思考，并不是讲得越多越好。

在讲解过程中，教师要注意组织好讲解的思路，做到层次鲜明。要留给学生消化信息的充足时间，要结合手势、表情等肢体语言，同时要和其他教学技能的使用有机结合。

（3）学习讲解理论，提高课堂教学质量。教师对讲解技能的理论知识掌握不牢，对讲解的意义理解不透彻，是导致讲解效果不好的原因。因此，要求教师不断学习讲解的理论知识，研究教法，明确讲解技能的分类和具体操作要求，在讲解中根据内容的不同、教学对象不同，综合运用多种讲解技能，有效提高教学质量。

四、思想政治学科讲解技能的应用与评价

再好的理论都要经过实践来验证。通过前面对讲解技能的主要特征和组织形式等一系列分析，我们对讲解技能的运用有了一个科学的认识和了解，应该对讲解技能的运用及运用的效果做一个详细的评价，发挥讲解技能的功能和作用。

（一）思想政治学科讲解技能的应用

按照讲解内容的性质可将其划分为两类：事实性知识的讲解和抽象性知识的讲解。不管是哪一种类型的讲解，我们都要认识到讲解是一种完整的、连贯的行为方式，从起始至终结，有一定的程序。

1. 事实性知识讲解的应用程序

（1）提出问题。提出问题的目的在于引起学生的注意，通过对事实性知识的简捷讲解，使学生弄懂其中的原理、主题或宗旨，这是事实性讲解的起始环节。

（2）叙述事实，即围绕提出的问题，叙述事实，围绕问题进行解说、论述，目的在于以事论理，这是主体环节。

（3）提出要点，即画龙点睛，引导学生从事实和现象中悟出道理，目的在于指导学生把握中心、明确主旨，这是事实性讲解的关键环节。

（4）核查理解。其目的在于检查学生对事实掌握的程度，是否理解了事实中所蕴含的道理，并及时反馈。

【案例】

教师：我们过着安定祥和的生活，这离不开政府的管理与服务，我们的政府是便民利民的政府。请同学思考：我们的政府为什么要做到"便民利民"呢？（程序1：提出问题）

学生：这是由我国政府性质决定的。我国政府是国家权力机关的执行机关，是人民意志的执行者和人民利益的捍卫者。

教师：政府性质决定政府职能。同学们进一步思考：我国政府的性质又是由什么决定的呢？

学生：……

教师：2008 年我国发生汶川大震，3 个小时后国家迅速启动《国家地震应急预案》，国家地震灾害紧急救援队约 180 人首先奔赴灾区实施紧急救援。接下来共有 13 万解放军官兵、好几万各级地方干部投入救灾。灾后重建中建造了一个新汶川，人民安居乐业。近几年来国家财政大量投入民生工程，大大改善了人民生活。（程序 2：叙述事实）

由此可见，我国是人民民主专政的社会主义国家，人民是国家的主人。我国国家性质决定了我国政府的性质：我国政府是为人民服务的政府。（程序 3：提出要点）

教师：我们作为公民，既然享受着政府提供的各种服务，就必须接受政府的管理，这就要求我们公民个人在处理与政府的关系时提高公民意识和政治素养。我们应该做到以下几点：其一要了解政府的性质和职能，知道我们的政府是为人民服务的政府；其二，要支持政府的工作，寻求政府的帮助，同时要监督政府的行为。（程序 4：拓展，画龙点睛）

2. 抽象性知识讲解的一般程序

按照思维方式的不同，抽象性知识讲解通常分为归纳式和演绎式，而其活动程序恰恰相反。

（1）归纳式。这是从特殊的、个别的知识前提中推出一般原则的讲解思维活动。其讲解的一般程序如下：

首先，提供感性材料，这是综合概括、推出一般原则的基础，是主体环节。列举的感性材料要与一般原则密切相关，含有"原则"的本质属性。同时，列举的感性材料要力求典型、丰富多样，防止以偏概全。

其次，指导分析。分析是在头脑里把提供的一个个感知对象作为独立的整体予以分解，为综合概括打下基础。分析什么，要根据需要，可以是事物的某些部分、特征，也可以是事物的某些关系或成因，这是关键环节。

再次，综合概括，这是归纳式的核心环节，它是同分析相辅相成的智力活动手段，在头脑中把分析出来的东西联合起来。在考察了许多单独对象之后，发现其中有些属性有共同性，于是把它们抽选出来，加以综合、概括，形成事物的本质，得出一般性的结论。

最后是巩固深化，这是终结环节。其目的在于原则的类化和迁移，指导学生由此及彼，进行类推，以加深对原则的理解。

（2）演绎式。这是从一般性的原则结论推导出特殊性知识的讲解方式，其一般程序如下：

首先，提出概念，这是起始环节。提出一般性原理、概念、规律等抽象知识，这些知识经过实践证明是正确的，属于层次比较高的上位知识。

其次，阐明术语，这是关键环节。目的在于进一步界定概念、原理和规律，弄清其内涵和外延，避免引起混乱。

再次，举出实例（正反例），这是演绎式讲解的核心环节，也是具体化的思维过程，即把抽象概括获得的概念、原理、法则，推而广之用于具体事物，使之具体化，从一般回到个别。

最后，巩固深化。通过例证、说明、运用，扩大加深对概念的理解。

（二）思想政治学科讲解技能的评价

评价对思想政治学科教学的促进作用很大，它具有诊断、激励和调节作用。同样，讲解技能的评价也具有这些作用，只有在讲解中发现问题才能解决问题，才能激励教师改进讲解策略，调整讲解技巧。对讲解技能的评价要求注意以下几点：

（1）讲解要突出对学生的德育功能。思想政治学科的讲解除了引导学生掌握知识之外，还要突出对学生的道德品质、思想政治素质的教育。评价讲解是否科学，要看讲解是否对学生的思想产生积极的作用，要注重考查学生的行为特别要关注学生的情感态度和价值观的表现。

（2）讲解要注重学生的主体地位。讲解能否取得好的效果，关键在于是否以学生的立场为主要出发点，是否促进学生知识、能力、情感态度和价值观的发展。讲解要体现学生的主体地位，如果教师把讲解变成为注入式的讲解，抛弃了启发性原则，则是对学生主体地位的不尊重，是错误的。

（3）评价的主体要多样化。对讲解技能的评价，除了教师的自我评价，还包括学生、学校领导、同事、家长等评价。评价主体多样化，能从不同角度来对教师的讲解进行全面、合理的评估，从而让老师不断地进行反省并总结积累经验，提高讲解技能。尤其要强调让学生参与评价，学生对教师讲解技能的评价具有比较现实的意义，具有更重要的参考价值。

（4）评价的目的是促进发展。讲解技能评价是鼓励师生、促进教学的手段，要从发展的角度出发，注重评价的诊断性和指导性，着眼于学生的成长和教师的发展。

对讲解技能的评价主要关注学生的学习进步和动态发展，着眼于教师讲解技能的改进和提高，调动师生的积极性，提高教学质量。评价讲解技能可以参考表 3-1 思想政治学科讲解技能评价表。

表 3-1 思想政治学科讲解技能评价表

序号	评价标准	权重	得分	备注（分项评价与建议）
1	讲解目标明确，设计合理	10		
2	讲解思路清晰，内容准确	10		
3	讲解能创设情景，激起学生学习兴趣	10		
4	讲解时能启发学生思考，培养思维能力	10		
5	教学方式灵活，方法变化多样	10		
6	讲解能突出重点，突破难点	10		
7	讲解时声音清晰，速度适中，有感染力	10		
8	讲解时用词规范化，科学化	10		
9	与其他技能配合，能与学生相呼应	10		
10	注意学生反馈，并及时反映调整	10		
合计		100		
总评				

第四章 思想政治学科演示技能

第一节 演示技能概述

演示技能是一种课堂辅助教学手段，由于符合从生动的直观到抽象的思维、从抽象的思维到实践这一过程的认识规律，因此受到教育者的青睐和广泛使用。

一、演示技能的定义

演示技能是指教师在向学生传授知识和信息的过程中，通过运用实物样品、标本、模型、图表、幻灯片、影片或录像带等直观教具、电教媒体或实验仪器，根据预设教学方案进行直观展示或示范，为学生提供感性材料，从而使学生更好地学习知识，培养能力，达到教学目标的一种教学技巧与能力。

演示技能是教学的一种辅助手段，不同类型的演示有不同的特点和优势。教师要充分认识它们的特点，提高自己的演示能力，最终提高教学水平。

二、演示技能的发展

两千多年前，我国战国时期的教育家荀况就提出，教学要以"闻见"为基础。三百多年前的捷克教育家夸美纽斯也提出，要"先示实物，后教文字"。虽然学生学习的知识是间接经验，但仍然需要以感性认识为基础。他们的感性认识，一方面是在生活中取得的；另一方面则是在学习中，特别是通过观察教师演示直观材料取得的，或直接地参加实验、实践等活动获得的。所以，教育家们普遍重视感性认识对提高学生认知能力的作用。

在教学中，教师只凭语言、文字这些抽象的符号教学产生的效果，远不如刺激物直接作用于学生的感官所产生的知觉那样鲜明、具体和深刻。实践证明，在解决教学中比较抽象和复杂的问题时，如果借助直观形象的演示，将有助于学生思维的顺利发展。

虽然演示是一种教学的辅助方法，但随着科学技术的发展，大量的现代教育技术媒体进入教学领域，为演示教学开拓了新的领域，使演示的内容更加丰富，形式更加生动，方法更加多样。但在现实的思想政治（品德）课教学过程中，演示技能的运用还存在一些问题。

1. 教师对演示技能作用的认识不到位

课堂演示技能要为学生提供丰富的感性材料，调动学生的感官参与学习，激发学习的兴趣，教给学生认识和研究事物的方法。但有的思想政治课教师在课堂上的教学演示比较形式化，演示的结果不能达到让学生学会由此及彼、综合归纳并获取知识的目的。

2. 演示方法不当，演示技能不过关

在进行演示时不按照科学的方法进行操作，导致演示结果有偏差。有少数教师还是用传统的教育方法，运用现代教育技术的能力薄弱，演示能力有待提高。

3. 媒体出示时机把握不当，与其他技能结合不合理

教师没能把握好演示的最佳时机，导致演示效果差。任何具体的教学实践活动都是教学基本技能的综合展现，任何教学活动的实施都必然综合体现出多种基本技能。而有些教师在演示技能展示过程中没有做到演示与讲解、板书技能间的有机结合。

三、演示技能的特点

1. 形象生动，直观性强

学生在课堂中学习的是间接经验，但间接经验的掌握要以直接经验为基础。教师可以通过实物样本、图片等让学生直接感知学习内容。学生可以通过视觉、听觉等器官，以及动手操作来学习，从具体生动、形象直观的实物中获得感性认识，再慢慢上升到理性认识。

2. 具体明了，易教易学

教师在教学过程中可以通过演示教学手段，化抽象的文字为可感知的具体事物，化间接为直接，把难懂的知识具体简单化，降低教师教和学生学的难度。演示也可以把理论知识与生活实际相结合，贴近学生、贴近生活、贴近社会，让学生觉得理论知识不再是抽象、空洞、遥远的，而是具体、简单、易学的。

3. 交流性强，可以增强师生间的互动

演示教学可以充分发挥课堂教学中教师的主导作用和学生的主体作用。教学活动是师生间的双向活动，而不是教师一个人讲，或简单的知识灌输。与传统的教学过程相比，演示教学更注重师生间的互动和交流，尤其重视学生动手、动口、动脑能力的培养。

四、演示技能的作用

1. 增强感性认识，形成正确的表象

我国古代教育家、思想家荀况曾说过："不闻不若闻之，闻之不若见之，见之不若知之，知之不若行之。"不以直观为基础的学习是空洞的、抽象。单调的语言很难让学生信服并理解知识，学生学习时会感到困难，难以理解和记忆的知识。在讲授时，如果配以教具的演示，就可使学生加深印象，理解知识。

演示教学可以活跃课堂，也可以为学生提供感性材料，使学生将理论与现实联合起来，加深对事物的印象从而获得理性认识，形成正确的概念。

2. 培养学生的观察力和逻辑思维能力

演示能直观、生动地把某些抽象的理论展示在学生面前。教师可以指导学生进行观察和分析，从观察中提出疑问，带着问题观察演示，从而培养学生的观察力和思维能力，即培养

学生运用形象思维和抽象思维的能力，敏捷、全面、正确、深入地发现规律。

设计演示时应以"趣""疑""难"为诱因，趣中有疑，疑中有难，激发学生的挑战心理。好的演示能够帮助学生把感性认识上升为理性认识，直接感染、教育学生。

3. 有利于突破教学难点

教学知识中一些抽象、复杂的难以理解的知识，是学生学习时的障碍，即难点。有些原理很抽象，老师怎么讲学生都难以理解，听不懂。但如果选择恰当的教具进行演示，问题则会迎刃而解。演示可以将复杂的问题简单化，将抽象的问题具体化、形象化，化难为易。

【案例】　在讲解"信用卡与支票"的内容时，学生没接触过支票的话就很难理解。在教学中，如果教师能出示支票实物，让学生观看实物支票，则可以减少口头讲授的烦琐，也能让学生在更短时间内完成对相关概念的知识建构。

4. 激发学生的学习兴趣，集中注意力

演示是一种生动的教学形式，它可以打破教学的死板局面，吸引学生的注意力，调动他们的积极性和主动性，发挥非智力因素的能动作用。

在教学中经常会遇到这样的情景，即教师讲课的时候学生精神不集中，教师在讲台上面讲，学生在下面开小差。但教师举起一张照片、一个模型时，学生会不由自主地立刻集中精力。因为逼真的演示会激发学生的好奇心。俗话说"兴趣是最好的老师"，有了兴趣，学习才会更有效率。演示可以起到这样的作用。

在教学中，教师可以通过演示创设情境。演示要设计得生动形象、有声有色，利用声、色、光等元素感染、吸引学生，让学生集中注意力。将与教学内容密切相关的且学生感兴趣的实物、音频、视频演示给学生看，能激发学生的学习兴趣，促使他们进一步探索课本知识，有利于巩固强化学生所学的知识。

第二节　演示技能的结构与类型

一、演示技能的结构

（一）演示教具的选择

（1）根据教学目的和教学内容的需要选择教具。教具的选择会影响到课堂的效果，所以选择教具需谨慎。例如，为了让学生知道什么是信用卡，可选用实物作为教具；要让学生了解经济全球化，可以选用多媒体作为教具，通过多媒体演示各国经济往来的视频，达到教学目的。

（2）根据实际条件选择教具。为了实施方便，节省成本、节约时间，可以使用挂图演示、幻灯片演示等。挂图演示主要是在课前准备好，在课堂中展示。其花费的时间短，教学效果好。如果演示所需要的教具比较复杂，课堂中需要花费很多时间去操作，则有可能影响教学进度和效果。

（二）演示技能的基本过程

事物的发展都有一个过程，演示也一样有它需要遵循的程序。演示不能随心所欲，不能杂乱无章，要遵循一定的过程步骤。演示技能的过程包括：心理准备→出示媒体→介绍媒体→指导观察→提示要点→核查理解。

1. 心理准备

教学演示要求师生双方都做好教学准备，这样取得的教学效果会更好。教师在课前要做好充分的演示准备：要先告知学生留心观察什么、怎么观察，让学生做好心理准备，带着问题观察。

2. 出示媒体

要在上课前准备好媒体，在相关内容学习时将其呈现出来。要把媒体摆在适当的位置，让全班学生看得清楚。

3. 介绍媒体

在演示之前要向学生介绍媒体的特点和操作方法等，让学生对媒体有大概的了解，心理上做好更充足的准备。

4. 指导观察

教师在演示时要进行适当的指导讲解，引导学生思考问题。

5. 提示要点

演示的时候有些不是重点，告诉学生不要把注意力放在这些方面。所以，老师需要点出演示的主要方面，使学生抓住重点，这样的演示才算是成功的。

6. 核查理解

演示结束后，教师通过提出相关的问题让学生回答，考查学生是否理解演示的现象，是否掌握知识，最后教师对演示进行小结。

【案例】 《增强精神力量》

教师：优秀的文化可以增强人的精神力量，具有感召力和感染力。下面我将播放一首歌给同学们欣赏。同学们留心听，并观看屏幕上的歌词，并从中领悟歌词大意，然后回答听了音乐之后的感受，说说这首歌要表达什么样的情感。

教师：（用多媒体播放音乐《义勇军进行曲》）。

教师：同学们要特别注意听高潮部分。

学生：（回答略。）

教师：听了这首歌，相信大家都被歌曲的激情感染，它要表达的是坚定战斗的决心，不断前进，团结一心，勇敢地站起来。这种精神使我们的精神也得到了鼓舞。优秀文化引领着我们前进，激励着我们不断创造幸福美好的生活。

设计意图：教师说明要学生听什么、目的是什么，让学生有心理准备。给学生提出演示的关键内容，一步步启发学生思考问题，最后让学生回答问题以考核演示的成果，看学生是否领略到歌曲要表达的意思。本设计严格按照演示的过程进行，使课堂井然有序地进行，让学生体会优秀文化所产生的精神力量。

二、演示的类型

（一）实物、标本和模型演示

在教学过程中，演示实物、标本和模型的目的是为了使学生直接感知教学内容所反映的对象，了解其形态和结构的基本特征，获得对有关事物的直接的感性认识。它最大的特点是具有一定的逼真性。对细微结构进行放大，便于学生的观察和学习。为了使学生的观察更有效，教师在恰当地使用演示技能的同时，还要用有效的语言适时地引导和启发学生，使其更好地掌握所观察的内容。具体来说，这类演示要注意以下问题：

（1）演示要与语言讲解恰当结合。教师把实物、标本、模型等展示给学生后，不做讲解，只让学生自己观察是不正确的。但教师一直讲解又会分散学生的注意力，同样会适得其反。应给学生留有余力，将适度讲解与演示有机地结合。

（2）实物的演示与其他演示手段恰当结合。

（3）对演示的模型要做必要的说明，向学生说清楚模型跟实物的差别之处。

（4）必要时进行多次演示和观察。

【案例】　《文化万花筒》

为了说明文化的多姿多彩，我们可以采取实物演示的方法，向学生展示实物的剪纸和皮影。用实物让学生更直接真切地体验到中国多彩的文化，激发学生对文化的兴趣，从而导入课文主题"文化万花筒"。

提问：同学们喜欢剪纸和皮影吗？这只是文化万花筒中的冰山一角，让我们发现我们身边更多的文化吧，想想除此之外还有什么类型的文化？

学生：（回答略。）

教师：我们的身边有丰富的文化，如剪纸文化、皮影文化、书法文化、建筑文化等，文化现象无处不在，让我们用一双慧眼来发现我们身边的文化吧。

【案例】　《揭开货币的神秘面纱》

教师：请同学们看着老师手里拿着的是什么，相信大家对它并不陌生吧？

学生：钱。

教师：对，是钱。大家知道钱是怎么来的吗？为什么说它神秘？它有什么作用呢？下面我们就来学习货币的本质。

设计意图：用学生熟悉并感兴趣的东西导入，可以激发学生的求知欲，从而进一步探索。

（二）挂图演示

挂图是教学中最早使用的一种演示方法，它的操作具有简便灵活、花费时间短、使用时受客观条件影响少的特点，因而挂图是最常见的一种教学手段。它最大的优点是成本低，便于保存和使用方便。但使用挂图演示也有它自身的要求，应注意演示要及时有效，挂图应和有效的语言文字讲解相结合。

（1）演示要适时。挂图不能在课前就展示给学生，以免分散注意力。上课前应把挂图背面朝外挂在挂图架上或黑板上，需要时再挂在适当的位置上让学生观察，使用完毕再把它反过去或取下来。这样，学生就不至于被挂图分散注意力，观察时也会有一种新鲜感。

（2）挂图、语言、文字有机结合。教师在演示过程中，一方面要进行必要的讲解；另一方面还要板书，使语言、图像、文字密切联系，做到三位一体，帮助学生理解。

（3）简图和辅助图配合主图。

【案例】　《尊重文化多样性》

教师向学生展示不同国家国旗的挂图，让学生观察并辨别分别是哪个国家的国旗。

教师提问：请大家思考为什么各国的国旗都不相同呢？

教师活动：一边展示挂图，一边给学生作适当的讲解，引导学生思考问题。

学生：（回答略。）

教师：因为文化具有多样性，各国文化具有差异性，所以构成了丰富多彩的世界文化。

设计意图：用挂图吸引学生的注意力，激发学生的兴趣。

【案例】　《坚持整体与部分的统一》

教师：有四个盲人很想知道大象是什么样子的，于是一起去摸大象，想通过摸大象来知道它长什么样。下面我将给你们看一副幽默漫画叫《盲人摸象》。你们猜猜这几个盲人摸完大象后会怎么描述他们心中大象的样子？

学生：（回答略。）

教师：对，大家回答得很好，这几个盲人描述的大象都各不相同，都不是真正大象的样子。

教师给同学们讲盲人摸象的故事。并提问：同学们看了挂图，并且听完了故事，知道为什么他们会描绘出不一样的大象来吗？你得到什么启示？

学生：（回答略。）

教师：因为他们分别只摸到大象的一部分就下结论了，以偏概全，没有看到大象的整体，把部分和整体割裂开来了，所以得到的答案也是片面的。我们应该吸取他们的教训，看问题要全面，既要看到部分，也要看到整体，把两者结合起来。

（三）幻灯、投影等多媒体演示

随着信息技术和多媒体技术的发展，幻灯、投影仪、电视、电脑等多媒体在教学中的应用越来越多，起到的作用越来越明显。它们的特点是演示直观形象、生动逼真、感染力强，对充实教学内容、激发学生学习兴趣可以起到很好的作用。多媒体演示，能够化抽象为具体、化虚为实、化大为小，让学生更容易获得丰富的感性认识。使用多媒体演示时应该注意以下问题：

（1）要保证画面的质量。幻灯、投影放映出来的画面质量直接影响教学效果。清晰的、色彩鲜明的画面，能够引人入胜；反之，会引起学生的厌烦。因此，要认真设计演示材料。

（2）演示时间不宜过长。幻灯、投影的演示虽然可以激发学习的兴趣，但演示过多会导致学生视觉疲劳。

（3）室内局部遮光。幻灯机、投影仪虽然亮度较高，但在演示时，周围环境仍需有一定的遮光条件。光线太强学生会看不清楚，光线太弱会影响学生的视力，因此要调节好光线。

【案例】 《我心目中的思想道德模范》

用多媒体向学生播放雷锋做好事的视频，用视频创设情境以感染学生，让学生了解思想道德模范的事迹并向其学习。

问题：雷锋是我们大多数人心中的道德模范人物，你们心中的道德模范偶像还有谁呢？他们的思想道德有什么共同之处？

设计意图：用视频展示伟人的感人事迹来引导学生进入情境，触动学生的心灵，从而向思想道德模范看齐，并学习他们的精神，树立崇高的道德思想。

【案例】 《发展生产，满足消费》的导入

教师：请同学们看下面的图片"住房的今昔对比"，并欣赏歌曲《越来越好》。

教师：同学们请仔细阅读图片后面的文字，结合多媒体演示的图片、文字和音乐，思考这些说明了什么。

学生：我们的生活越来越好了。

教师：对，改革开放以来，生产力迅速发展，我们可以真切地感受到我们的生活变好了。我们的衣食住行等消费行为都有了很大的变化。下面我们来学习是什么使我们的生活方式发生变化。

设计意图：通过图文并茂的演示，还有怡情的音乐熏陶，激发学生对问题的兴趣和思考，使学生进一步探索引起我们生活改变的原因。

（四）实验演示

在思想政治课堂教学中，为了使学生对教学内容获得直观的感性认识，有时也采取实验演示的方法。实验演示有三个突出的特点，即科学性、直观性、启发性强。其能深刻揭示理论知识的内在规律，直观性强，效果显著，能引起学生浓厚的学习兴趣，并产生强烈的学习动机，提高学生自主学习的积极性。根据演示的目的，可以将演示分为获取新知识的实验演示、巩固强化已有知识的实验演示、总结性演示。实验演示需要注意以下几个方面：

（1）在实验演示时，教师要边讲解边演示，引导学生看懂实验，这是实验演示的感性认识阶段。

（2）实验结束后，教师应当启发学生对实验结果进行分析，解释实验现象，得出结论。这样可以加深学生对知识的理解，有利于知识的巩固，这是实验演示的归纳阶段。

（3）应当让学生用文字或图表形式把实验结果记录下来，以便巩固知识。这是实验演示的巩固阶段。

【案例】 《做好量变的准备，促进事物的质变》

给同学们展示加热水，让"水变成气"的实验。用仪器加热 0 摄氏度的水直到 100 摄氏度，让学生细心观察水有什么变化。

教师：在老师做实验时，同学们要擦亮你的眼睛，不要错过精彩的时刻。现在水加热到了 99 摄氏度，同学们看它跟没加热前有没有变化。

学生：没有变化。

教师：现在水 100 摄氏度了，你们再看水有什么变化。根据实验演示观察，请同学们描述一下 100 摄氏度前后水有什么变化，这说明了什么道理呢？

学生：0～99 摄氏度之间水没有变化，100 摄氏度时水煮开了，有气冒出来。

教师总结：对，在 100 摄氏度之前水没有变化，100 摄氏度时水变成了气，水的本质发生了变化，水发生了质变。结论是从 0 摄氏到 99 摄氏度都是量的积累，是量变，是质变的基础；100 摄氏度是质变，是量变的必然结果。

（五）活动与表演

学生的课堂活动与表演所产生的直观情境有很大的教学意义，它不仅能使教学内容的外观形象化，而且还可以展现人物的内心世界。通过课堂表演，学生能更好地理解教学内容，有效地调动并激发学习的积极性和创造性。

【案例】 思想政治课①《经济生活》"投资理财的选择"这一教学内容。

某教师在教学"投资理财的选择"这一内容的时候，课前组织了四位同学进行小品准备，课堂中进行小品表演。他们是一家人：爷爷、爸爸、妈妈、女儿。如果他们有 50 万，他们会怎样投资呢？爷爷选择存在银行，因为风险性低，安全。爸爸不赞成，因为存款储蓄收益小，觉得购买股票好，收益大。妈妈不同意，觉得股票风险高，不安全，主张买债券。女儿就觉得买保险好，能规避风险，保障自己的权益。他们一人一句，不断商量，最后决定分开来投资。

这一教学片断，通过老师指导，学生自己排练小品，并进行表演，把书本教学内容中的几种理财方式都包括进来。并且，在表演过程中把各自所主张的理财方式的理由都进行充分述说。小品表演的时间并不长，但为了把小品演好，表演者必须先进行自学。在这个过程中，学生对投资理财知识有了比较深刻的理解。

第三节　演示技能的运用原则

一、演示技能的运用原则

（一）目标性原则

思想政治课教学中演示的选择依据是教学目标、内容与任务。演示要围绕教学内容，考虑教学对象，精心选择和设计；演示要突出教学目标，能完成教学任务，形成和谐的教学氛围，实现教学的最优化。如果脱离了教学目标、内容与任务，再好的演示也达不到目的。

（二）科学性原则

演示的材料要科学，具有典型性、全面性、可信性；演示的操作也要科学，符合事物发展的规律，不能脱离实际。

（三） 直观性原则

演示要使学生都能直观明了、清晰地看到演示的对象和过程，要照顾到每一位学生。

（四） 简易性原则

演示要适用于思想政治课堂教学，教具要简单，使用要方便，操作要简易，课前要做好准备。上课时，应先向学生说明操作方法和使用注意事项等，以便演示顺利完成。

（五） 完整性原则

演示时要按步骤来，要完整地展示出其过程和现象，让学生更好地发现和理解规律。

（六） 规范性原则

演示时教师的操作要规范，注意操作的程序性与规范性。演示过程中，教师要指导学生观察，使学生根据演示分析并找到规律。

（七） 安全性原则

安全性原则强调的是安全第一，要保证演示能安全进行。在做有安全风险的演示时，教师要做好安全措施。如果需要学生操作的话，教师要提醒学生注意安全。

（八） 参与性原则

演示的目的是让学生获得感性知识，培养学生的创新精神和实践能力。因此，老师需要让学生充分活动起来，积极参与，调动学生的多种感官去感知事物，在教师和学生的互动中完成演示。

二、演示技能使用中应注意的问题

1. 演示前要做好充分的准备

老师要做好与课堂演示有关的教学准备工作，提前准备演示所用的教具，熟悉演示的程序。若是实验演示，应提前进行演示练习，避免意外事件发生。

2. 演示要考虑学生的观看效果

演示时要注意使全部学生都能看清楚演示的对象，使学生头脑中形成比较鲜明的事物表象。教师要对演示教具的尺寸、大小，演示位置、速度、次数等做精心的设计和处理，教具的呈现要到位、直观明了，要确保每个学生都能看明白。

3. 演示要能引导学生思考

在演示过程中应注意引导学生认真观察和思考，注意观察事物的主要特征，思考其内在的本质和规律。

首先，教师要尽可能地创造情境，让学生主动运用手、脑、耳去体验、观察、思考和分析演示的现象。

其次，教师要提出问题，让学生带着问题去观察，这样才有观察的方向，不至于被不重要的现象吸引，偏离主题。

4. 演示要能刺激学生的感官

演示要尽可能调动学生多种感官发挥作用，让学生发挥视觉、听觉、嗅觉、触觉等各个感觉器官的功能，不仅要让学生看到，还要让学生听到、嗅到、摸到，丰富学生的感性认识，增强演示的效果。

5. 演示要与教师的讲解结合

在演示过程中，学生观察的不一定是需要感知的重点，这就需要教师进行必要的语言讲解，引导学生进行观察，以发现学习对象的主要特征。教师的讲解要唤起学生的已有知识，并将其与学生的观察进行结合，使学生的观察不停留在事物的外部表象上，而要将表象认识上升到理性阶段，掌握事物的本质，提高教学效果。

6. 演示要服务于教学目标

演示要为教学目标服务。演示要适时、适当，过早过多的演示会分散学生学习的注意力，降低教学效果。

7. 演示操作要规范，具有示范性

教师演示实验的操作应是规范的，应把学生易出现错误或有疑问的地方，有预见性地交代清楚，消除疑问，防止错误的发生。

8. 演示适度，切忌过多过滥

演示辅助教学中应把握好图像、文字、动画的合理使用，切忌过多过滥。演示只是达到教学目的的一种手段，不能为了演示而演示。所以演示实验贵在精而不在多。适度、适量的演示，可以充分调动学生的学习兴趣和学习积极性；反之，只会分散学生的注意力，不利于教学效果的提高。

9. 发挥教师主导，突出学生主体

演示不应只有教师一个人自导自演，这样达不到演示的效果，要加强与学生的互动，发挥教师的主导作用，在适当的时机对学生进行必要的引导；突出学生的主体地位，发挥学生的主动性和积极性，让学生乐于自己思考，自己动手、动脑，揭示演示背后的本质规律。

10. 切忌形式化

演示不是走过场，形式化的演示难以取得预期效果。所以，要充分发挥演示教学的艺术性，采用多变的形式演示。还要注意为一定的教学目的、教学内容服务。

11. 演示后要认真进行分析和总结

演示结束后，教师要对演示的过程和结论进行详细的讲解和分析，并且检查学生对演示的理解情况，为学生释疑解惑。由于安全风险控制的原因，实验性演示也有可能失败，这需要老师实事求是地分析原因，说明问题。

三、如何提高教师的演示技能

1. 提高教师的自身素质

演示教学是以教师为主导的一种教学技能，对教师的基本功要求很高，尤其是语言组织能力和演示动手能力。

教师要严格要求自己，定期给自己充电，提高自身各方面的素质，特别要提高自身的演示技能。只有这样，在课堂教学中才能做到得心应手。

2. 演示技能要与其他技能综合运用

任何一种技能都有其长处与不足，演示技能也不例外。要做到扬长避短，实现演示技能功能的最优化，就要注意演示与其他教学方法的综合使用。

3. 严格遵守演示教学的原则

演示教学法的运用有其自身的规律，需要坚持相应的原则。教师需要在相应原则的指导下创造性地使用演示教学法，增强演示的实效性。

4. 转变传统的演示模式

传统的演示大多是教师在唱独角戏，教师是演员，学生是观众，这一现象需要改变。教师应针对教学内容设置问题，激发学生的积极性，使学生积极参与到演示活动中，把演示变成师生间的双边互动过程。

5. 变教师演示为学生演示

在教师的指导下让学生自己动手操作，亲身体验，这种演示方式能更好地促进学生参与到演示活动中，通过直接体验认识现象的本质。

关于思想政治师范生的演示技能训练评价，可以参考表4-1思想政治学科演示技能评价表。

表4-1 思想政治学科演示技能评价表

序号	评价标准	权重	得分	备注（分项评价与建议）
1	演示目的明确，针对教学重点与难点	10		
2	演示现象明显，能吸引全班学生的注意力	10		
3	演示时机恰当，教学组织严密，时量控制合理	10		
4	演示注重对学生观察与思维的引导，有启发性	10		
5	演示现象清晰明显，直观性好，能见度高	10		
6	演示程序清楚，关键步骤分明并能重复	10		
7	演示操作规范熟练，示范性好	10		
8	演示与讲解等其他技能结合自然	10		
9	演示安全可靠，效果明显，结论明确	10		
10	对演示能实事求是地解释和说明	10		
合计				
总评				

第五章　思想政治学科提问技能

第一节　提问技能概述

在现代课堂教学中，提问仍是很重要的教学手段。课堂提问可分为教师对学生的提问及学生对教师的提问。本章主要涉及的是在思想政治课上教师对学生的提问技能。

一、教学提问技能的含义

提问是古希腊教育家苏格拉底教学法的基础，到中世纪被欧洲教会中的教师广泛应用。我国古代教育家朱熹也曾说过："读书无疑者，须教有疑，有疑者无疑。"他强调在学习的过程中要发现问题，不断质疑，不断解决问题的过程就是学习进步的过程。

提问技能是指在课堂教学活动中，围绕教学内容，教师有目的、有意识地进行设疑并引导学生解决所提出的问题的一种交流方式。课堂提问技能成为教师和学生相互交流的纽带，教师巧妙地设计和运用课堂提问，能活跃课堂气氛，启发学生思考，调动学生参与课堂的积极性。同时，提问也是检查学生学习、启发学生思维、实现教学目标的一种教学行为。

二、思想政治学科提问技能的类型

（一）导入性提问

导入性提问又叫铺垫式提问，其首要目标是导入新课，实现一节课各教学阶段、各部分教学内容之间的平稳过渡。导入式提问一般建立在学生已有知识基础之上，围绕学生以前所学的知识或生活中的经验与本节课知识点的联系，对学生进行提问。

【案例】　在学习高中思想政治必修①《经济生活》中的"对外开放"内容时，教师可以对学生进行导入式提问：以前我国闭关锁国政策的各种弊端，对我国有什么样的影响？通过对学生进行提问，让学生回忆以前的知识，使学生能更好地进行本节课知识的学习，使学生集中在一个知识点上来。

导入性提问一般在一节课开始阶段和讲完旧知识转入下一个新知识的教学时运用，可以让学生在教师开始讲授新课之前回答，或者让学生在教师讲授新课结束之后再进行作答。总之，教师要具体问题具体分析，一切从实际出发。

（二）回忆性提问

回忆性提问又叫填充式提问，是用来引导学生回忆已学过的有关知识的提问。常用的格式有：什么是……有哪些……什么叫……这种提问常用在一节课的检查复习和巩固新课的教学阶段，所以又可区分为复习性提问、巩固性提问。

【案例】 在学习高中思想政治必修①《经济生活》中的"消费的影响因素"时，教师可以运用回忆性提问，让学生回忆前一节课所学内容，提出问题：消费的类型分别有哪些？通过提问，让学生加深对上一节课知识的印象，这样既能检查学生对基础知识的掌握和理解情况，又能通过这个问题引导学生回忆，使其牢固掌握相关知识。

在进行回忆性提问时，所提的问题必须是学生通过短时间的回忆能够回答的，否则会因学生回忆不起来而失去提问的意义。

（三）综合性提问

综合性提问旨在要求学生依据感性材料，找出事物与知识之间的内在联系，并在此基础上，能对教材的知识、概念重新组合。综合性提问的常用表达方式是：根据……你能提出问题的解决方法吗？为了……我们应该……？如果……会出现什么情况？假如……会产生什么后果？

【案例】 在高中思想政治必修④《生活与哲学》教学中，提出问题：你怎样看待事物的联系具有普遍性这一观点？照这样推理，你能得出什么结论？这种提问就属于综合性提问。

【案例】 在讲授高中思想政治必修②《政治生活》中的政府职能相关内容时，提问：为了让人民能更好地当家做主，政府应该怎样做？

【案例】 在学习必修④《生活与哲学》中的普遍联系内容时，我们可以假设：假如这个世界不存在联系，那么会产生怎样的后果？

回答综合性提问，需要学生有较强的综合能力，要求学生把分散的知识整合起来进行思考，找出这些内容之间的联系点，从而得出正确的结论。综合性提问的答案涉及的内容比较广，所以学生对综合性提问的回答也可能是多种多样的。但综合性提问都强调答案要能支持自己的论点，事实材料越多，结论越可靠。同时，综合性问题需要教师帮助学生对结论作出评价。

（四）评价性提问

评价性提问要求学生对所提问题做出价值判断或选择。它要求先设定标准，或利用学生的情感态度和价值观，然后在两个或两个以上的可能答案中做出价值判断，选择最恰当的一个。

评价性提问，要求教师设定好一个比较明确的判断标准，在提问前必须让学生确立价值观或者给出判断评价的原则，以作为判断的依据。评价性提问可分为四种类型：

第一，要求学生对有争议的问题给出自己的看法的提问。如：有人说事物的运动是绝对的，静止是相对的，这种说法正确吗？

第二，要求学生判断思想价值，并能阐述理由的提问。如：社会利益高于个人利益，这是为什么呢？

第三，要求学生判断各种解决问题方法优缺点的提问。如：在市场经济发展中，国家宏观调控和市场调节对经济发展的作用有何不同？为什么？

第四，要求学生判断有关事情、观点优缺点的提问。此类判断评价提问的表达形式通常为：你同意这种说法吗？为什么？你认为……？你觉得……？

（五）自由询问性提问

这种提问要求教师创设一定的情景，让学生凭借已有的知识，推断和确定自己认为可以成立的答案的提问。自由询问性提问，旨在要求学生主动运用自己所学的知识，理论联系实际，去寻求问题的答案；鼓励学生举一反三，在考虑一种情形时，能看到各种各样的可能性和选择方案。

【案例】 如果没有改革开放，我国经济发展会是怎样一番情景？如果你是一名人大代表，你会如何行使自己的权利，履行自己的义务？

（六）诊断性提问

诊断性提问的目的是了解学生在理解上的障碍，以使教师进行有针对性的辅导。在思想政治学科中，教师在备课时一般都要设好三维目标和重难点。对于重难点，教师可以进行诊断性提问。诊断性提问的典型问句是：什么地方不懂？什么地方你无法理解？困难在哪里？还有哪里是不好把握的等。

【案例】 在高中思想政治必修①《经济生活》消费的影响因素中，教师可以运用诊断性提问：在消费的各种影响因素中，同学们觉得哪一种比较难以理解、难以掌握呢？

（七）分析性提问

分析性提问要求学生识别条件与原因，或者找出条件之间、原因与结果之间的关系。它要求学生独立思考，寻找根据，进行解释或鉴别，自主找出答案。当前，为了克服应试教育的弊端，实现应试教育向素质教育转变，应大力提倡教师使用分析性提问。

【案例】 在高中思想政治必修④《生活与哲学》中提问：意识的能动作用主要表现在哪些地方？通过对问题的思考回答，学生能加深对有关教材内容的理解。

这种提问能引导学生进一步深入思考，有利于学生更加深刻地理解和掌握教材的有关内容。这种提问一般放在讲解教材有关内容之后。

（八）描述性提问

描述性提问所提的问题，在认识层次上属于中难度问题。它要求学生使用某种方法整理、组织事实材料，然后进行详细的描述；要求学生作答时具有一定的组织能力和表达能力，还要对所学知识有充分的认识。

【案例】 假如企业偷税漏税，会给国家带来什么影响？回答这类问题不仅限于回忆知识、观点，还要求学生有发散性思维，自主思考，进行比较、对照及推理，整理好知识点之间的内存联系。

三、提问技能的原则

（一）有效性原则

教师的有效性提问要能够激发学生的兴趣，有明确的目的和计划，能够很好地达成教学目标。问题要围绕教学的内容、教学任务和教学目标进行设计，这样有助于学生加深对知识的理解和掌握。有效性提问可以采取灵活多样的方式，如检查式、设计悬念式、层次式等，能使学生集中注意力。

要进行有效提问，教师应该做好预设，设计好要提的问题，并明确何时提问、向谁提问。同时，应根据学生的实际情况对他们的回答做出评价。

（二）适度性原则

提问要把握好难易度。教师提问的内容如果过于浅显，则学生无须动脑；如果过于深奥，则学生无从动脑；如果不疼不痒，则学生无意动脑。所以，提问要适度，教师要根据学生已有的知识水平进行提问。

提问要注意数量，在一堂课中，教师进行提问的次数不能过多，提问过多会给学生增添心理负担，也容易影响教学的进度和完成质量。提问过少，则很难调动课堂的氛围，教学目标也没法达到。所以，教师要抓住知识的关键点、学生的兴趣点，帮助学生有效克服重难点，使提问的效果显现出来。要杜绝"问题战"或"满堂问"的现象。

【案例】　在讲授高中思想政治课《经济与生活》教学片段"树立正确的消费观"时，教师安排四位学生演出已经准备好的小品后提问：

教师：观察这四位同学的表演，结合教材的内容，大家看看这四位同学分别对应了哪种消费心理？这种消费心理有什么特征？（各组讨论，然后派代表进行发言，其他组有异议的可以进行补充。）

学生：模拟表演中的扬扬是求异心理，爸爸是从众心理，爷爷是求实心理，妈妈是攀比心理。对应的特征分别是……

教师：这位同学回答得不错，组内和其他组还有补充吗？

学生：这些消费心理有些好，有些不好，我们要端正自己的态度。

教师：确实是这样，比如盲目从众的心理是不好的，但健康的从众心理却有利于我国经济的发展。我们应该正确对待这四种消费心理，树立正确的消费观。

点评：教师通过模拟案例，让学生进行表演，用的案例贴近学生生活，问题难度适中，有利于激发学生的积极性，更好地引导学生树立正确的消费观。

（三）启发性原则

孔子的"不愤不启，不悱不发"让我们懂得课堂提问应要遵循启发性原则。教师在课堂中应要使用启发性原则，发散学生的思维。要有计划、有目的地设计问题，达到启发的目的。

【案例】　在高中思想政治必修④《生活与哲学》关于整体与部分关系的教学中，提出问题：一个和尚有水喝，两个和尚抬水喝，三个和尚没水喝。这与"三个臭皮匠，胜过一个诸葛亮"的结果大相径庭，为什么会出现这样的情况？通过提问，要求学生要用教学中相关的观点来分析问题，并找到答案。

（四）兴趣性原则

俗话说："兴趣是最好的老师。"兴趣能够使学生的能力得到发展。提问要坚持兴趣性原则，表现在：一是问题本身有趣味性；二是问题能引起兴趣，通过激发学生对问题的兴趣，引导学生进行学习，达到教学目标。

教师的提问要贴近学生、贴近生活，能够引起学生的共鸣，从而激发学生的兴趣，使学生积极融入课堂的教学当中。有了兴趣，学生就会集中自己的注意力，主动去思考，寻找问题的答案。

教师要巧妙设疑，引起学生的好奇心，并在学生回答问题时给予肯定性或鼓励性的评价，让他们享受学习的快乐；同时，也能增强学生的学习信心，开发学生的潜力，激发他们继续学习的热情。

（五）面向全体性原则

教师在设计问题时应面向全体学生，这是素质教育的基本要求，目的是使更多的学生参与教学。虽然提出的问题不能使每个学生有机会进行回答，但面向全体学生的提问，能够达到促使学生进行思考的目的。

面向全体学生的发问，不是一对一的交流，所以，问题要经过精心的设计，考虑学生知识的跨度和认知水平，进而确定问题的难度。设置的问题最好使大部分学生经过思考后就能得出答案。

四、提问技能的作用

提问对教学活动的帮助非常大，教师应该重视课堂提问，明白它在教学过程中的地位，提问技能的作用主要归纳为以下五点。

（一）集中定向

提问可以起到吸引学生注意力的作用。心理学研究表明，人很难长时间保持注意力固定不变，而是周期性地加强或减弱。人在有意注意状态下消耗的精力多，很容易疲劳以致注意力分散。在课堂教学过程中，学生的注意力不可能一直保持有意注意，也不可能只靠课堂纪律来保证学生注意力的集中。在学生开始对学习松懈、出现分心的情况下，教师的提问可以提高学生的警惕性，集中他们的注意力，促使学生回归课堂，维持积极的学习状态。

（二）反馈检查

无论是在课前提问、课中提问，还是课后提问，都是对学生知识和能力水平的一种检测。课前提问，可以巩固前面所学过的知识，同时也为学习新知识做铺垫；课中提问多用于检查学生的理解能力和知识积累水平；课后提问则侧重于巩固新知识。

提问既是教师对学生学习情况的检查，也是教师对自己的教学效果的检查。通过提问以及学生对问题的回答，可以得到教学信息的反馈，促使教师反思教学，力求在以后的教学中做得更好，收到教学相长的效果。

（三）交流沟通

课堂上师生关系不仅仅是老师与学生的关系，也是伙伴关系、朋友关系。师生间的关系是否和谐，体现在教师与学生之间的交流中。民主平等的和谐师生关系是全面提高教育教学质量的关键，也是现代教育强调的一个重要思想。实现师生和谐关系不仅是发挥教师主导作用和学生主体作用的需要，也为教学过程中教与学之间信息的传递与反馈提供了有利条件。

课堂提问为师生间的交流提供了便利，可以加强师生间的互动，拉近师生在情感上的距离，实现心与心的交流。这样也更容易使学生接受教师的教育，感受学习的乐趣，培养积极健康的情感和态度。

（四）发展思维

提问可以提高学生的学习自觉性，促使学生主动思考。提问并不只是要求学生对一些课本知识进行复述，除了回忆知识外，还能增强学生对知识的理解、分析和运用能力，提高学生的思辨能力，培养他们的发散思维能力，提高学生对事情的预见能力。

（五）解决问题

提出问题的目的就是找出解决问题的方法，最终得到正确的答案。对知识设疑，可以激发学生对问题进行思考，通过自己的思考获得初步的认识，进而在老师的指导之下解决问题，获得知识，提高对知识的分析与实践应用能力。

第二节　提问技能的运用

一、思想政治学科提问技能运用中存在的问题

1. 课堂提问的密度过高、过频繁

在教学过程中，教师提问可以促进学生学习，可以提高教学效果，但过度提问则会适得其反。

【案例】　某老师一上课就说："这节课我们要解决 40 个问题，下面我把这些问题念一下，请大家记下来，我们一一解决。"这么多的问题，对于学生来说是课不可能完成的。

提出的问题太多，学生围绕问题转，会导致学生对老师的依赖越来越大，这是我们熟悉的满堂问的"填鸭式"教学。

2. 总选择相同的学生进行提问

教师提问后选择学生回答问题时要注意教育公平问题。有的教师总喜欢点成绩好的学生、科代表、学生干部来回答问题，不给其他学生机会，这样很容易挫伤大部分同学的积极性，

时间久了，学生会产生厌学情绪。由于经常不被老师关注，有的学生就觉得提问与他们没有关系，反正又学不好，容易在课堂上开小差，甚至与老师对抗，故意干扰老师上课。

教师提问应该给每个学生提供同等的机会，给予他们鼓励，让他们感觉老师是关注他们的，通过提问不断鼓励他们认真学习。

3. 脱离学生的生活实际

课堂提问要根据学生情况，根据教学的目标和内容进行设置，掌握好难易度。

通过问题引导学生思考、探究，最终得出结论，但问题不能脱离学生的生活体验，要根据学生课堂上的学习状态和认知情况，随时变换问题的呈现方式和把握问题的难易程度。如果问题偏离学生的生活体验，学生就会缺乏相应的知识储备而很难参与回答，这样的提问不能激发学生的兴趣，课堂气氛也调动不起来，教学效果很难实现。

4. 提问缺乏互动性，不给学生留机会

有些教师提出问题，让学生回答，学生答不到点子上则打断学生，不让学生继续；既不做点评，也不反馈学生答案，学生不知道自己的回答是对是错。教师这样的行为很容易挫伤学生的积极性，导致学生消极地应付学习。教师在提问过程中，要和学生进行互动，给学生回答的机会。如若问题太难，则可以进行适当的引导，或者留给学生课后进行思考。

5. 提问主体偏颇

在思想政治学科中，运用提问这一技能的主体发生偏颇是当前教学活动中普遍存在的问题。在教学过程中，教师容易忽视学生的主体性，提问的主体仅限于教师，教师从教的角度出发，注重问题的预设性而忽视生成性，忘记了学生也有提问的权力。事实上，学生的提问权更加重要。

在思想政治（品德）学科教学中，要注重学生的提问权的落实。具体的提问应该是由师生共同找出问题，共同质疑，然后一起解决问题。但在现实课堂教学中，课堂提问的主体单一，主要以教师问学生答的形式进行，教师提出一个又一个的问题，学生负责回答老师的问题，学生在提问上的主体性没有体现出来。课堂提问缺少学生问教师答（质疑）、学生问学生答（讨论）、自己问自己答（反思）的形式。

6. 盲目式提问

盲目式提问往往是教师课前准备不足的表现。老师在课前没有认真备课，不了解学生的情况，教学过程中凭感觉提问，不考虑学生的实际需要、实际感受，并不了解学生的知识基础和能力起点。具体表现如下：

（1）问题过于简单，没有思考价值。大量采用廉价提问，有的教师喜好集体问答：好不好？对不对？是不是？此类廉价提问，一问一答，很多学生是条件反射，随声附和，表面轰轰烈烈，实则效果有限；对调动课堂气氛有一定的作用，也能集中学生的注意力，但从教学内容方面看，由于缺乏必要的思考，问题本身不足以引导学生深入学习。

（2）问题过于深奥。有的老师对提问的难度把握不好，喜欢提深奥的问题，这些问题往往超出课程标准，超出学生的能力范围，学生回答不出来，会产生挫折感。教师提出的问题难度应该适中，难度太高或太低，都不符合学生的实际情况。太高会让学生气馁，太低又会

使学生失去探索的欲望。

（3）歧视性提高。提问带歧视，有的老师害怕课堂提问出现冷场，耽误课堂时间，总是单向地向少部分学生发问，希望课堂提问顺利进行。岂不知，这样做热了少数，冷了多数。

（4）提问突兀，学生缺乏思考准备。教师在课堂中问得太仓促，并不是把学生引入某种情景后才提问。问题提得很唐突，甚至脱离学生实际，脱离课堂内容，会使学生无所适从。

二、提问技能的基本要求

1. 选择课堂提问的时机

提问的时机是不固定的，需要视教材内容和提问目的而定。它可以在一堂课开始时进行，以便复习旧课，引入新课，起到承上启下的作用；也可以在授课中间进行，针对所讲内容，联系已学知识提出问题，不仅可以活跃课堂气氛，集中学生注意力，而且可以使学生将新旧知识贯通；还可以在下课之前进行，针对所讲内容提纲挈领地当堂发问，以帮助学生进一步领会和记忆教材的要点和难点。一些难度较大的问题也可让学生在课后解决，以便促使学生为寻求正确答案主动去学习和思考。

2. 要面向全体学生提问

课堂提问的对象应是随机的，但应注意做到使所有学生都有表现的机会，都能享受到成功的愉悦，而不是只集中在少数学生身上。教师向全体提问，可以把一些注意力不集中的同学拉向课堂。这些分心的学生，由于担心自己被提问，在老师提问时不得不时刻提高警惕。提问在客观上可以让他们能够跟上课堂的进度，也能够在课堂提问的问题中获得知识。

教师提出问题后，学生的水平不同，答案也会各异。第一，对于学生迅速而坚定的答案，教师要给予肯定，可重复学生的回答，也可以用些肯定性的词语，对学生进行表扬或对学生的答案进行进一步解说。第二，对学生部分正确的答案，要肯定学生正确的部分，然后给学生提示，给学生线索，对学生进行引导。学生还是不能给出正确答案的话，教师可以提供答案，或让学生求助其他同学，或者小组进行讨论。第三，被提问的学生一脸的无奈，无法给出答案时，老师应该允许他寻求同学帮助，或由老师找其他同学进行回答，这样可以帮助不懂的学生更好地解决问题，也可以节省时间，还可以了解更多学生的情况。

3. 掌握适当的提问语气

同样一句话，由于语气不同，其所表达的含义以及所产生的作用往往是不同的。所以，提问的语气对于一个人的接受、理解以及思考的效果都会产生很重要的影响。有的教师讲话或提问的语气能够深深地吸引学生，而有的教师讲话与提问的语气则可能会引起学生的紧张，对学生思维的积极性产生抑制作用。

教师面对的是朝气蓬勃的学生，课堂提问的语气和态度显得尤为重要。从某种意义上来说，"艺术性的提问 = 陈述语气 + 疑问语缀"。例如，还有不同的见解吗？还有什么补充吗？教师要对思想政治（品德）课堂教学充满激情，课堂提问绝不能用平淡、刻板的声调，应该用具感染力的语调来活跃课堂气氛，从情感的角度使学生产生共鸣，唤起学生对知识的渴望。

4. 因人施问

因材施教是一条重要的教学原则，应用于课堂提问中，则应该因人施问。基于这一认识，在选择学生回答问题时，应该因人而异：难度较大的问题可以请基础较好的学生回答，启发基础较差的学生；较容易回答的问题可以让基础较差的学生回答。这样，每一个问题对于答问的学生都是"跳一跳就能摘到的苹果"，而每一个学生都能被老师提问并得到肯定性评价的机会。对偶尔回答不好的学生，除应充分肯定其某些可取之处外，还要注意在较短时间内再给他一次答问成功的机会。因人施问对培养各层次学生的学习兴趣，尤其对消除中等或差等生对提问的畏惧心理有很好的效果。

5. 给学生留下思考时间

提问后要给学生留下合适的思考时间，可以使更多的学生参与到问题的思考之中，特别是对一些"学困生"更有帮助。如果没有足够的思考时间，学生就无法有效回答，一部分学生也会因此失去信心，不再主动参与教学活动。给学生留下足够的思考时间，会使师生之间以及学生之间的积极互动大量增加，提问的有效性也会大幅度提高。

6. 运用多种方式提问

提问的方式多种多样，有直问、反问、设问、正问、旁敲侧击问、口头问、书面问等，要求教师能够有机结合，根据需要灵活运用。

直问，就是开门见山、直截了当地提出问题。如：什么是汇率？

旁敲侧击问，有助于学生澄清概念、疏通思路，使学生沿着问题探求知识的深度与高度。教师给学生呈现材料后，要求学生能分析材料并得出结论。如：2015 年人民币汇率与 2014 年人民币汇率相比有什么变化？说明什么问题？

正问，就是从问题的正面设问。如：2015 年人民币汇率继续升值对中国经济发展有哪些好的影响？

反问，就是从问题的反面设问。如：假如 2015 年人民币汇率下跌，那么对中国经济发展又有怎样的影响呢？

追问，就是针对某一内容或问题，为了使学生弄懂弄通，往往在一问之后又再次提问，穷追不舍，直至学生真正理解为止。

7. 恰当处理学生的回答

当学生在回答问题时，要让学生充分发表自己的观点，教师要以温和的态度认真倾听学生的回答（哪怕是错误的回答）。如果学生回答有困难，老师要鼓励学生继续思考，必要时可以适当引导或暗示，从而让学生正确理解问题。学生回答后，教师要以不同的方式及时评价学生的回答，及时纠正其认识上的偏颇。

对于教师的提问，尤其是具有一定难度的问题，学生回答后，教师不要立刻表态"对"或"不对"，可以让别的同学补充、纠正，或提出不同的答案、提出更佳的解答方案等。学生发表不同的意见，可以使师生之间、生生之间围绕问题的交往更充分，提问的效果就很好。

思想政治学科的提问技能训练评价可以参考表 5-1 思想政治学科提问技能评价表。

表 5-1 思想政治学科提问技能评价表

序号	评价标准	权重	得分	备注（分项评价与建议）
1	提问的主题明确，与课题内容联系密切	10		
2	问题的难易程度适合学生认知水平	10		
3	提问有利于学生发展思维	10		
4	提问有层次，循序渐进	10		
5	提问能复习旧知识，引出新课题	10		
6	提问能把握时机，促使学生思考	10		
7	提问后稍有停顿，给予思考时间	10		
8	对学生的回答善于应变及引导	10		
9	能适当启发提示，点拨思维	10		
10	提问能得到反馈信息，促进师生交往	10		
合计				
总计				

第六章　思想政治学科板书技能

第一节　板书技能概述

随着科学技术的发展，许多现代化的教学手段已经走入课堂，但是传统板书在教学中仍起着不可替代的作用，是课堂教学的重要组成部分，是教师语言艺术的书写形式。理想的课堂必须确立明确的教学目的，并采用正确的教学手段引导学生学习。而板书作为一种教学手段，在课堂教学中一直被教师使用，是教师和学生在课堂上利用视觉进行交流的途径。

一、板书技能的概念

板书技能是教师上课时，为辅助课堂口语的表达或概括教学内容，帮助学生增强记忆、正确理解知识、提高学习效率而采用的一种将文字、图表或其他符号写在黑板上，或写在幻灯片、多媒体课件上的教学行为和能力。

板书内容是课本知识的高度概括，它通过锤炼词语，巧用线条、符号及图表，把教材的思路和教学目标联系起来，简练地构建教学知识的主体框架。

好的板书是教师对教材知识结构的正确梳理，能体现教学目的，表现教学重难点，帮助学生更好地梳理知识结构，加深对知识的记忆和理解。

好的板书设计是教师创造性劳动的结晶，是教师对教材知识的高度提炼和概括。恰当地运用板书，能补充老师语言表达的不足，加强内容的直观性，帮助学生理解和记忆新学的知识。

好的板书往往是独具匠心的，是教师在教学活动中一件精美的艺术品，更是学生认知的脚手架、教师教学的导游图、师生互动的卷轴。

优秀的板书将繁复的教学信息浓缩演化成简明的、艺术化的符号构图，能引起学生积极的认知情绪和其他一系列积极的心理活动，激发学生的认知兴趣和智慧能力。学生从好的板书里可以学习到知识结构、迁移技巧、创意能力等，从而体会到教学的情趣。

二、板书技能的作用

1. 帮助实现教学目的，体现教学意图

教学目的的落实和教学意图的体现，除了师生双边的口头活动外，还要积极利用板书。

从教师的角度看，优秀的板书高度浓缩了教学内容，体现了知识结构和教学程序，可以帮助教师实现教学目的。在思想政治（品德）学科中，板书是教学中必不可少的一部分，老师通过板书能够很好地将授课内容简明扼要、直观形象地展示给学生，可以把教学内容的思路与结构清晰地呈现给学生；帮助教师顺利地实现教育目标，直观地体现思想政治（品德）

学科知识、能力、情感态度和价值观教育目标的教学意图。

其次，从学生的角度看，学生要理解一节课的全部教学内容，仅凭听讲是较困难的。有了板书，学生边听、边看、边记，同时调动眼、耳、手、脑等多种感官，使之互相协调，有助于学生理解教学内容。有条理的板书可以帮助学生理清思路，使学生集中注意力和定向思考。学生利用板书指示的认知思路，可以理解、优化教学内容。

2. 强化记忆，增强教学效果

教师借助板书配合教学口语，补充教学口语表达的不足部分，可使学生听得更清楚准确；将教学信息传授的疑难部分及教学内容的重点部分用板书显示出来，可以及时补充足量的、完善的信息。学生听课得到视觉配合，能使其注意力保持更持久、理解更充分，从而强化信息记忆。

心理学实验表明，外界进入人脑的信息，有 90% 以上来自眼睛。伴随着口头讲述，板书以形象的结构造型、简要的语言信息、多样的符号参与、不同的色彩标志和各种字体的编配，给学生以强烈的、多方面的视觉刺激，由此产生积极的教学效果。

3. 突出重点难点，形成知识结构

每门学科的知识都不是杂乱无章的，知识与知识之间都有内在联系，有机形成一个知识结构体系。这个知识结构体系，用语言表达不容易全面把握。而好的板书则能对教学内容删繁就简、抓主剔次，把教学重点、难点和知识点，串珠成线，结线成网，形成结构，使学生一目了然。

教师要根据教学内容及思想政治学科特点设计板书。板书内容通常围绕教学重点和难点设计，并且在关键的地方可以进行标志。比如，用不同的色彩去书写和绘画，或者使用特殊符号进行标记。板书可以将讲授的材料浓缩成纲要的形式，把重点、难点、要点、线索等以精炼的文字辅之以符号、线条、箭头、图形等形式，有条理地呈现给学生，有利于学生理解基本概念、观点、原理，形成完整的知识框架结构。

4. 帮助理清思路，启发思维

良好的板书可以对具有内在联系的知识进行演绎推理、对比推理、逻辑对比等，帮助学生理清思路。

如果教师在板书设计时注意优化板书的内容、板书的表达形式新颖，就能以明晰的视觉符号启迪学生思维，结合教师的引导式讲解，能培养学生的思维灵活性。如果教师有意识、有计划地在板书设计中渗透思维训练内容，就更加有助于启发学生的思维，从而达到提高学生思维能力的目的。

5. 激发学习兴趣，引起注意

好的板书是教师创造性劳动的智慧结晶，它体现了一名教师的学识、智慧和教学艺术。

设计精妙、书写工整、布局美观、独具匠心的板书，能给学生以美的感受，从而达到集中学生注意力、激发学生学习兴趣的效果。

6. 培养学生能力，发展非智力因素

教学是教师和学生的双向活动，教师在口语表达的基础上结合板书，可以使学生各种感觉器官都能够参与到课堂教学活动中。板书对于训练学生掌握正确的识记方法，促进学生记

忆力的发展也有十分大的作用。

教师的板书还反映了其教学内容的层次性，这有助于学生以后自学时把握学习内容的要点。教师的板书往往有严密的逻辑顺序，反映知识间的内在关系。学生通过板书可以理解教师课堂教学内容，理解教师教学的重难点。

三、板书技能的原则

1. 书写规范，有示范性

板书要工整，必须遵循汉字的书写规律，做到书写规范、准确。要把握汉字的基本笔画和笔顺规则，不倒插笔，不自造简化字，更不能出现错别字。字的大小以坐在后排的学生能看清为宜。

板书要求书写过程既稳且准、又快又好，尽量不占用讲课时间，这就要求教师高度重视教学板书技能的训练与提高。

要注意板书的时机、速度、字体、字迹、线条、符号、表格、色彩等的运用技巧。教师的板书除了传授知识外，还有一个引导和训练学生养成良好书写习惯的重要任务，板书规范、书写准确、有示范性是教师在教学中应时刻遵循的重要原则。

2. 语言准确，有科学性

语言准确，有科学性，这是对教师板书语言提出的更高要求。科学性是指板书的内容要准确无误、结构合理。它对学生有潜移默化的影响。因此，书写内容时必须做到知识要正确、内容要完整、用词要准确、书写要工整、字迹要清晰。

板书除注意防止出现科学性错误外，还应注意专业术语的完整性。虽然板书在教学上是间隔地出现的，但是最后总要形成一个整体。板书要让学生看得懂，不能由于疏忽而造成意思混乱或出现错误。板书在教学过程中起着导向作用，板书的内容要正确、有逻辑，混乱的板书对学生的学习不仅没有促进作用，反而会影响学生的思维。

3. 层次分明，有条理性

一定数量的教学内容，总是会形成一个相互联系、相互作用的统一整体。思想政治（品德）学科，尤其是学科中高中阶段的教学内容有较强的条理性、逻辑性和连贯性，所以板书也要层次分明、有条理。在课堂教学中，板书和口头讲述是同步进行的两种教学手段，而板书的优势是直观、形象、条理、概括。要使板书发挥这些优势，教师必须做到条理分明、思路清楚、脉络连贯，这样的板书看起来美观整洁、简单明了而且实用性强。

4. 重点突出，有鲜明性

在教学中，板书可以引导学生把握教学重点，全面系统地理解教学内容。要做到这一点，教师的板书必须重点突出、详略得当，在教学内容关键的地方用彩色粉笔圈圈点点，或用不同颜色的粉笔书写绘画，可起到突出重点、化解难点的作用。经验证明，板书内容必须成系统、条理清晰、层次分明、重难点突出，才便于学生理解与记忆。

5. 有计划性，合理布局

在板书之前，教师对板书内容应有一个大致的安排，通盘考虑。板书的内容确定之后，什么时候书写、写在什么位置，绝不能随心所欲，要根据讲课的要求而定。重要内容应写在黑板中央。书写时先上后下、先左后右，先标题、后内容、再小结，不能横七竖八、杂乱无章。

教师应把板书的内容迅速、合理、清晰地分布在黑板上，在讲解中使学生能跟上节拍，理解所授内容。这需要教师课前认真钻研教材，根据教学要求确定好板书的内容，规划好板书的格式，预定好板书中各部分内容的位置，这样在教学时才能做到有条不紊。

6. 形式多样，有趣味性

好的板书设计会给学生留下鲜明深刻的印象，形成理解、回忆知识的线索。充满情趣的板书设计，好像一幅美丽的图画，给学生以美的享受。

板书的形式灵活多样，可以用提纲式、线索式、图表式、板画式、演绎式、归纳式等表现手段。好的板书表现形式，不仅能提高学生的学习兴趣，激发学生的学习热情，锻炼学生的思维能力，还有助于提高教学质量。

7. 内容与艺术和谐统一

板书能辅助教师完成教学任务，达成教学目标，这是板书最基本的功能。一切板书的设计都必须针对教材内容和教学要求，设计出的板书内容必须与原教材的思路相吻合，突出教学内容的重点，理清教材内容的脉络。板书不是文字、符号与色彩的简单组合，而是教师有目的地安排教材内容，并按照一定的艺术构图规律勾画出的直观图形。

一个教师除了掌握必要的专业知识外，还必须具备一定的教学板书基本功。所以，平时要加强文字、书法、板画等教学基本功的训练，在教学中大胆实践，不断总结板书的理论和实践经验，从视觉上给学生以美感，使学生保持浓厚的兴趣。因此，在设计板书时，要实现内容与艺术的统一。

四、板书的特点

1. 板书内容的概括性

好的板书就如一篇微型教案，能把教学内容组合成一个完美的知识框架。黑板的版面是有限的，不可能将教学内容都通过板书呈现出来，这就要求教师对知识进行高度概括。如果板书内容庞杂、文字过多，就会造成教师花费过多的时间进行板书，使与学生互动的时间变少；学生花很多时间抄笔记，思考的时间减少，容易脱离教师的授课思路。

2. 板书结构的系统性

系统条理是从板书的结构方面来说的，板书的条理性表现为层次分明、脉络清晰。不论采用哪种板书形式，都要使板书具有系统性，使学生通过板书能弄清楚老师的教学思路，掌握教学内容。因此，构成板书的字、词、句，应该显示教学过程和教学内容的内在联系，揭示它们之间的逻辑关系。

3. 板书形式的美观性

任何板书的表现形式都力求美观，这是激发学生学习兴趣、减少视觉疲劳的有效方法之一。好的板书是教师用文字、符号、线条等组成的美观画面，是引人入胜的教学艺术品，它辅助教学、增强记忆，又能令学生产生美感，使学生的思维处于积极状态。板书形式的美观性表现为：字体规范、工整、富有字体美；各知识点布局合理，有结构美。

4. 板书布局的协调合理性

板书涉及内容与形式的合理协调。因此，在备课时需要整体计划，反复斟酌形式，布局协调合理。板书布局的合理性表现在：第一，黑板上写什么、不写什么，先写什么、后写什么，哪个地方写基本内容、哪个地方写次要内容等，教师在课前都要做周密的安排。第二，在形式上，板书的内容讲究左右对称、条块分明、色彩搭配等。第三，基本板书和辅助板书讲究协调合理。

第二节　板书技能的应用

一、板书的类型和案例展示

根据不同的划分标准，板书可以划分出很多种类型。从语言的运用角度来划分有提纲式、语言式、设问式；从表现形式来划分有文字式、表格式、图书式、网络式；从内容来划分有综合式、单项式；从结构来划分有总分式、对比式、分列式、递进式、提示要点式等。教师应该根据所授学科的特点来选择适当的板书类型进行授课。选择最佳的板书类型可以更好地辅助教学，起到事半功倍的效果。下面具体讲解思想政治课常用的几种板书类型。

（一）提纲式板书

提纲式板书又称为要点式板书、系统性板书。运用提纲式板书，需要教师理清教学内容的内在逻辑，用简洁明了的词语概括出每一框的中心内容及每一中心内容下包含的每一个小知识点；然后将其依次排列构成板书。

提纲式板书在教学过程中运用得比较多，特别是对知识点进行系统复习时，教师可以借助提纲式板书可以使学生对知识有一个整体的把握。

【案例】　高中思想政治必修①《经济生活》教学片断"生产与消费"：

（1）生产决定消费：

①生产决定消费的对象；

②生产决定消费的方式；

③生产决定消费的质量和水平；

④生产为消费创造动力。

（2）消费对生产有重要的反作用：

①消费是生产的目的；

②导向：消费所形成的新的需要，对生产的调整和升级起着导向作用；

③消费是生产的动力；

④消费为生产创造出新的劳动力。

点评：应用提纲式板书我们可以简单明了地看到生产与消费的关系包含两大方面：生产

决定消费的四个表现方面非常有条理，消费对生产的反作用也一目了然。应用提纲式板书可以保证知识点的完整性，不易出现遗漏。

【案例】　高中思想政治必修④《生活与哲学》，唯物辩证法包含的三种观点：

（1）唯物辩证法中的联系观点。

① 事物是普遍联系的；

② 事物之间的联系是客观的；

③ 事物之间的联系具有多样性。

（2）唯物辩证法中的发展观点。

① 世界上的一切都是变化发展的；

② 发展的实质是新事物的产生旧事物的灭亡；

③ 事物发展的前途是光明的、道路是曲折的；

（3）唯物辩证法中的全面观点。

① 坚持整体与部分的统一；

② 整体与部分相互区别又相互联系。

（二）表格式板书

表格式板书是指教师借助表格来系统归纳一个知识点包含的各个方面的内容，或者把两个或两个以上相似的知识点进行各方面的总结和对比。

表格式板书也是教学过程中运用比较多的一种板书类型，其优点是可以把零散的知识点按照一定的划分标准归纳好，可以快速地了解一个大的知识点包含的多方面小知识。如果是两个知识点的对比，则便于发现两者的相同点和不同点，有利于对知识的辨别和记忆。

运用表格式板书，应该注意用简洁的语言概括知识点。切忌把繁冗的知识填进表格，这样容易让学生产生视觉疲劳，不易激发学生学习的兴趣。表格式板书的具体表现形式多样，较灵活，可以根据内容的具体需要来绘制。

【案例】　高中思想政治必修②《政治生活》，不同选举方式的比较：

表 6-1　我国不同选举方式的比较

	优　点	局　限
直接选举	适合于人口较少且集中的地区，能反映每一个人的意愿	当人口太多和分散时耗费人力、物力和财力
间接选举	适合于人口比较多、居住较分散地区、可以节约资源	不能反映每一个人的意愿
等额选举	比较充分地考虑当选者结构的合理性	极少用，在一定程度上限制了选民的自由选择，可能会被误以为"内定"，积极性因而受影响
差额选举	当选民提供了选择的余地，在被选举人之间也形成相应的竞争	多种竞选方式，有助于选民了解候选人，但如果不加以有效规范，容易发生虚假宣传、贿赂选民等情况

点评：应用表格式板书对不同选举方式的优点与局限的各方面进行整理归纳，使各知识点条理非常清晰，使原本看似毫不相干的知识点形成一个完整的知识结构，有利于学生对四

个知识点的同时把握。

【案例】 高中思想政治必修③《文化生活》"走进文化生活"这一课中的落后文化和腐朽文化的比较：

表 6-2　落后文化与腐朽文化

比较项目		落后文化	腐朽文化
区别	含义	各种带有迷信、愚昧、颓废、庸俗等色彩的文化，都是落后文化	封建主义和资本主义的腐朽思想、殖民文化、"法轮功"邪教、污秽色情文化等，都属于腐朽文化
	表现形式或危害	落后文化通常以传统习俗的形式表现出来，如看相、算命、测字、看风水等	腐蚀人们的精神世界、侵蚀民族精神、阻碍先进生产力发展、危害社会主义事业
	应对措施	落后文化是文化糟粕，需要不断通过科学文化教育，予以改造和剔除	坚决抵制，依法取缔
共同点		都不是我们所提倡的文化	都不是我们所提倡的文化

（三）设问式板书

设问式板书是指教师通过把各知识点归纳为一个个问题，在教学过程中，让学生带着问题去预习、寻找问题的答案，教师在学生作答的基础上对答案一一进行补充和完善。

设问式板书充分尊重了学生的主体地位，发挥了教师的主导作用，学生在教师的引导下自己去发现问题的答案，有利于锻炼学生自主思考的能力和培养学生通过小组合作养成合作探究的精神。

运用设问式板书容易出现提问的问题过于简单和重复的现象，问题没有针对性。所以，教师在采用设问式板书的时候要注意：第一，在备课的时候注意所授知识是否适合采用设问式板书，一般在授课内容知识点相对密集、教学难度不大时比较适合设问式板书。第二，在教学过程中要充分尊重学生的主体地位，调动学生参与到其中。第三，设问的问题要有针对性、代表性，要和所讲的内容密切联系。

【案例】 高中思想政治必修①《经济生活》中"个人收入的分配"：我国的收入分配制度。

1. 按劳分配

（1）什么是按劳分配？

（2）按劳分配的基本内容和要求是什么？

（3）实行按劳分配的客观必然性有哪些？

（4）实行按劳分配的意义是什么？

（5）按劳分配在我国收入分配制度中处于什么地位？

2. 其他分配方式

（1）其他分配方式分别有哪些？

①按资本要素分配；②按土地要素分配；③按信息要素分配；

④按管理要素分配；⑤按劳动要素分配；⑥按技术要素分配。

（2）其他分配方式的含义分别是什么？

点评：设问式板书充分体现了新课改的要求，在教学过程中坚持"以人为本"，尊重学生的主体地位，教师起引导作用。设问式板书让学生带着问题，给充足的时间让学生独立思考或小组合作探究问题的答案。"我国的分配方式"这一教学内容虽然涉及的点比较多，但理解起来并不难，适合应用设问式板书，让学生试着自己或小组合作探究问题，找到结论。

（四）线索式板书

线索式板书是指教师为突出教学内容的脉络，以知识间的内在联系和事物发展的过程为逻辑线索构成的板书形式。线索式板书的特点是思路清晰、线条明朗，各知识间的逻辑关系一目了然。教师在运用线索式板书时，要注意理清各知识点之间的逻辑关系，事物的先后顺序不能颠倒。

【案例】　高中思想政治必修①《经济生活》中"神奇的货币"这一课中的货币的产生过程：

点评：应用线索式板书，可以完整地展示货币产生的全部过程，学生理解和记忆起来非常方便。

（五）演绎式板书

演绎式板书又称总分式板书。演绎式板书是指用解析性的形式来反映教学内容的知识要点、层次或结构的板书。这是教学中使用最为广泛的板书类型，板书时的基本模式是标准、规范的，推理是简明、准确的。

演绎式板书的好处是可以让学生对整个知识框架有一个整体的把握。教师边授课边演绎，知识脉络清晰，便于学生对知识点的把握。同时，教师可以根据学生的实际情况，把握知识的演绎速度，运用起来灵活性较强。

【案例】　高中思想政治必修①《经济生活》中教学片断"价格变动的影响"，运用演绎式板书，能对价格变动所产生的影响直观表现出来：

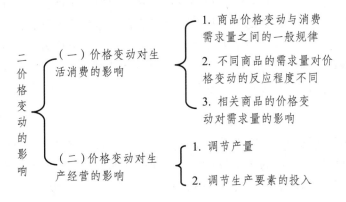

【案例】　高中思想政治必修①《经济生活》"我国的基本经济制度"中的社会主义市场经济的重要组成部分。

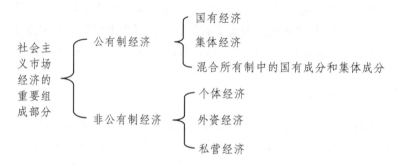

（六）归纳式板书

归纳式板书是根据众多已知概念或分论点归纳总结出一般结论的板书设计方式。这种版书方式可以突出教学内容的逻辑关系，使讲解和板书的思路一致，使所讲解的条理更加清晰。

【案例】　思想政治必修①《经济生活》教学片段"征税和纳税"：

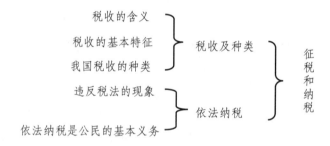

二、应用板书的基本要求

了解板书应用的基本类型，对发挥板书的导学作用非常重要。但要想真正使用好板书，还需要注意很多细节。

1. 具有合理性

板书时，必须要全局考虑整堂课的板书设计，做到板书的主次分明。主板书要放在黑板的最中间，一直保留到下课；辅助板书根据需要可保留，也可不保留，需要保留的写在黑板的两侧。因此，教师还应考虑：板书内容的详略先后顺序，板书内容是暂时出现还是一直保留。板书的字间距和行间距要合理安排，否则将使板书显得杂乱无章。如果安排学生一起完成板书，则要合理预设学生板书的时间和内容。

2. 具有归纳性

板书时用词必须简练概括、突出教学重难点。比如，在应用表格式板书比较两个相似知识点时，教师要高度概括两者的区别与联系。这样做的原因，一是黑板的板面面积有限；二是如果内容过于冗杂，学生学习的兴趣不高，而且容易产生视觉疲劳。

3. 具有侧重性

板书时，重点、难点要突出。不能眉毛胡子一把抓，什么都写，否则一堂课下来学生容易忽略教学重难点，出现学习目标不明确等问题。现实中有的老师什么都写，发现一板写不下时，擦了又写，像放电影一样，让学生无所适从。好的板书，应该整节课主要内容不超过一黑板，这就要求要留的就留在黑板上，有些不用留的在写了之后就擦掉。

4. 具有直观性

板书要精心布局，做到整洁大方，根据内容选择最佳的板书类型。有的内容或问题，该用图形表示就用图形表示，该用表格式就用表格式，该用提纲式就用提纲式。

5. 具有适量性

板书容量，是板书设计时必须考虑的问题。若板书内容太简单，则不能说明问题，学生无法通过板书形成课堂教学的知识结构。若板书的内容太多太杂，就会让学生产生视觉疲劳且重难点不突出。板书太多，教师就会加快板书速度，学生将时间花在记笔记上，思考的时间就会减少，不利于学生深入思考。因此，板书容量要适当，既要体现一节课完整的教学思路，又要重难点突出。

三、应用板书要处理的几大关系

（一）基本板书和辅助板书的关系

依据教学板书的作用，板书可以分为基本板书（又称主板书）和辅助板书（又称副板书）。

基本板书是整个板书的主体部分，是教学的主要知识内容，包括整节课的整个知识框架，特别是教学重、难点。基本板书要求写在黑板的最中间部分，板书时一定要清晰明了，用词要凝练概括。一般来说，基本板书要保留在黑板上，直到下课。

辅助板书是为基本板书服务的，教师在讲教学过程中遇到较难理解的字词或某个知识点时，可以借助辅助板书向学生具体讲解，也可以借助辅助板书来进行知识扩充，拓宽学生的知识面，让学生全面理解和掌握知识。辅助板书可以写在黑板的两边，内容一般是一些难以理解的字、词、符号等，板书可以保留也可以不保留。

基本板书和辅助板书的地位不能颠倒，基本板书要起到主导作用，为实现教学目标服务；辅助板书要坚持自己的辅助地位，为基本板书服务。

（二）板书和讲解的关系

板书使用的方式可灵活多变，可边讲边写，也可先讲后写，还可先出示板书后讲解。一般情况下，最好是一边讲课一边板书，这样可以保证讲解和板书相协调。如果教师只讲而不进行板书，学生就容易脱离教师的授课思路。因为教师没有充分调动学生的多种感官参与到教学中来，学生获取知识的途径比较单一，容易疲劳。所以，教师应该理清一节课的思路，把要讲的内容理成一个个小知识点。

教师可以根据讲解的速度来把握板书的先后顺序。为了扩大每节课的容量，教师可使用PPT，把事先设计好的板书呈现在屏幕上。但使用 PPT 代替黑板板书时要注意部分的遮掩和展现，以免影响或分散学生的注意力。

（三）多媒体的运用与传统板书之间的关系

多媒体教学有其独到的优势，其速度快且清晰，可以节省大量的课堂时间，增加课堂信息量；教学内容生动、活泼，可以大大提高课堂教学效率。多媒体教学也省去了板书的时间，避免了讲课中的间歇和停顿，使得讲课的内容更加流畅、紧凑。

多媒体教学的广泛使用并不意味着我们可以抛掉传统的板书手段，传统板书操作起来虽然耗时耗力，教师要使用粉笔一笔一画地进行书写，但是使用起来灵活性相对较强，教师可以随时随地采取最佳的板书方式，因而弥补了多媒体相对固定、呆板的不足。

（1）多媒体板书不易修改。多媒体课件中的板书是教师在课前就准备好的，有些特殊的情况可能没有预设到，如果就突然生成的教学资源修改则显得唐突，并且耗时。

（2）多媒体板书保留的时间短。多媒体教学在板书的呈现方面是有缺陷的，如不能长时间停留。学生在听课过程中，由于没有板书的指引，可能不知道老师所讲知识点的位置，无法从宏观上把握所学知识点。

传统板书和多媒体板书各有其优点，在教学过程中我们要把它们的优点充分发挥出来。从目前来看，最理想的处理结果就是，教学的主板书用黑板呈现，用 PPT 来辅助教师的讲解和演示，不需要保留的辅助板书也可以通过多媒体呈现。

（四）板书内容与表达形式的关系

板书的内容决定形式，形式服务于内容。要根据内容的需要选择最佳的表现形式，不能单纯追求形式上的完美，而使内容失真、遗漏或表达不准确。

四、当前板书技能常见问题及应对措施

（一）当前板书常见问题

（1）书写不规范，具有随意性。书写规范是板书技能的一大要求，教师在黑板上所写的每一个字、每一句话，都对学生日常的书写有着潜移默化的影响。教师的书写一定要规范，字要美观，板书的排版布局要整洁大方，对学生来说有一定的欣赏性和可示范性。在现实中，有些老师没有意识到这一点，板书不规范，还带有随意性，给学生留下不好的印象。

（2）板书设计不合理、不科学。板书设计不合理主要表现为没有处理好基本板书和辅助板书的关系，没有合理安排板书内容的位置；应该写在基本板书位置的内容却写在辅助板书的位置，应该保留的内容没有保留，没必要保留的未及时擦掉。

（3）过度依赖多媒体。在多媒体教学的广泛应用下，有些老师出现过度依赖多媒体的现象。在备课的时候，把要讲的所有内容都往课件里塞，整节课下来，教师一直都在照着课件念，学生在下面忙着摘抄课件中的内容，出现学生与教师活动相脱离的现象。多媒体板书固

然重要和方便，但板书的内容要适量，板书要提纲挈领，不能把讲稿都板书出来。为了保证学生听课的思路的完整性，在教学的过程中，教师应该借助黑板，把基本板书写出来。

（二）应对措施

在这里所提的应对措施，主要是针对思政专业师范生而言，他们是未来思想政治（品德）课教师的有生力量，应该在职前有针对性地做好教学技能准备。具体到板书技能，应该注意以下问题：

（1）应对书写不规范具有随意性的问题。要有针对性地开设书法课程，要有计划、有目的地开展写字训练。训练要有考核标准，以促进师范生的自我训练意识。

（2）应对板书设计不合理、不科学的问题。要加强师范生的板书设计训练，在备课过程中要能准确设计板书内容，快速理清教学思路。同时，训练师范生能依据板书进行脱稿试讲，发挥板书的提纲引领功能。

（3）应对过度依赖多媒体的问题。可以训练脱离多媒体备课，把多媒体真正当作辅助教学手段来应用，处理好多媒体教学板书与传统教学板书之间的关系，掌握和熟练应用多媒体技术，发挥其辅助教学的应有功能。

五、掌握规范汉字的训练

（一）训练目的

高等师范院校师范生用字要规范，写字要正确，笔画要清楚，要掌握好 3 500 个常用汉字，自觉纠正错别字。

加强师范生书写技能的训练，主要是进一步培养他们良好的书写习惯。训练目的：以提高硬笔楷书的书写技能为主，兼顾行书；提倡写好毛笔字。这里所指的书写技能，不是书法艺术。

（二）训练内容

（1）了解国家语言文字工作的方针、政策，掌握汉字的规范标准。

①巩固汉字简化成果，坚持汉字简化方向。

②明确汉字规范的重要意义。明白什么是规范汉字，什么是不规范汉字。

③理解师范生把汉字写得规范正确的重要意义。

（2）掌握好现代汉语常用字。

①掌握常用字的笔画、笔顺和字形结构。

②掌握《简化字总表》中的简化字。

③会读、会写、会用《现代汉语常用字表》中所收的 3 500 字。

④自觉纠正错别字，掌握容易读错的字、容易写错的字、多音多义字。

（3）掌握写字技巧。

①对教师书写技能的要求：笔画清楚，正确规范，熟练有力，匀称美观。

② 掌握执笔、运笔的方法，纠正不正确的动作和姿势。

③ 注意汉字笔画的书写、间架结构的安排，纠正书写毛病。

④ 掌握书写款式，卷面干净，留有天地，布局恰当，行款整齐。

⑤ 掌握选帖、读帖和临摹的基本知识和要领，培养对书法作品的鉴赏能力。

（三）训练建议

（1）给学生提供规范汉字的学习、练习资料，以及有关的音像资料。

（2）学校要创造使用规范汉字的环境和氛围，教师要以身作则，各科教师要齐抓共管，如对学生作业、论文、实习教案中的错别字和不规范字要给予纠正。

（3）举办多种多样的有关书法的课外活动，如观摩、展览、比赛等，鼓励学生把字写好。

（四）训练方法

开设书法等相关课程，发挥教师的指导作用；组织书法兴趣小组或书法社团，学生根据自身情况，依据《简化字总表》及《现代汉语常用字表》或选帖临摹，进行自我训练；教师要对学生作业、实验报告、论文等中的错别字进行纠正；利用广播电视等媒体或通过参加校、学院及班级组织的粉笔字、钢笔字、毛笔字比赛等活动。具体方式如下：新生入学建立钢笔字、粉笔字档案；学生选修书法课或自行练习硬笔字；分组训练粉笔字，定期上交汇报训练成果；组织粉笔字测试，设计好评分标准（见表6-3）；能设计符合校内试讲需要的板书。

表6-3 思想政治教育学科板书技能评价考核标准表

序号	评价指标	评价等级	权重	得分
1	符合特定的教学目的		0.15	
2	内容简明概括		0.15	
3	形式多样，与其他教学技能有机结合		0.10	
4	结构合理，思路清晰，计划周密		0.15	
5	方法灵活，能够引发学生的兴趣和思维		0.15	
6	布局合理，大小、位置适宜，版面整洁		0.10	
7	直观形象，适当使用彩色强化信息		0.10	
8	书写规范，版面简、快、准、美观		0.10	
	合计		1.00	

第七章　思想政治学科导入技能

第一节　导入技能概述

一、导入技能的概念

导入技能是指教师在一个新的教学内容或教学活动开始时，创设教学情境，激发学生学习兴趣，集中学生注意力，启迪学生思维，使其主动学习新知识的一种教学行为方式。

导入是教学过程的起始环节，是教学活动的开端。在思想政治（品德）课教学过程中，无论是进入新的教学单元，还是在一节新课开始，或者在教学过程中的任何一个相对独立阶段（知识）的开始，都需要运用导入技能。

从教学方法上看，导入是一种激发学习需求的方法，是教与学的纽带和桥梁，是激励、引导学生产生"我要学"主观意愿的教学方法。

从教学环节上看，导入本身就是一个教学环节。导入是整合和衔接课与课之间、教学单元之间以及教学环节之间的教学联结点，因此我们可以把导入看作整合课型和教学要素的教学机制。

从导入的过程上看，导入的"导"是方法，是手段，是诱导、引导、指导、辅导，是一种高超的教学艺术。而导入的"入"是目的，是使学生进入与教学内容、训练内容相适应的学习状态。

从课型结构上看，导入是一种特殊课型。通常，前言课、活动动员课都称作导入课。导入课不拘泥于教材，是创新余地最大的一种课型。

从教学方式上看，以导入为主体方法的教学方式是培养学生能力的最佳教学模式之一。这种教学模式也叫作引导式教学模式。采用这种教学模式的时候，讲解是引导式方法，设问是引导式方法，交流是引导式方法。

二、导入技能的特点

导入在整个教学中是一个重要环节，它直接影响学生的学习情绪和效果。因此，在设计导入时应注意以下一些问题。

1. 导入要有科学性

导入的科学性是指导入要引起学生对新教学内容的兴趣，能激发学生对新教学内容的探知欲，能帮助学生理解新教学内容。

2. 导入要有针对性

教师设计导入不能脱离教学内容，在导入开始时就要把学生的思路带入一个新的知识情境中，让学生对要学习的内容产生兴趣。此外，导入方法还要具体、简捷，尽可能用少量的语言说明要学习的课题的内容、意义、要求。

3. 导入要有启发性

富有启发性的导入能引导学生去发现问题，激发学生解决问题的强烈愿望，调动学生的思维活动，促使他们更好地理解新内容。启发性始终与问题紧密联系，而思维活动往往是从问题开始的，又深入问题之中，学生有了问题就要去思考、去解决，这便为学生顺利地理解学习内容创造了前提条件。

4. 导入要有趣味性

设计导入要做到引人入胜，使教材内容以新鲜、活泼的面貌出现在学生面前，这样能最大限度地引起学生的兴趣，激发其学习的积极性。

5. 导入要有语言的艺术性

教师良好的语言艺术就像磁铁一样把学生的注意力吸引到课堂上来。要想新课一开始就拨动学生的心弦，教师必须讲究导语的艺术性。

导入的语言既要准确，又要生动，充满趣味。而思想政治（品德）学科语言艺术的前提是语言的准确性、科学性和思想性，同时还要有可接受性。

三、导入的环节

导入艺术的教学过程一般有导入设计、启动阶段、激活阶段、引导阶段和实现阶段这五个阶段。

（一）导入设计阶段

导入设计，是指教师对导入的目的、功能、方式和过程的设计，是教师对导入的出发点与目的预设，以保证导入过程的有序开展。在此基础上，设计导入的四个环节，即启动环节、激活环节、引导环节和实现环节。

（二）启动阶段

导入启动要充分考虑学生的学习基础和能力起点，要能为学生所理解、接受并引发学生共鸣。

导入启动是学习的前提和基础，启动的实质是激发学生的学习动力，即激发学生的学习动机。

（三）激活阶段

导入激活阶段，实际上就是激活被启动的学习因素。无论是学习思维、学习需求，还是学习兴趣、学习情感，处于被启动状态时都是一个平静的被动状态。必须通过激活阶段，才能使学生处于主动的学习状态。

如何激活？大体上可以采用交流、讨论、讲解和追问的方式来激活。交流是带有激情的感染式的交流；讨论是有很强的自主意识、自我见解的讨论，甚至是一种学习式的争辩和辩论；讲解是交互式讲解，讲出矛盾来、讲出问题来、讲出能力的差别来；追问既可以是教师追问学生，也可以是学生追问教师，还可以是学生之间的追问等。衡量学习因素是否激活，应以学习情绪是否活跃起来、学习氛围是否浓厚起来为标准。

（四）引导阶段

引导阶段是最重要的阶段，或者说是导入的主体阶段。那么，用什么来引导？主要是利用学生的求知欲来引导学生，或者通过学生的疑惑点来引导学生，或者通过系列性的、阶梯性的设问形式来引导学生，或者通过学生探究、探索他们感兴趣的问题来要引导学生，使其进入最佳的学习状态。

（五）实现阶段

这个阶段主要是把学习状态与导入目标统一、整合起来，使其表现为四种主要状态，即需求集中状态、思维活跃状态、参与主动状态和乐于求知状态。但并不是四种状态非并存不可，只要其中一种状态有整体性的表现，就表明导入进入了实现阶段。

第二节　导入技能的运用

一、导入技能的作用

1. 揭示课题和体现教学意图的导向作用

导入如同路标，可以引导学生将思维、注意力以及已经有的生活知识和经验转移到课堂教学的新内容之中。在教学上，将学生的思维引入一个新的知识境界，启迪学生去思维、去设想，能引导学生沿着教师所指引的方向逐步深入。学生有了明确的知识方向，教师就可有效揭示课题，体现教师的教学意图，最终达到教学目标。

2. 引起和集中学生思维的凝聚作用

中学生每天都要学习多门功课，脑海中常会萦绕各种各样的问题，兴奋点很多，又由于他们具有活泼好动的天性，他们的思想往往在课间未能平静下来，会带入下堂课，因此，新颖、别致、形象的导入可以及时将学生的注意力集中到课堂上，指向教学内容，从而有利于课堂教学活动的开展。

3. 沟通感情和创设学习情境的置信作用

置信作用是指消除学生对新课、新学业的惧怕、怀疑心理，使学生对新课、对教师产生亲切感、友好感和信任感。有效的课堂导入能够增强新课的趣味性，使学生产生愉悦感，使学生对老师产生信任感、尊重感、敬佩感。老师与学生的互动，不但可以使课堂教学气氛活跃，提高学习效率，而且可以拉近师生间的距离，有利于教师的持续性教学。

4. 铺设桥梁和衔接新旧知识的沟通作用

思想政治学科教学内容的逻辑性比较强，教师在讲授新课之前，可以组织学生复习已经掌握的旧的知识点，理清其中的联系，把新知识融入旧知识的框架结构之中，这样就能自然导入，学生也易于接受，并能迅速转入课堂之中。

二、思想政治学科导入技能的主要类型

思想政治学科的教学课程导入没有固定的方法与模式。在教学过程中，教师所要面对的课程内容、学生情况、教学环境等各异，因此采用的教学导入方法必然会有所不同。教师只能根据具体情况来确定导入方法。下面，对思想政治课堂中主要的导入类型进行说明。

（一）直接导入

直接导入是日常教学活动中最简单和最为常用的一种方法，是指教师通过口头讲述、讲解等手段直接阐明教学目的和要求，交代重点教学内容和程序的导入方法。直接导入可以分为衔接导入法、目的导入法。

1. 衔接导入法

衔接导入法又称复习旧知识导入，指的是教师在组织新的教学活动之前，对上一节课的知识进行复习，使学生头脑中的知识经验与当前学习内容建立联系。在此基础上导入新课，既复习了旧知识，又建立了与当前新课的联系。尤其是思想政治学科的一些原理、概念、观点的内在逻辑性强，进入新课之前，有必要先进行复习。

【案例】 高中思想政治课必修①《经济生活》教学片断"依法维护劳动者权益"的新课导入：

教师：前面几节课，我们学习了劳动的重要性与怎样实现就业的知识。那么请同学们回顾一下：

① 我们应该树立什么样的就业观？

学生回答：我们应该树立自主择业观、竞争就业观、职业平等观等各种合理就业观念，进而成功实现就业。

② 请问同学们，我们成功地实现就业后，作为劳动者，我们拥有什么权利？当被侵权时有什么维权途径吗？

这种导入方式，能让学生建立与加强新旧知识间的联系，从旧知识领域进入新知识领域的学习，此方法适用于逻辑联系比较强的知识点。

2. 目的导入法

目的导入法又称开门见山式导入法。教师在教学活动开始时，运用直接而言简意赅的语言，说明本节课将要学习的知识，具有突出中心、重点的作用，能让学生迅速把握本节课内容，了解主题，节约时间。但这种导入运用不好的话，可能造成学生反应平平、应者寥寥的不好效果。因此，设计时应该巧妙一些、幽默一点。

【案例】　高中思想政治课必修①《经济生活》教学片断"劳动和就业"的新课导入：

当前，就业难这个问题依然困惑着大学生，那么我们该怎么解决呢？为了很好地解答这个问题，下面我们来学习本节课"劳动和就业"，明白劳动与就业的重要性。

（二）创设情境导入

创设情境导入指的是教师通过形象直观的画面和生动有趣的语言为学生创设一定的情景。运用创设情境导入，能够使学生形成直观而生动的感性认识，让学生展开联想，得到身临其境的情感体验，从而引起学生的共鸣。

思想政治课的部分概念、原理等知识较难理解，需要教师特别细心地讲解。因此，需要创设与此相似或相通的情景，让学生在情景中掌握较难理解的知识。

【案例】　高中思想政治必修③《文化生活》教学片断"生活中的文化传播"，在导入新课时进行如下设计：

我国古代生活中关于文化传播的事迹数不胜数。比如在明朝，朱棣命三宝太监郑和从太仓的刘家港起锚，率领200多艘海船、2.7万多人远航西太平洋和印度洋，拜访了包括印度在内的30多个国家和地区，最远曾达非洲东部，红海、麦加，加深了明朝和南洋诸国、西亚、南亚等的联系。

郑和下西洋是中国古代规模最大、时间最久的海上航行，比欧洲多个国家航海时间早几十年，是明朝强盛的直接体现。郑和的航行之举远超后来的葡萄牙、西班牙等国的航海家，如麦哲伦、哥伦布、达伽玛等人，堪称"大航海时代"的先驱。

虽然现代人对郑和下西洋的目的有不同的猜测，但不可否认的是，他为中华文化的传播与交流作出了巨大贡献。下面我们就一起来学习关于文化传播的有关内容。

（三）趣味导入

趣味导入是根据学生的心理特征，选择有趣的事或学生喜闻乐见的形式来导入新课，其作用是吸引学生的注意力，激发学生的兴趣，使学生产生良好的情绪。

导入要体现趣味性，应该做到以下几点：语言幽默风趣，方式新颖，故事吸引人，并且教师应该投入自己的情感。

【案例】　初中《思想品德》八年级上"谁言寸草心，报得三春晖"：

教师：同学们，大家有谁会背诵《游子吟》？请起来为我们背诵一下。

学生：慈母手中线，游子身上衣。临行密密缝，意恐迟迟归。谁言寸草心，报得三春晖。

教师：好，这位学生朗诵得很好。父母之爱，常伴我们。那么，老师很想知道你们的爸爸妈妈为你们做的让你们感动的事情。有谁愿意起来和大家分享一下吗？

学生：我最感动的是……

应当注意对学生的故事进行归纳总结，使其升华到一个高度，从而导入新课内容的学习。

（四）谈话导入

谈话导入，要求教师采用与学生谈话、交流的方式，结合学生的实际情况，引导学生在自己已有的知识和经验基础上，进行积极的反思与讨论，从而得出结论，获得新知识。教师在运用谈话导入时，要注意及时观察学生的反应，进行巧妙引导，从而达到自己预期的效果。

【案例】 高中思想政治必修①《经济生活》，教学片断"财政及其作用"导入设计：

教师：什么是财政？

学生：……（学生回答略）

教师：是不是国企的经营收入就是国家财政？

学生：……（学生回答略）

教师：财政具有什么作用？

学生：……（学生回答略）

教师：财政是国家的收入与支出，国家财政具有促进社会公平、改善人民的生活水平、促进资源合理配置、促进国民经济平稳运行的作用。既然国家财政有那么多作用，我们就来具体了解一下。

这样的导入，有一定层次性，能让学生由浅入深、由表及里地理解知识。

（五）习题导入

教师可以通过一些练习，让学生在课前进行练习。教师在设计练习时，应该以复习旧知识为主，穿插一些新的知识，这样既能让学生复习巩固上一节课的知识，又能在练习的过程中发现自己的不足。据此，学生上课时便会集中注意力，认真听课。

【案例】 高中思想政治必修①《经济生活》，教学片断"按劳分配为主体，多种分配方式并存"的练习设计：

1. 在社会主义公有制经济中，个人生活消费品分配的基本原则是（   ）。

A. 按需分配   B. 按个体劳动成果分配

C. 按劳分配   D. 按生产要素分配

2. 我国实行"按劳分配为主体，多种分配方式并存"的原因有（   ）。

A. 由我国的所有制结构决定   B. 适应我国生产力发展水平

C. 现行经济条件决定   D. 生产要素决定

（六）典故寓言导入

洛克曾说过，教员的巨大技巧在于集中学生注意力。故事导入法的魅力正在于此。教师通过讲授一个人所不知、充满悬念而又动人心弦、内含哲理的故事导入新课，可以将学生带入神奇而曲折的故事情节中去，其思绪会随着故事的发展而变化。故事导入法能有效吸引学生的注意力，激活他们的思维。假如教师再细心一点，将故事的情节讲解得更具体、更微妙，则能最大限度地吸引学生的注意力，让他们充分发挥想象力，彻底活跃课堂气氛。

【案例】 高中思想政治必修①《经济生活》，教学片断"文化交流：做传播中华文化的使者"导入设计：

鉴真，14岁时在扬州出家。他从小刻苦好学，到中年以后便成为有学问的和尚。公元742年（唐天宝元年），他应日本僧人邀请，先后6次东渡，历尽千辛万苦，终于在754年到达日本。他留居日本 10 年，辛勤不懈地传播唐朝多方面的文化。他带去了大量书籍文物，同去的人，有懂艺术的，有懂医学的，他们也把自己的所学用于日本。鉴真根据中国唐代寺院建筑的样式，为日本精心设计了唐招提寺的方案。经过两年，唐招提寺建成了。

教师通过讲述鉴真东渡，让学生明白传播中华文化的先辈自古就有，并借此增强他们的民族自尊心和自豪感，由此引导学生进入新课的学习。

（七）图画导入

图画导入法，要求教师通过多媒体技术或挂图，展现形象生动的图画、漫画等直观材料，展示与新课有关联的素材，引发学生联想与思考，激起他们的好奇心，提高他们的学习热情。其是教师顺利导入新课的一种方法。可供老师选择的思想政治学科教学的导入图画是非常多的，但图画、漫画的选取，要坚持科学与谨慎原则，要与课程内容相关，不能盲目选择。

（八）时政新闻导入

时政新闻导入，要求教师在进行课程导入时，有目的地向学生讲授与本节课程相关的、事先准备好的时政要闻，以开拓学生的知识面，培养学生的时政敏感度。思想政治学科的教学导入，要紧跟时代步伐、与时俱进，适当地向学生宣传国家最新的方针政策，培养学生的时政敏感性，增强学生的爱国主义情怀。

【案例】　高中思想政治必修③《文化生活》，教学片断"源远流长的中华文化"导入：

近些年，国外兴起汉语热，孔子学院便是其中的推动者。据报道，自首家孔子学院 2004 年 11 月 21 日在韩国首尔成立，截至 2014 年 9 月，中国已在全球 123 国家合作开办了 465 所孔子学院和 713 个孔子课堂，成为汉语教学推广与中国文化传播的全球品牌和平台。仅仅汉语就蕴含丰富的知识，更不用说中国文化。这说明中华文明源远流长，充满魅力。今天，我们将学习新课"源远流长的中华文化"，体验中华文明。

教师通过对孔子学院的介绍，引出新的课程内容，在开课之初让学生有一种民族自豪感，让同学们以高涨的情绪进入新课学习。

（九）活动导入

活动导入，而在课堂开始时，教师组织学生开展活动，用活动体验的方式导入新课。活动导入的方式，主要有小品、歌曲、竞赛、寓言故事扮演等形式。

（十）经验、生活常识导入

经验导入即教师从学生已有的生活经验和熟悉的素材出发，采取生动有趣的提问、讲解等方式导入新课。这种导入的方式，能使学生感到亲切，容易产生情感共鸣，进而激发求知欲，引发思考。

【案例】　高中思想政治必修①《经济生活》，教学片断"股票"导入：

教师：同学们，大家知道股票吗？

学生：知道。

教师：前些天，我的一个亲戚买了股票，赚了两万块钱，他就向老师炫耀，说什么不读书也可以靠股票赚钱。姑且不论他的炫耀，我们首先要了解什么是股票，股票有什么特点。

（十一）电教导入法

运用现代化的电教设备辅助教学，既能直观、形象生动地向学生传输信息，又能最大限度地引起学生的兴趣，激发学生的学习热情。现代科学技术发展迅速，教育器材的更新换代在不断进行中，越来越多的先进设备被投入使用，这为使用现代技术改善教学提供了物质条件。

运用投影仪、多媒体既能节约时间，又有动态图像，能吸引学生关注。投影仪、多媒体作为当今运用较广泛的媒体技术，已经成为教学的重要辅助手段，它们的巧妙运用，能使整节课变得更好。但过度运用电教手段，就会造成教学的混乱，这是应该注意的问题。

（十二）剖析关键词导入

这是通过对教学内容中的关键词（组）进行剖析进入新课的方法。教师可以在课前对将要进行的课程内容进行梳理，寻找关键词，进而构思怎样利用该词（组）引导学生完成对其的理解，从而顺利展开新课。

思想政治学科的大部分课程内容，可以用关键词（组）概括。利用关键词（组）导入，能让学生迅速掌握教学内容主要观点。

（十三）激疑导入

这种方法是根据学生的心理特点和新旧知识的内在联系，教师提出富有挑战性的问题使学生顿生疑虑，引起学生回忆、联想、思考，从而产生学习和探索欲望的方法。激疑导入的形式灵活，可以由老师构思进而提问，也可以由学生们提问。

（十四）悬念导入

悬念导入又称问题导入法，即在教学中，设置带有悬念性的问题，引发学生思考，激起学生的好奇心与学习热情。美国心理学家布鲁纳提出，"思维永远是从问题开始的"。教育心理学家也认为，设置悬疑能开发学生的想象力和思维能力。

悬疑导入，应该考虑学生的实际情况，不能太超前、太难，否则就不会产生很好的效果。所以，悬疑问题的设置应该坚持适度原则，应符合学生的身心发展规律及心理承受能力。另外，悬念导入与激疑导入没有较大区别，在一定意义上可以通用。但悬念导入方法是导而不解，最后才与学生在教学过程中一起解决问题；而激疑导入是导而有解，大部分问题需要及时解决。

【案例】 高中思想政治必修①《经济生活》，教学片断"公司类型"导入：

教师：在日常生活中，大家会不会经常听到某某股份有限公司、某某有限责任公司，还有一些股东大会、董事会等称谓？那么请问同学们，股份有限公司与有限责任公司有什么异同呢？股东大会与董事会是什么呢？带着这些问题，我们进入今天的学习，老师将引导大家一一揭开其神秘面纱。

三、课堂导入的基本要求

课堂导入，又叫做"开讲"，它在课堂教学中是新课的导言，是新课的开端。好的导入能营造融和的课堂教学氛围，吸引学生的注意力，激发学生的学习热情和求知欲，也是提高一节课教学效率和教学质量、优化学习过程的关键因素。思想政治学科的导入一般来说有以下要求。

1. 短而精

导入是新旧知识的联结点，也是上好一节课的前奏，它是为新课程知识内容的传授而服务的。导入要短而精，表现在要控制好导入的时间、导入的难易程度。

导入所花费的时间不应过长，否则容易分散学生的注意力和降低学生的学习兴趣，导致其失去耐心。

导入的内容不宜过易或者过难，太容易了，学生会认为属于"小儿科"，对教师的导入不感兴趣，不会过多地关注，更不会主动参与；过难则会打击学生的自信心，挫伤他们的积极性，调动不了他们的积极情绪。

教师要根据教学实际，灵活运用多种模式，明确目标，直奔主题，使学生快速进入角色，争取在最短的时间内最大限度地提高导入的效率。

2. 趣而美

新课程的导入不仅要短小精悍、简洁明快，而且要有趣味性和美感。一般来说，由于受传统师生地位的影响，学生对老师往往有敬畏的感觉。适当的风趣幽默有利于缓解学生的紧张和不安情绪，拉近师生间的距离，还可以创造一种轻松适宜的学习环境。

美是人人向往的，学生也不例外。思想政治学科教学成功的艺术就在于使学生感觉到并相信真、善、美，导入的创设要给学生以美的感受。

3. 新而异

导入要新颖奇异，一开始就给学生带来新鲜感和神秘感，吸引他们的注意力，从而激发学生内在的好奇心和探究欲。

学生通常对众所周知、耳熟能详的东西不太感兴趣，反而易被悬而未解、扑朔迷离的现象所吸引。教师如果在导入时利用一些新颖奇特的、符合教学内容的方式导入，同样能提高学生的学习积极性。

导入方式应该多样化，要敢于求异。如果教师反复运用一种教学导入模式，容易使课堂陷入呆板和停滞，教学效果也会大打折扣。

4. 巧而智

导入要巧妙设计、利于心智的开发。平淡无奇、庸俗泛化的课程导入设计不仅不能吸引学生的注意力，反而会使学生感到味同嚼蜡。而精心巧妙设计的课堂导入，能从各种角度开发学生的智力和激发学生的思维，能够让学生举一反三、触类旁通，从而在头脑中形成一个知识的"网络"。

思政专业师范生的导入技能需要经过训练，在训练过程中要注意表 7-1 思想政治（品德）

课导入技能评价记录表中所涉及的各项内容与要求。

表 7-1　思想政治（品德）课导入技能评价记录表

序号	评价指标	评价等级			权重	得分
		好	中	差		
1	目的明确，紧扣主题				10	
2	激发兴趣，启迪思维				10	
3	选材新颖，内容具体				10	
4	衔接自然，方法新异				10	
5	语言精练，时间恰当				10	
6	情感充沛，心理融洽				10	
7	面向全体，自然入题				10	
8	引导注意，激发认知需要				10	
9	导入能集中学生的注意力				10	
10	适合学生的年龄、知识结构、认知水平				10	
	合计				100	

第八章 思想政治学科举例技能

第一节 举例技能概述

一、举例技能的概念

举例技能就是教师对于自己将要传授给学生的知识，运用精选的范例来说明，解释复杂的、抽象的原理或事件，通过所举的例子激发学生的学习兴趣，使学生掌握知识，并提高学生分析和解决问题的能力，培养学生正确的情感态度和价值观。

思想政治（品德）课举例是以学生为主体，凭借具有潜在价值的事例来引导学生进入探索和反思的学习过程。通过对典型事例的判定、分析和研究，阐明某一问题、规律、原理或观点，使学生掌握所学知识。

二、举例技能的特点

思想政治（品德）课的教学举例具有很强的艺术性。恰到好处的事例，能帮助学生强化记忆、启迪思维、发展能力和陶冶情操。了解举例的特点，对于掌握举例技能、提高举例技能效果，具有很大的促进作用。

（一）目的性

举例是实现预期教学目标的手段，是有一定针对性的教学行为。思想政治（品德）课的教学要追求实现三维教学目标——知识目标、能力目标、情感态度和价值观目标，举例要为实现教学三维目标服务。

举例教学有利于将知识目标具体化、条理化，由浅入深，激发学生学习的动机；能提高学生思考问题、分析问题和解决问题的能力；还能升华学生的情感态度和价值观。

（二）德育性

德育是思想政治（品德）课程的核心与灵魂，思想政治（品德）课不仅要传授知识，还要让学生获得思想上的教育。举例必须增强德育教育的针对性和实效性，要从事例中体现出思想政治教育，促使学生形成正确的世界观、人生观和价值观，为其终身发展奠定思想政治素质基础。教师在课堂上举例时要注重例子的思想教育意义，不能放弃德育性要求，切忌低级庸俗。

【案例】 高中思想政治课④《生活与哲学》教案片段"人的价值"。

在讲解"人的价值"这一课时，某教师引用了苏联作家奥斯特洛夫斯基在《钢铁是怎么炼成的》中的一句名言："人最宝贵的是生命，生命对每个来说只有一次。人的一生应当这样度过：回首往事，他不会因为虚度年华而悔恨，也不会因碌碌无为而羞愧。这样，在临死的时候，他就能够说：我的生命和全部精力，都献给了最壮丽的事业——为人类的解放而斗争。"

此例让学生懂得了这部著作对几代青年成长的深远影响，也让学生懂得树立正确的世界观、人生观和价值观的重要性。

老师可以组织学生以小组的形式谈谈如何评价一个人的价值，在讨论过程中提出以下有指引性的问题：

（1）是不是只要不虚度、不碌碌无为就可以活出人生的价值了？

（2）列举自己所欣赏的一个人（或对自己影响比较大的一个人），并评价他的人生价值。

在总结阶段，老师还可以用发生在学生身边的励志例子，对学生的思想觉悟进一步升华。让学生明白，每一个人，哪怕再平凡，即使做不出惊天动地的业绩，但他对家庭、对身边的人做了有意义的、为人们所需要的事情，也一样可以让自己的人生变得更有价值。

要做到这一点，教师需要多开发与利用学生身边的教学资源，可采用生活中的例子，让中学生明白一个平凡的人同样可以做出不平凡的事。人的一生不应该只为自己活着，要为亲人活着，更要为社会上的每一个人活着。

在这堂课里，学生在老师的引导下，最终能明白人生价值不能只从自己的角度来看，还要从社会、集体、国家、人类的角度衡量，从而培育学生的人生观、世界观和价值观。

【案例】 高中思想政治必修①《经济生活》教案片段"消费类型"。

在讲到"消费类型"这一内容时，教师让学生以小组合作的方式列举并判断自己和周围人的消费行为类型。

同学纷纷举例，如平时去商店买货物、去饭店吃饭等这些属于钱货两清的消费类型，贷款购房、买车属于贷款消费，去书店花钱借书、果农租山地种植果树等属于租赁消费。

在学生举例的基础上，教师因势归纳，指出消费不同类型的特点，进一步提出要坚持正确的消费观等要求，从而促使学生反思自己的消费行为，引导学生学会有计划、合理地花钱，提升自己的消费自制能力，树立正确的消费观。

（三）技巧性

这里讲的技巧性主要是指举例要有精巧性与多用性。

（1）精巧性。思想政治（品德）教学举例的精巧性强调所举例子必须是精确、典型和适当的。

首先，所举例子的内容要短小精悍、言简意赅，不需要长篇大论。一例多意时，不能冲淡主题。

其次，教师在教学过程中讲述、描述的例子要经过巧妙的设计，要条理清楚、逻辑严密，切忌东拉西扯，要直奔主题。

（2）多用性。思想政治（品德）教学举例的多用性要求一个例子能说明问题的多个方面，揭示事物的多种现象。这一要求与精巧性要求不同，它要求教师在教学过程中能一例多用。为了达到一例多用，教师可以对例子进行合理的开发和利用。但开发与利用要合乎常理，经过开发的例子会更有针对性，更好地为教学目的服务。

但一例多用甚至一例到底，对教师的要求很高，需要教师做大量的教学准备工作。所以，用起来需要一定的技巧。教师可以根据具体情况来确定一例是用在一时、一处还是用在多时、多处。

（四）客观性

在思想政治（品德）课堂教学中，举例必须尊重客观事实，具有科学依据，力求真实准确。思想政治课是一门特殊的课程，是一门追求和探索真理的学科，必须保证举例的客观性。

客观性要求一切从实际出发的，课堂举出的例子不论是何事、何物、何人，都必须是真实的或合乎逻辑的，这样的例子才具有说服力，更容易让学生接受和理解教学内容。尤其是发生在学生的身边、属于当地社会圈之内的例子，其教育意义与价值就更大。

如果举例不严肃，把道听途说的事或胡编乱造的东西当例子来举，不仅不能达成教学目的，反而会产生消极的影响，降低思想政治学科在学生心目中的地位。

因此，教师在教学中所举的事例，不可凭空想象，也不能随意歪曲事实的真相，无论是正例还是反例，都要求是客观事实。尤其是在利用网络上的案例时，一定要做真伪鉴别，否则不要轻易采用。

【案例】　高中思想政治必修①《经济生活》教案片段"财政的收入与支出"。

讲到"税收是国家筹集财政收入最普遍的、最稳定可靠的来源，是财政收入的重要来源"这一知识点时，列举 2014 年 1～12 月的累计数据，全国一般公共财政收入约 14 万亿元，税收收入约 12 万亿元，约占 86%。用实际的数据呈现，不仅真实直观，而且具有说服力。

（五）生活性

根据思想政治（品德）课程标准所规定的生活化基本理念的要求，教学中的举例要符合"三贴近"原则（贴近学生、生活、实际），以学生的生活作为课程教学的基础。

思想政治（品德）课教学举例的生活性原则，就是要求举例要围绕学生的生活体验，切忌脱离学生实际。这体现了教学要回归生活的教学理念。教学内容的讲授要生活化，举例要利用好学生的生活经验与体验。举例生活化有两种情况：一是空间上的生活化；二是时间上的生活化。所采用的事例在时间与空间上不能舍近求远，坚持能近就不要远的原则。

空间上的贴近，即发生在学生身边，以学生为圆心，半径越短越好。课堂举例尽量从学生中或其周边选取，尽量接近学生的生活，距离学生熟悉的环境、地方近一些，使学生觉得有贴近感。如果没有适合以上条件的例子，则要坚持从学生的实际情况出发，立足于学生的现实生活经验，着眼于学生的全面发展需要，有针对性地进行举例。

时间上的贴近是指所举的事例离课堂教学的时间越近越好。要在时间上接近现在，这样的例子有时效性，学生听起来有现实感。不要放弃新的而采用久远的事例，应紧跟时代发展的步伐，紧跟形势。如果不能找到合乎时间要求的现实例子，则要尽量选择学生能接受的、容易理解的例子。

【案例】 高中思想政治必修①《经济生活》教学片断"全球化的影响"。

教师可以围绕学生在大街上随处可见的外国品牌的汽车，还有家庭使用的国产冰箱、空调等进行举例，深挖这些商品的背景资源，如生产这些商品的大企业的全球定位战略、生产各环节的全球加工、商品销售过程中的贸易纠纷、联网信息安全等。这些商品与服务影响到学生的生活与生活质量，透过这些商品与服务来讲述全球化的影响，很贴近学生的生活，也能成功地引导学生透过现象看本质。

根据学生的生活体验，举出能够吸引学生兴趣、引导他们的学习、完成教学目标和教学任务的生活化例子，比举离学生比较远或时间比较久远的例子要好。久远的例子，尽管典型，但如果学生难以对事例所要表达的主题产生共鸣，也难以取得好的课堂效果。

（六）启发性

举例的启发性是与迁移性相统一的。启发性就是教师在课堂举例时，要以学生为主体，从他们的学习出发，引导他们充分发挥主动性，锻炼和培养他们独立思考、积极探索的能力，指导学生学会全面看问题。迁移性则要求学生对所学的知识能举一反三。

在思想政治（品德）课堂教学中要选择具有启发性的案例，启发学生对所要学习的知识点的思考。用疑难性的案例激发学生的挑战欲望，调动学生的积极性和主动性，引导学生不断用所学的知识分析新问题，达到举一反三的目的。

【案例】 高中思想政治必修④《生活与哲学》"要用发展的观点看问题"教学片段。

首先把三国时期"孙权劝学"的故事在课堂上作介绍，提出"士别三日，当刮目相看"的结论；然后让学生思考："士别三日，当刮目相看"体现了什么哲学原理？要求我们用什么观点看问题？

用例子引出事物是不断变化发展的，要用发展的观点看问题。事物不是静止不变的，不能用老眼光、老观点看待同一事物。得出这个结论后，引导学生对结论进行迁移，让学生举生活中所观察到的"士别三日，当刮目相看"的例子。

突出原理对学生自我的启发性，强调看到事物的表象还不够，还要看到事物的本质，这样才能寻到事物发展的规律。鼓励学生要把这一结论用到自己身上，相信自己的努力会换来可喜的变化，争取每天都有进步，最终会让别人对自己也刮目相看。

（七）时代性

思想政治（品德）课是一门富有时代感的学科，具有时代性和前瞻性。如果脱离了时代，就会使思想政治（品德）课堂缺乏生机。思想政治（品德）课堂教学所选择的事例要具有鲜明的时代气息，要反映社会热点，让学生能正确地认识时代发展中的新情况，解决新问题。

【案例】　高中思想政治必修④《生活与哲学》中"和平与发展：时代的主题"教学片段。

要善于收集我国在不同时期、不同国际环境下处理与周边国家的领土、领海纠纷的应对策略，主要以外交部的发言为基础来收集资料。教师可以把钓鱼岛争端、南海问题引入课堂，突出我国作为后发国家和平崛起的发展战略。

每年我国举行的"两会"也是我们掌握党和国家政策变动的绝好时机，每一次"两会"所传达出来的新信息，都是思想政治（品德）课新的课程教学资源。

（八）知识性

思想政治学科是一门兼具智育性质的德育课程，有其独特的学科知识内容。教师在应用举例技能时，所举案例要能为一定的知识观点服务，案例本身也应该包含知识内涵。不能为举例而举例，要尽量使所举的例子既可以加深学生对知识的理解、强化学生对知识的记忆，又可以启发学生的思维，拓宽视野。

（九）典型性

所谓典型性，是指在思想政治（品德）课教学中所选择的案例必须主题鲜明、含义明确，具有代表性，最能反映事物的本质，符合教材的内容和学生的实际情况。

教学中的举例需围绕要解决的问题或体现某个观念、问题、知识点等，并不是盲目地举例。同时，选取的例子要是典型事例，既可以有效地、准确地说明和论证教师所要讲授的理论知识要点，又可以完成预期设定的教学目标。

选择非典型的案例实施教学，很难有效、准确地论证所要讲授的知识点，还有可能会偏离教学目标。因此，选择具有典型性的案例在课堂教学中尤为重要。

【案例】　高中思想政治必修④《生活与哲学》"内因与外因相结合"教学片段。

教师可以先讲解"孟母三迁"的故事，让学生思考孟母为什么要三迁？引导学生得出环境因素的重要性。针对孟母的做法，让学生发表自己的见解。孟子的母亲看到了学习环境的重要性，却忽视了孟子是否一心向学这一内因的决定性作用。

最后引导学生得出结论：事物的发展是内外因共同起作用的结果。

让学生结合自己的实际情况，谈谈怎样利用当前的有利因素，化解其他不利因素，使学生在分析理论的过程中受到教育，明白再好的条件也只是外因，能否成才关键看内因。

【案例】　高中思想政治课必修①《经济生活》"财政及其作用"教学片断。

（1）现在的农村家家户户都可以办理农村合作医疗保险，城镇也有城镇医疗保险，政府拨发大量的财政补贴，推进医疗保险。

（2）国家大力研发的卫星、载人航天飞船。

（3）2008年汶川地震时国家即刻发放大量的生活用品，在灾后重建提供财力支持。

通过这三个方面的典型事例阐明财政取之于民、用之于民的道理，并发挥积极的作用。让学生更容易理解并记住知识内容，也能使学生深入理解守法纳税的必要性，认同我国的税收政策。

（十）结合性

举例是为教学服务的，目的是为学生理解并应用知识。举例的结合性就是将所选取的事例与教学所要阐明的理论知识紧密地联系在一起。

教师所提出的事例必须有明确的中心，表达的内容要条理清晰，在讲述事例之后要分析、归纳、总结、评说，引导学生思考，让学生明白老师为什么要举例、例子是为什么知识要点服务的，从而理解掌握知识。

如果教师为了吸引学生的注意力，将举例的重点放在讲述事例材料上，而忘了事例所要阐明的理论要点，没有分析归纳和总结知识要点，知识目标就没办法达成，就等于丢了西瓜捡芝麻。

【案例】 思想政治课①《经济生活》"企业兼并和破产是提高企业经济效益的有效措施"教学片断。

教师选用了以下材料：2010年8月，吉利控股集团正式完成对福特汽车公司旗下沃尔沃轿车公司的全部股权收购，不少专家认为吉利收购沃尔沃是吉利企业新的一个起点，吉利集团也由此向全球化迈出了重要的一步。

此举例与所要说明的主题：企业兼并是提高企业经济效益的有效措施高度相关，教师只要对案例进行后期材料的跟踪，就能引导学生理解与掌握兼并的巨大经济作用。

（十一）情趣性

所谓情趣，就是使人愉快，使人感到有意思、有感情、有吸引力的特性。它和快乐、和谐总是联系在一起的。

举例要有情趣性就是所举例子要富有感情，要含有一定的乐趣，让学生觉得幽默、诙谐、生动、活泼，在吸引学生注意力的同时能让学生乐意投入课堂学习中。

教师在举例时要以情感为依托，根据学生的真实生活体验，让学生的学习过程达到认知与情意的和谐统一；要注意语言的抑扬顿挫，循循诱导，巧设悬念；要充分发挥和挖掘有关的情趣资料，赋予课堂教学艺术感；使学生从接受知识向追求知识，再由追求知识向享受学习转变。

【案例】 思想政治课必修④《生活与哲学》"唯心主义"教学片断。

在教师讲到"唯心主义"这一个内容时，先讲述寓言故事"守株待兔"的故事。说明故事中的主人公认为一只兔子会撞死在树上，那么就会有别的兔子也会如此，只要待在树旁就有兔子可捡，他的唯心主义思想完全脱离实际。

如此引导学生进一步了解什么是唯心主义，由有一定情趣的"守株待兔"典故出发，引出学习主题，能激发学生的学习兴趣。

在讲"一切从实际出发，实事求是"这个观点时，教师也可以让学生讲述"画蛇添足"的成语典故，引导学生明白一切都要从实际出发，不要胡乱改造，或者篡改事实，不然到最后可能得不偿失。同学们形象生动的情趣故事讲述，既可以活跃课堂氛围，又能加强对知识的理解与认识。

第二节　举例技能的运用

举例技能在中学思想政治（品德）课中的运用较为广泛，使用举例技能进行教学能够引导学生进一步思考，并能让学生运用所学观点和方法，分析问题和解决问题。

一、举例技能的作用

在教学活动中，恰到好处的举例能起到启迪思维、帮助理解、突破难点、活跃气氛等作用。

1. 有利于理解教学内容

中学阶段的学生还处于形象思维向抽象思维和逻辑思维过渡的发展时期，这一特点决定了教师在教学过程中有必要向学生提供一定的直观、形象的事例来帮助学生理解教材。

思想政治（品德）课程尤其是高中思想政治课程的内容所涉及的概念、规律、原理很多，课堂教学的开展有一定的难度，既要求学生熟记书本的知识概念，又要求学生理解这些原理、知识、概念，最好的方法就是运用举例技能。根据课程内容的需要，举与学生生活息息相关的例子，可以帮助学生更好地理解知识。

2. 有利于调动学生的学习兴趣

恰当的举例有利于调动学生的学习兴趣，使其积极参与到课堂活动中来。每个学生都有不同的生活经验，对某一事物、某一现象也都会有不同的看法。教师如果能举有多重思考价值的例子，就能激发学生的学习兴趣，使其参与到教学活动中来。

【案例】　生活购物中索要发票的影响及其意义。

这一现象就发生学生的身边，大家也都有亲身经历。但绝大多数的学生不理解索要发票背后所隐藏的秘密。在学习依法纳税是公民的基本义务之后，老师可以通过购物该不该索要发票这一生活现象（案例），引导学生进行讨论。由于这一讨论主题贴近学生的生活，学生的参与兴趣是比较高的。只要教师进行适当的引导，通过议论及总结，就能达到加深学生对教学内容的理解。

3. 有利于降低学习的难度，提高记忆的效果

由于恰当、典型的实例大都具有生动形象的特点，不仅容易引起学生的学习兴趣，而且有利于深化学生对知识的理解和记忆。因此，在教学中适当举例能使学生的学习变得轻松愉快，能减轻学生的学习压力，降低学习的难度。

二、举例应注意的问题

1. 举例要具有形象性，注重时效性

举例具有形象性并注重实效性，有利于学生对教学内容的把握，有利于教师传授知识和

学生吸收知识。

举例技能的运用是为了便于学生了解教学内容，所举的例子必须具有一定的形象性。学生在思考问题时，常常借助具体、直观的感性材料对问题进行分析和理解。根据这一特点，教师在思想政治学科教学的过程中，对于难以理解的概念、原理或观点，有必要精选案例，结合形象生动、直观易懂的生活实例进行分析探讨，帮助学生理清思路，正确理解概念和原理。

思想政治课具有时代性和前瞻性。经济和科技日新月异，社会发展迅猛，网络信息海量便捷，这些为思想政治课的教学提供了生动而丰富的案例。教师要拥有一双善于发现的眼睛，能够根据教学的需要从社会生活当中选取典型例子并应用到课堂教学中。

【案例】 高中思想政治必修①《经济生活》"财政及其作用"教学片断。

要认识财政到底有哪些方面的作用，如果只根据课本提供的文字来理解，只能简单地知道财政的三大作用：促进社会公平、改善人民的生活水平；促进资源的合理配置；促进国民经济平稳运行。

但是课本中并没有对这些作用进行分析和举例说明，所以学生对于财政作用的认识停留在结论性认识上。由于没有具体的理解，学生对这些作用的印象也不会太深刻。因此，教师可以采用举例的方式解释财政作用的具体表现，帮助学生理解相关内容。

首先，对于财政的第一个作用——促进社会公平、改善人民的生活水平，可以选用九年制义务教育对教育公平的促进作用来分析。全国各地中小学（九年），都享受着义务教育这一国家政策，那么，这么多的钱到底是怎么来的？谁来承担？由此引出财政在教育支出上的数额进行解答。由于学生对于义务教育这一事例有一定的了解，其对于学生了解财政在促进社会公平上的作用有帮助。对于财政改善人民生活水平，可以采用城镇医疗保险和农业补贴等生活事例进行分析，也会收到事半功倍的效果。

讲解国家财政在促进资源合理配置的作用时，可以通过国家近年来的重要工程项目：南水北调、西气东输、西电东送以及西部大开发等事件进行分析说明，这样能更好地让学生了解财政对于浩大工程的投资建设作用，进而指出其合理配置资源的重要作用。

总之，在举例教学中，所举的案例必须将形象性和实效性相结合，将学生的学习特点和时代特征相结合，将理论和实际相结合。

2. 举例要具有针对性，注重趣味性

在教学活动中，为了让学生较好地理解知识和原理，还要使学生在教学过程中积极主动地进行学习，形成和谐愉快的教学氛围。思想政治教学所举案例不仅要具有针对性，还要具有一定的趣味性，以激发学生的学习兴趣。

教师在举例时，要符合学生的认知特点、理解能力、年龄特征等方面的实际。

举例应力求做到生动有趣，吸引学生注意力，能把学生带进案例情境中，使其参与到教学活动中，进行思考和判断分析，形成自己的观点和看法。若教师选用的例证没有新颖性和趣味性，学生听课时容易产生厌倦心理，注意力难以集中。

【案例】 思想政治必修①《经济生活》"依法纳税是公民的基本义务"教学片断。

为了让学生体会纳税的过程，明白其义务，可以举生活中与征税纳税有关的事例：校园中商店经营所交的营业税；通过分析购物时索要发票有利于国家征收税收等例子，进而分析税收的特点及其现象，让学生进行讨论，教育学生学会做一名依法纳税的良好公民。

3. 举例要具有情感性，注重启发性

教学过程中除了传授知识给学生之外，还要兼顾学生的情感态度和价值观的养成。而情感态度和价值观的养成一般要经过知、情、信、意、行的要素转化。其中，情是指学生的情感态度。思想政治学科教学要解决知与信、信与行的矛盾，就要解决学生的情感态度问题。情感上不认同，就算知道了，也没办法转化为个人的信仰，也就没办法内化，更谈不上行。

教师在案例选择时一定要考虑到学生的情感认同问题，案例本身应该具备情感熏陶功能。把要传授给学生的知识内容融入具有感情熏陶的案例之中，通过实例将知识内容传达给学生，引起学生感情上的共鸣，有利于学生理解知识，形成自己的情感体验。同时，案例所包含的情感因素要容易挖掘出来，便于学生了解。

首先，案例要积极向上、健康、正确，能激发学生的上进心等。

其次，有利于学生从案例的情感体验上升到理论认识，再从理论认识转移到生活实践中去。

最后，教师在案例的讲述过程中，要能把案例本身的感情因素进行强化，利用讲演式教学方法，通过富有感情的语言，打动学生，深化对知识的理解，也让学生的情感在学习中得到升华。

举例要有情感性，同时也要注重启发性。举例具有启发性，是指所举的事例寓意深刻，使人有所领悟。教师在知识的传授过程中，要注意对学生进行有力的引导和启发。案例的选择要有一定的启发意义，能达到举一反三的目的。案例既要能帮助学生学习理论知识，又要能引导学生进行知识迁移，有迁移的价值。

【案例】 高中思想政治必修①《经济生活》"树立正确的消费观"教学片断。

教师列举同学身边的事情：

某位家境并不好的学生生日了，她为了把自己的生日过得精彩些，就向家里要了 1 000 块钱，和好朋友在宿舍搞生日派对。她买了一个 300 多元的生日蛋糕，买了 300 多元的零食，买了 100 多元的礼品，买了 100 多元的装饰品，剩余的钱买了酒，大家一起庆祝。

然后提出问题：

这位学生的消费观属于什么类型？

如何评价这位初中学生的生日消费行为？

我们应该树立什么样的消费观念？

这一案例有助于学生分析消费行为，明辨正确与错误的消费观；案例也能从情感上引起学生对正确消费观的认同，进而内化为自己的消费观念，迁移到自己的消费行为选择上。

4. 举例要具有目的性，注重科学性

不管举什么例子，都要有利于教学目标的达成。

（1）举例的目的性要强。

① 举例要围绕教学内容。首先，教师对案例的选择需要精挑细选，充分考虑案例能不能很好达到自己所预设的目的。

其次，过多的举例会干扰教学目标的实现。为了更好地实现教学目标，教师需要利用例子，但例子的选用要精简恰当，不能滥、多、乱。举例忌堆砌大量不恰当的事例，追求表面上的多角度、多方位、多层次论证。过多的例子，一方面容易淹没主要的教学内容，无法让学生精准理解教学目标；另一方面也浪费宝贵的教学时间。课堂教学目标是多维的，举一堆

例子来论证同一教学目标，看起来很好，其实是无意义的重复，浪费时间和精力，影响其他教学目标的实现，对完成课堂教学的其他任务也无益。

②举例要有说服力。首先，举例不能纯粹为了满足学生的好奇心，片面追求新、奇、乐。新、奇的例子由于没有经过多角度的论证，也没有经过时间的沉淀，可以解决已经出现的问题，但对今后可能出现的问题却不一定能起到指导作用，容易引起学生思维上的混乱。运用经典例子，却很有说服力。经典例子可以经得起历史和现实的推敲，历久弥新。所以，运用新、奇、乐的例子时要注意它的生命力，要追求达到与经典例子一样的教学效果。

其次，运用案例分析问题时，不能为了讲案例而讲案例，案例不是为了哗众取宠，也不是为了满足一时的氛围需求，而要服务于一定的教学目的。

（2）举例要注重科学性。举例除了具有目的性之外，还需要注重科学性。所举的例子不是道听途说、生编硬造的，必须符合客观实际，有正确的价值导向，有严密的逻辑思维，这样才有助于学生通过案例掌握正确的教学思路，正确理解知识内容。如果案例无法满足科学性要求，把没有任何根据的东西当作例子来举，则不仅不能提高教学质量，而且还会使学生对教师产生不信任感。

第九章　思想政治学科结尾技能

第一节　结尾技能概述

一、结尾技能的含义

在思想政治学科教学过程中，新颖别致的开头往往能够引人入胜，激发学生的学习兴趣。而结尾，如果能够做到精心设计、恰到好处、耐人寻味的话，就能平添"言虽尽而意无穷"的魅力，提高课堂教学效率。思想政治课的结尾同其他教学环节一样不容忽视，应该精心设计、独具匠心。

结尾技能是指教师在一节课或者一个教学任务结束时所进行的有目的、有计划、有组织的总结和归纳，借此强化学生对所学知识和技能的巩固和运用，并纳入学生原有的知识结构中，促使学生形成完整的、新的知识结构，为以后的教学做好铺垫和过渡的一种教学技能。

一般结束要经过简单回忆、新旧知识巩固应用、深化拓展这三个阶段。简单回顾，即对整个教学内容简单回顾、整理思路，指出重难点，进一步说明、深化。新旧知识的联系和巩固，即将所学的新知识和旧知识进行联系，并应用到新情境中，去解决新问题，在应用中巩固。深化拓展，即开拓学生的思维或把前后知识连贯起来，生成新的知识体系，并进行适当的拓展和延伸。

二、思想政治课堂教学技能的作用

结尾作为课堂教学不可或缺的重要环节，需要引起重视。一个精彩的结尾不仅能巩固和延伸学习效果，还能激活学生的思维。课堂结尾若组织得好，则能达到"课断思不断，语断意未停"的境界。

（一）形成知识网络

运用结尾技能对一节课或一单元所学的知识进行系统梳理，可以帮助学生形成知识框架结构，对新旧知识有更系统的认识。

学生的知识结构是在教学过程中逐渐形成的，但在这一形成过程中，学生依靠自己的力量很难形成完善的、系统的知识结构。因此，当一阶段学习结束后，教师应帮助学生对所学知识进行归纳总结，帮助学生形成一个完整的知识结构。

（二）承前启后

课堂教学不是一个简单孤立的过程，既要在课堂开始时联系以前所学的相关内容，完成对新课的导入，又要求教师注意课堂结尾的设计，在结束一节课的教学内容时，为下一节课新的教学内容做铺垫。

承上，是强调任何新知识都建立在一定的知识基础之上，需要一定的旧知识或知识结构做支撑；新知识的学习也需要一定的方法，要求学生掌握一定的学习方法；新知识的学习还要求学生有一定的学习能力，如观察能力、分析能力、理解能力等。这些构成了思想政治学科教学中的承前事项与内容。

启后，强调对所学新知识的迁移。比较好的方法就是教师在巩固本节课的内容时，提出新的问题，引起学生对将要学习的新的知识内容的兴趣。或者在一堂课结束时，让学生在巩固当堂知识的基础上思考一些有难度的问题。要解决这些问题，仅仅依靠当堂课所学的知识是不够的，还必须激发学生对新知识的求知欲望。解决问题的过程，不仅是学生归纳整理所学的知识的过程，也是培养学生独立思考能力的过程。

（三）促进学生智能的发展

有效的结尾，能够指导学生自我总结并找出解决问题的方法，促进学生智能的不断发展。教师在教学结束时，通过埋下伏笔，设置悬念，可以引导学生不断思考，提出解决问题的方案，或找到解决问题的方法。

（四）陶冶学生的个性和品德

有效的思想政治课结尾，可以使学生领悟所学内容的主题，做到知识、能力、情感态度和价值观的统一，并使这些认识、体验内化为指导学生思想、行为的准则。在课堂结束时，教师可通过简要的总结或揭示本质的概括，使学生达到知、情、信、行的协调统一，实现对学生进行个性陶冶、品德培养的目的。

（五）检测与反馈学习效果

运用结尾技能可以及时检测与反馈教学的各种信息。完成教学任务后，通过教学效果检查，可以引导学生自我检验学习效果和自我反思，了解学生对所学知识的掌握程度，以及存在哪些缺漏，以便及时进行弥补；可以促使学生将所学知识转化为内在的知识品质。同时，结尾的教学效果检查，也能为提高教师的教学水平提供重要的反馈信息。

第二节　结尾技能的运用

一、结尾的类型

思想政治学科的教学结尾按照不同的标准可以划分为不同的类型。

（一）按教学内容的容量

按照教学知识容量的大小，可分为一堂课结尾、一单元结尾和一学期的结尾。

1. 一堂课的教学结尾

一堂课的教学时间是有限的，而结尾的时间大概只有几分钟。虽然很短，但在整节课的教学中起着关键作用。一节新课讲授完毕，学生对所学的知识已有了初步了解，但对知识的把握往往是零散的、感性的，认识上尚不够系统、完善。这就需要教师在结尾时引导学生，系统准确地把握知识，形成知识结构。例如，列一个知识结构图，理清课堂的教学思路；列出本节课的教学重难点，帮助学生进一步弄清楚概念、原理，巩固深化认识，从而让学生更好地掌握和运用知识。

2. 一个单元的教学结尾

思想政治（品德）学科根据知识主题可划分为不同的单元，一个单元为一个整体。一个单元的内容相对来说比较多，是对一个主题内容的系统阐述。教师在单元教学结尾时引导学生从整体入手、整体把握，紧扣单元主题，把看似分散的知识内容联成一个知识整体，形成本单元的知识结构图，完成主题知识的系统建构。

3. 一个学期的教学结尾

学生经过一个学期的学习，掌握了一定的知识，对一个较大的内容结构有一定的理解，需要掌握的知识容量相对来说比较多，而且学习相隔时间较长，对有些知识的记忆会变得模糊。这就需要教师对本学期的知识进行系统整合，帮助学生建立一个知识框架结构图，以利于学生对知识的理解和把握。

（二）按课堂结尾方式

1. 总结归纳式结尾

总结归纳式结尾，即教师在课终之前，对全课的教学内容进行全貌式的归纳总结，点明中心主题，形成较为系统的知识体系，并在情感态度和价值观方面有所升华。

总结归纳式结尾不是前面教学内容的简单重复，而要变化角度、增加深度，做到提纲挈领、简明扼要，目的在于巩固和运用新知识，升华情感。

好的课堂总结，可使学生抓住教学内容的重点，将知识系统化。为了帮助学生理清知识的层次结构、形成知识系列，在新知识密度大的课或某一单元教学的最后一次新授课结尾时，可利用简洁准确的语言、文字、表格或图示将一堂课或包括前几堂课所学的主要内容、知识结构进行归纳总结。

采用总结归纳式的结尾方法，开始可由老师帮助学生完成。学生掌握方法后可由师生共同完成。随着学生归纳总结能力的提高，可逐步过渡到学生自己总结归纳，教师帮助修改完善。

【案例】　高中思想政治必修①《经济生活》"价值规律的作用"内容的结课设计如下：

通过这一内容的学习，我们知道了价值规律是商品经济中无形的指挥棒，其基本内容的核心即"价值决定"和"等价交换"。价值规律发生作用的表现形式也体现了这一核心，但由于价格与供求关系的相互影响，价格围绕价值上下波动。从长远趋势来看，价格与价值是趋于一致的，即等价交换。

价值规律是商品经济的基本规律，它在商品经济中的作用主要有：调节劳动力和生产资料在社会生产总部门的分配；刺激商品生产者改进技术，改善经营管理，提高劳动生产率；

导致商品生产者优胜劣汰。

这样的结尾既能对知识进行概括总结，又能加深学生的印象。

2. 设疑伏笔，造成悬念

在一节课的教学结尾时，教师运用前后知识的联系，预先为下一课设置悬念，提出一个或几个与学习内容有关的问题，让学生课后进行思考探究，从而激发学生的好奇心。

【案例】 在讲授高中思想政治必修①《经济生活》"按劳分配为主体，多种分配方式并存"时，可以这样结尾：

这节课我们了解了我国个人收入分配的方式。如果我们把社会财富比作一块蛋糕，发展生产力是把蛋糕做大，那么分配就是把蛋糕分好。如何分好蛋糕？按劳分配还要注意什么原则？请同学们课后探索。

【案例】 在讲授高中思想政治必修①《经济生活》"储蓄存款和商业银行"时，可以这样结尾：

针对前面我们提出的问题，小张把五万元钱存进银行，得到了利息。除了存银行之外，还有没有其他理财途径，能让小张得到更高的收益呢？

这样既解决了前面的问题，也为学习下一节课股票、债券和保险的内容做了铺垫。

3. 承前启后，首尾呼应

首尾呼应是指在课堂教学结束时和教学导入时的情境相呼应，或与教学过程中的相应问题相呼应，使整个教学过程前后内容照应。

教学导入阶段所设下的悬念，讲授新课过程中的疑问，在结尾阶段得到回应，可为后来的学习做铺垫，设下伏笔，激发学生的学习兴趣。这种结尾方式既照应了开头，又能解决课堂中的问题，使一节课有一个比较完整的提出问题—分析问题—解决问题的逻辑思路。

【案例】 高中思想政治必修④《生活与哲学》"实践在认识中的决定作用"教学片断，可以设计这样的结尾：

导入：通过学习实践对社会发展的作用，我们知道了关于实践与社会关系的知识。在此基础上，我们进一步追问：实践在认识中又起到什么作用呢？为此，我们来学习下面的内容……

小结：通过上面的分析，我们知道实践对认识起着决定作用，主要表现在四个方面：实践是认识的来源；实践是认识发展的动力；实践是认识的最终目的；实践是检验认识正确与否的唯一标准。

4. 比较法结尾

比较法是我们认识新事物的重要方法，通过对比不同事物的特点，可以帮助我们准确地分辨不同的事物。教师在授课结尾时，对具有可比性的、表达形式相近、知识结构相似或学生经常容易混淆的不同概念、规律等知识，采用列表、讲述等方法加以对比，提高学生对不同知识、概念的理解和掌握，有条理地梳理知识点，加深学生的记忆。

5. 结尾延伸，激发思考

学生求知的过程是一个由感性认识逐步上升到理性认识的过程，感性认识只有积累到一定程度才能从量变飞跃为质变。学生在获得一定的感性认识后，教师要适时地加以讲解点拨，这样可以促使学生对事物的认识由感性上升到理性，从而了解事物的本质。

在一节课的教学结束时，在学生掌握所学知识的基础上，教师根据课堂所教的知识内容，将本节课的知识内容拓展到其他方面，从而开阔学生的知识面。把知识的学习与学生的生活实际紧密联系起来，引导学生由课内学习扩展延伸到课外实践，激发学生学习新知识的兴趣，有助于提高学生参与社会实践生活的能力。

【案例】　在学习"树立正确的消费观"时，可以采用这样的结尾：

这节课我们学习了消费观的相关内容，请同学们利用课外时间做一份家庭消费调查，查询家里一个月的收支情况，观察家庭开支是否符合正确的消费原则。

6. 练习巩固，学以致用

教师在讲授完新课后，根据教学内容的重难点，安排难度适中、概括性较强、学生容易混淆的知识点的相关练习，帮助学生有效地消化吸收知识，加深对所学知识的理解、记忆。这样能让教师及时把握学生掌握知识的情况和教学偏差。根据练习题的难度和涉及范围，练习巩固可分为课堂练习和课后练习。

（1）课堂练习。课堂练习的容量比较小，概括总结性强，紧密联系课堂内容，主要是针对学生在理解概念、原理、规律等内容时，容易出现的问题而设计的。学生能够在短时间内独立解决这些问题，有助于培养学生独立思考的能力，使学生所学的知识得到强化。

【案例】　在讲授高中思想政治必修①《经济生活》"影响价格的因素"结尾时，可以让学生做这样的练习题：

今天，手机成为新时尚的象征。近年来，由于投资商、制造商、销售商蜂拥而上，手机售价下滑，亏损数额增加。其原因是（　C　）。

A. 商品质量伪劣，造成市场滞销

B. 手机成为公害，人们渐渐不使用手机

C. 商品供过于求，市场销售不足

D. 社会劳动生产率提高，价值量越来越小

（2）课后练习。课后练习可以拓展到课外，联系学生的生活实际，具有实践性、探索性的特点，能激发学生的探索兴趣，需要学生通过合作探索才能完成。可以把学生分成几个小组，开展一定的课外实践活动，让学生利用课外时间继续深入学习。

【案例】　高中思想政治必修①《经济生活》，教师在讲授价值规律有关内容，在课堂结尾时，可以布置这样的课后练习：

商品的价值量由生产商品的社会必要劳动时间决定，商品交换以价值量为基础实行等价交换，是价值规律的基本内容。商品价格受供求关系的影响，围绕价值上下波动，则是价值规律的表现形式。

我国彩电、手机、电脑等商品的价格最近十多年的变化是怎样的？你能解释其原因吗？请同学课后做一个小调查。

7. 激发情感式结尾

在课堂结束时，可以引入一些感人的故事、人物、情节，讲述时运用适当的充满感情的语言对主题、事件加以延伸性总结，创设一种具有渲染情感的氛围，激发学生的情感，引起学生的共鸣，增强其求知欲。

【案例】 在讲授"博大精深的中华文化"结尾时，可以利用多媒体播放中华民族自古以来积累的文化成果，如万里长城、秦始皇陵兵马俑、都江堰等图片，并在其中伴随着中国特色的民族音乐，激起学生的崇敬与自豪之情，增加学生对中华文化的理解。

8. 幽默风趣式结尾

幽默风趣的语言、动作能给人带来一种轻松愉快的氛围。如果面对枯燥无味的知识内容，教师也用无趣的方式讲解，则学生难以集中精力，甚至会产生厌烦、抵触情绪。如果教师结合教学内容，运用幽默风趣的语言、故事，调动课堂气氛，提高学生参与的积极性，则可以使学生在轻松愉快的氛围中学到知识，同时也能培养学生的幽默感。在诙谐幽默的氛围中结束一节课的学习，会使学生感觉到意犹未尽，增加对知识学习的热情，也更加期待下一节课的到来。

二、结尾技能的运用要求

在实际教学活动中，教师利用好结尾技能，充分发挥结尾技能的作用，能够帮助学生理解、记忆知识。但是，如果教师的结尾技能运用不当，结尾技能的作用不但得不到发挥，还会对学生的学习造成负面影响。以下是运用结尾技能时要注意的问题。

（一）结尾要注意效率

思想政治（品德）课的结尾是在课堂接近结束时的一个教学环节，是课堂收获的环节，也是体现一节课效率的关键一环。结尾环节一般占用的时间不多，但能画龙点睛，既要巩固新知识，又要提升情感态度与价值观。利用好这短暂的几分钟，成为提高课堂教学效率的关键。

（1）结尾要凸显教学目标。思想政治（品德）课堂的结尾，要紧扣教学目标。教学目标是一节课的出发点，也是一节课的终点。如果一节课下来，教学目标没有达成，则很难说很好地完成了这节课。

在一堂课、一个单元主题结束后，应该重视主题总结。教师要引导学生精心概括本节课或本单元的知识结构，将零散孤立的知识"串联"和"并联"起来，组成有效的知识网络，凸显知识目标；要针对教学重点和难点，安排一定的练习，实现知识的迁移，以提高学生分析问题和解决问题的能力。同时，还要注意运用课堂小结，或布置课后作业，提升学生的情感态度和价值观。

（2）忌拖拉延时。教学过程应该在规定的时间内完成，超过这个时间，学生便会产生惰性思维，不愿意再听讲。老师既不能拖堂，也不能放弃课堂结尾环节。

首先，教师应该在教学过程中精读，抓重点与难点，对于学生能理解的内容要略讲，要给结尾预留足够的时间。

其次，结尾不管使用哪种形式，都要围绕教学目标梳理知识升华情感，切忌故弄玄虚、小题大做，浪费时间。

（3）不能仓促草率。如果在教学过程中教师过于侧重开头或中间部分，而不重视结尾，没有合理分配教学时间，到临近下课时才仓促结尾，既没有归纳总结，也没有巩固练习，则整个教学过程就不完整，学生难以通过最后的环节形成课堂教学内容的知识框架结构，也没有情感上的升华。

（二）结尾要画龙点睛

（1）语言精练，紧扣中心。课堂结尾的语言要精练简洁，要深化主题，让学生的认识由感性认识上升到理性认识，起到画龙点睛的作用。

结尾还要注意突出知识要点，紧扣教学中心，梳理知识，帮助学生把所学的新知识及时归纳到已有的旧知识结构中，形成新的知识结构。

（2）忌平淡无味。淡而无味的结尾不仅会影响课堂教学效果，而且会降低学生的学习兴趣，影响学生学习的积极性。所以，教学过程的结尾一定要避免平淡，要努力使学生觉得回味无穷、意味深长。

首先，教师要避免使用平淡的语言。思想政治学科教学内容的理论性较强，如果教师能用"诗一样的语言"来结尾，就能避免平淡。

其次，思想政治教师的教学结尾要体现出一定的学科味道，语言要严谨，结尾的思路要有"铁一样的逻辑"，体现学科思维，深化主题，吸引学生。

（三）及时复习巩固

在讲授新知识接近尾声时，应及时总结和复习巩固。心理学研究表明，记忆是一个不断巩固的过程，由瞬时记忆到短期记忆再到长期记忆，有一个转化过程。实现这个转化最基本的手段是及时总结、周期性复习和巩固。因此，在讲授新知识接近尾声时，需要及时总结和复习巩固。

思想政治学科的教学内容逻辑性很强，尤其是哲学内容，结尾时更应及时加强归纳总结，如采用练习、口答、讨论和知识归纳等方式；也可以适当采用开放型的结尾，鼓励学生发挥丰富的想象力，课后继续探索。

（四）结尾要首尾连贯

（1）结构完整，首尾呼应。思想政治课结尾时，教师不仅要概括本单元或本节课的知识结构，深化教学内容，还要把概念、规律等知识点前后联系起来，形成一个完整的知识结构体系，把新旧知识融会贯通，经过精心加工得出系统化的知识网络，帮助学生有效地掌握知识。

结尾还要对前面导入和中心环节的疑问做出相应的解释，解决在前面的教学环节中埋下的伏笔、设下的悬念以及遗留下来的问题，不能让学生带着问题下课。

（2）忌前后矛盾。在教学过程中，每一个环节的内容应该紧密联系、首尾相顾、环环相扣，给学生留下整体一致的感觉。如果教师在教学过程中没有注意所讲授内容的前后联系，在结尾时出现前后矛盾，所讲的总结概括性内容与前面的教学内容不一致，甚至会出现冲突，那么不仅不能帮助学生总结归纳知识，反而会造成学生认知上的冲突，使学生产生疑惑，影响学生对教学内容的正确理解。

因此，教师要在上课前做好充分的准备，合理安排教学内容。在进行结尾时，一定要结合开始环节和中间环节的教学内容，使结尾与前面相互照应。

三、结尾技能运用的原则

在思想政治课的教学过程中，结尾环节起着十分重要的作用，必须遵循一定的原则。

（一）思想性原则

从中学思想政治（品德）课的性质来看，它是一门以德育为主兼顾智育的学科。学科的性质特点决定了它在政治思想、道德品质、行为观念方面具有一定的导向作用，即包含思想性。因此，在结尾时要求教师体现出学科的思想性，引导学生树立正确的情感态度和价值观。

（二）目的性原则

教学始终要围绕一定的教学目标来开展，结尾技能也一样。思想政治学科的教学目标有知识目标、能力目标、情感态度和价值观目标。

教学必须紧靠教学目标，在结尾的时候要紧抓教学内容、教学重难点和知识结构。针对学生对知识的掌握情况采取恰当的结尾方式，促进学生及时巩固和掌握知识。

在教学过程中，一般都能达成知识与能力目标，对于情感态度和价值观目标则有所疏忽。教师在结尾时要注意升华所学知识，对学生相应的情感态度和价值观有所引导。

（三）启发性原则

教育与教学活动都非常重视启发性，教师的任务不是把知识呈现在学生面前，而是创设情景让学生思考，并在思考中解决问题。

结尾也一样要求有启发性，结尾并不意味着结束一切问题，而要为学生营造思考的空间，让学生的思维处于活跃的状态。

启发性原则还要求学生能对知识活学活用，具备举一反三的能力。所以在结尾阶段，也可以让学生带着问题离开课堂，在实践中迁移知识，分析和解决实际问题，发挥知识的指导作用。

（四）多样性原则

思想政治（品德）课的内容比较杂，涉及人文与社会领域里的所有学科。内容的多样性，要求表达方式也要灵活多样，对于结尾也有一样的要求。

教师要综合教材、学生、教学目标、课堂氛围等因素来决定结尾的方式，不同班级的学生、不同框题、不同教学目标可以采用不同的结尾方式，不能千篇一律。总是运用一种方式，会使学生失去对课堂结尾的期待，同时也达不到教学的目的。

结尾的多样性表现在结尾任务及内容的综合性方面。结尾要求具有简约性，但任务并不单一，具有多样性（综合性）。在短短几分钟时间内，不仅要概括课堂知识点，还要突出重难点，提炼升华。课堂知识点可能多而散，要求教师具有较强的知识综合能力，理清思路，把课堂信息尽可能完整地呈现在学生眼前。

（五）拓展性原则

在思想政治课教学中，课堂教学只是教学的基本形式，而不是唯一的组织形式。课堂教学的时间和空间都有限，因此其所能达到的目的和能完成的任务也是有限的。在课堂结尾时，思想政治（品德）课教师要能把学生由课堂引导到课外，拓展到课外实践活动的广阔天地中。

新课程改革的理念之一就是教学要回归学生的生活，利用好学生的生活体验。而生活是一个大课堂，它的内容是 40 分钟的课堂无法全部包括的。相反，课堂内容只有回到社会这一大课堂之中，用来指导中学生的生活，才有实际意义。

思想政治（品德）课的知识不仅仅局限于课堂上，课堂上获得的知识大多数是从书本上来的，而在课堂之外也蕴含着许多知识。课外实践能拓展学生的眼界，拓宽他们的知识面，而从课内向课外延伸的桥梁就是课堂结尾。

【案例】　在学习《储蓄存款和商业银行》一课，学生已经了解储蓄存款的特点和商业银行的三大主要业务，学生对我国的银行金融机构有了一定的认识。此时，老师可以适当向同学们拓展中国人民银行的性质和作用，因为中国人民银行在我们生活中频繁出现，而中国人民银行通过上下调息也会影响我们的生活，如上调了贷款利率，贷款买车、买房就得重新考虑了，因为利息会相应地提高。

（六）精练准确性原则

教学语言是教师与学生进行沟通交流的工具，课堂结尾的语言要精练，紧扣中心。这就要求教师具有一定的语言功底，并能规范、准确地运用于教学中。

【案例】　我们在"国家权力机关"这一内容的结尾时，教师用多媒体展示本节课归纳总结的知识点，并用结束语，进行如下收尾：

教师：同学们，我们这节课所有的探究活动都贯穿这条主线——我国人民行使权力的方式：人民选择人民代表组成人民代表大会并由其统一行使国家权力，它是最高国家权力机关；权力机关产生其他国家机关，并且决定国家及地方的重大事务。

我们结合材料具体了解今年人民代表大会的一些重要内容，在探究活动中学习人民代表大会的相关知识。这次全国人民代表大会也为我们描绘了和谐社会的美好蓝图，相信在全国人民的一起努力之下，我们的国家会变得越来越好。

四、思想政治学科课堂结尾技能的训练

（一）结尾技能训练目标

思想政治学科课堂结尾是本学科课堂教学的重要组成部分，从业者需要掌握并运用好这一技能，加强对在职教师以及在校师范生课堂结尾技能的训练是十分必要的。

在职教师教学经验丰富，他们在原有经验的基础上，可以对结尾技能进行改善，不断尝试新的结尾方式。

在校师范生由于缺少实践经验，课堂结尾技能需要进行有针对性的训练。训练应遵循以下目标进行。

1. 结尾要注意课堂内容的完整性和课堂教学的整体效益

思想政治学科的课堂结尾不是孤立存在的一部分，它与课堂的导入、讲授新课等各个环节紧密联系，而且按一定的逻辑性组成一个完整的课堂。为此，教师在备课时要做好以下几个方面的准备：

（1）要在课前收集好相关材料，并对材料进行整理与筛选，选出与本节课相关的内容。

（2）设计的结尾要科学合理，要思考结尾技能的使用是否恰当有效。

（3）课堂结束语要铭记于心，对自己所做的教学设计及内容能顺利内化与外化，在课堂结尾时能流畅地使用，而不是让结束语变成教案上的摆设。

2. 结尾要注意语言简洁、脉络清晰、用时合理

虽然课堂结尾不是一堂课的中心环节，但却是一堂课的重要组成部分。在训练过程中，师范生要从语言、思路、时间效率等方面严格要求自己。

（1）语言方面。结束语要简洁明了，语言要流畅，要一语破的、干净利落地结束全程，切忌拖泥带水、画蛇添足。

（2）课堂思路结构方面。思路概括清晰，具有逻辑性。学生听后能对本节课的知识脉络一目了然，并能完成新旧知识框架结构的建构，切忌天马行空，随意进行总结。

（3）时间的利用要合理。一节课留给总结的时间并不多，总结中要做到提示要点，侧重突出重点与难点，深化知识，让学生的认识由感性认识向理性认识飞跃。

3. 课堂结尾技能训练要朝着更高层次发展，升华主题

师范生在进行课堂结尾训练时，要注意以下几个方面：一是主题概括的准确性；二是主题概括的层次性；三是主题概括的普遍适用性。

（1）升华主题。尽管一节课的教学内容可能很多，但结尾时要做到主题升华，让学生在短时间内再一次认识本节课的重点。

（2）拓展主题。教师可以用社会生活中的热点话题来结束课堂。热点话题要与课堂的理论相符合，要找到理论的支撑点，并且在最短的时间内让学生通过教师讲授之后明晰其中的含义，把理论内化成自己良好的道德品质。

4. 做好课堂结尾用语的准备

对于在职教师来说，课堂结尾可能运用自如，但也要提前做好结课用语的准备。以防课堂其他不可预测的学情出现，如学生注意力分散、讲话等。

对于实习师范生更需要做好充分的准备，可以准备2~3分钟的课堂结束用语，准备1~3种结尾技能，这样就不怕临场找不到合适的结尾用语。

（二）结尾技能训练的流程

结尾技能的训练可以分为四步来进行：

（1）掌握有关结尾技能的理论，观察真实课堂或视频资料，了解不同结尾方式的运用效果。

（2）选定备课主题，按结尾要求整理教学知识结构框架图，梳理知识点，明确教学重难点，为结尾形式的选择与结尾用语创造条件。

（3）根据课情、学情、教学内容、教学条件，选择合适的结尾形式。

（4）按照不同的结尾形式设计结课用语，进行反复训练，把时间控制在一定的时间范围内。

师范生的教学结尾技能训练可以参考表9-1。

表 9-1　结尾评价指标

序号	评价指标	评价等级			权重	得分
1	结束的目的性明确				10	
2	概括本节课的结构和重点，加深了理解				10	
3	结束的方式与教材内容相适应				10	
4	使学生的知识得到了系统化、条理化				10	
5	及时检查学习，强化学习				10	
6	结束语精练，清楚明白				10	
7	使学生感到有新的收获，激发学习兴趣				10	
8	结束时间把握恰当，不拖堂				10	
9	提示进入总结阶段，学生做好心理准备				10	
10	课后作业的布置明确，学生能记录任务				10	
	合　计				100	

第十章　思想政治学科多媒体技能

第一节　多媒体技能概述

一、媒体教学技能的含义

"多媒体"一词，从字面看，"多"意味着不是一种而是多种相互协调配合。"媒体"指传输的媒介。"多媒体"指人与人之间信息交流的载体是一种以计算机技术为生命力的现代技术。

多媒体包括实体载体，如书本、图片、报刊、U 盘、收音机、录音机、MP3、手机以及相关播放设备等；也包括非实体载体，如文字、符号、视频、动画、声音等以及 WPS 等文字处理软件，当然还包括浩繁的软件家族。

随着我国经济的快速发展、信息技术的普及，多媒体技术在人们日常生活中得到了推广。把多媒体应用到课堂教学中，就产生了多媒体教学。多媒体教学是指教师利用多媒体来呈现教学信息，促进学生积极参与教学活动、有效掌握教学内容的一种方式。

由于多媒体教学的逐渐普及，利用多媒体教学已逐渐成为当今思想政治（品德）课教学的趋势。思想政治（品德）课多媒体教学，是指结合思想政治学科的特点，在思想政治课堂教学过程中，根据教学目的和教学对象的特点，通过教学设计，合理选择和运用现代教学媒体，把教学内容传输给学生，达到最优化的教学效果。

二、思想政治学科多媒体教学技能的特点

思想政治学科多媒体教学技能的特点是与思想政治学科教学紧密联系而拓展出来的。

（一）综合性

综合性是指由于多媒体技术的飞速发展以及广泛应用，在思想政治学科教学中可以同时应用多种媒体辅助教学，使教学效果达到最佳。

多媒体技术是一种信息处理技术，指的是把文字、图形、图像、声音、动画、视频等多种媒体信息通过计算机进行数字化采集、获取、压缩、解压缩、编辑、存储等加工处理，再以单独或合成形式表现出来的一体化技术，具有很强的综合性。

例如，可以在同一张 PPT 中使用文字描绘、图片加强，也可以加入符合该教学内容的相关视频，以确保教学内容生动形象。总之，思想政治学科教学可以根据需要综合采用多媒体技术。

（二）即时性

多媒体教学的即时性是指它对最新形成的教学资源的及时开发与利用，促使教师关注最新的社会时事政策的变化。

思想政治学科需要与时事政策紧密联系。通过多媒体能搜索到最先进、最及时的材料，根据教学内容的需要，对最新的时事政策资源加以开发，就能使之成为课堂教学的内容或支撑材料。

（三）方便快捷

多媒体教学的大容量性，有助于提高教学效率，其作用是传统教学手段所不能比拟的。同时，多媒体教学与互联网紧密联系，在获取教学资源时非常方便快捷。

多媒体教学在思想政治学科中的运用，对提高教师的备课效率非常有帮助，能让教师快速查找到教学资源，快速筛选资源。多媒体教学采用图像、文本、声音、动画、视频等表现形式传递课堂所需要的信息，能方便简洁地表现出教学内容。

例如，我们在讲授"国家职能"这一内容时，可以方便快速地搜索关于国家职能的文字资料、图片资源以及视频资源，在教学过程中有效调动学生听、看、讲、想、做等学习要素，取得很好的综合效果。

（四）科学性

科学性是指正确的、符合事实和客观规律的属性。多媒体教学依托互联网可以表现出强大的生命力。流变不居、创新与共享是互联网的特点，教师可以加以利用，但要注意科学发展性。

首先，教学资源的选择要科学合理，不能胡乱引用不正确、不合理的内容。在制作多媒体课件的时候，要充分考虑学生已有的生活经验、心理特征和知识基础，使课件的内容贴近学生、贴近实际、贴近生活。所选择的事例必须具有典型性、代表性、权威性，不可以夸大或捏造事实。

其次，对多媒体的利用要科学合理。科学合理利用多媒体应该坚持适度、实用、经济的原则，在教学过程中合理恰当地利用多媒体技能，可以激发学生学习的兴趣，培养学生的独立思考能力，有利于构建和谐的师生关系。

例如，在制作 PPT 时不能全是文字或全是图片、视频，应该是文字、图片、视频的恰当结合，这些要素能联系并正确解释教材相关内容；要适时控制多媒体的动静转化，确保学生在一节课中获得最好的学习效果。

（五）思想性

思想性是思想政治学科课件的灵魂。教师在制作思想政治学科课件时，要把教材的内容、主旨、思想等体现出来，离开课程标准的要求、抛离教材思想的课件是没有灵魂的，不利于引导学生进步。

教师在进行多媒体课件设计时，要以学生的身心健康发展为前提，以培养有理想、有道德、有文化、有纪律的"四有"新人为目的，培养学生的爱国情怀，激发学生为祖国作贡献的热情。

例如，在课堂教学中播放《今日说法》《法治社会》等积极向上、维护社会公平的视频，不仅可以引起学生的学习兴趣，还可以普及课外知识。

（六）艺术性

艺术性是指思想政治课的教学过程富有艺术欣赏性。在思想政治教学中，可以应用多媒体技把书本静态的内容变成动态的、栩栩如生的教学画面，让学生进入教师所创设的意境之中。

多媒体课件具有多样性、趣味性、实践性、直观性的特征。它通过利用图像、文字、声音、动画等形式来增强画面效果。

【案例】 讲授到初中一年级上册的"放飞理想"这一内容时，我们可以利用多媒体在 PPT 上展示理想宣誓内容，播放励志背景音乐，让同学们进行理想宣誓，并一起唱歌，进而结束本节课。

当我们讲到《生活与哲学》中"人能够能动地改造世界"这一内容时，我们可以先播放蜜蜂筑巢、蜘蛛织网、猩猩捕蚂蚁等视频，然后播放建房子、挖河流、造飞机、耕作等视频看过两组视频对比，告诉同学们什么是动物的生存本能、什么是人能动地改造世界，从而更加形象地说明什么是"能动性"。

三、多媒体技能的作用

在思想政治课堂中引入多媒体，可以浓缩教材精华，扩大教学容量，增强思想政治课教学的时代性激发学生的学习热情，改变学生的学习方式，培养学生的能力，提高课堂效率。

（一）调动学习积极性

多媒体教学可以创设形象的导入，能激发学习兴趣，调动学生的学习积极性。在导入新课部分，可以把多种形式的材料以形象的画面、简洁的解说、生动的故事、活泼的动画以及动听的音乐等提高学生的兴趣，很好地导入新课。

【案例】 在讲到《文化生活》中的"传统文化的传承"这一内容时，老师可以利用多媒体展示少数民族的风俗文化习惯，引起学生的兴趣；也可以用中国人推崇的"龙"字吸引学生，以动画的形式展示"龙"字的演变过程，激发学生对传统文化的求知欲；还可以采用网上的关于古代礼仪和现代礼仪的视频，以唯美的画面、古今不一样的礼仪吸引学生的目光，激起学生的兴趣。

（二）提高教学效率

多媒体教学提供了丰富的教学资源，可以优化新课教学过程，培养学生的分析综合能力，提高教学效率。

在思想政治课堂教学中采用多媒体教学，利用先进的多媒体技术，采用音频、视频、图文结合等表现形式，把抽象或繁杂的概念、原理、基本观点用直观的形式表达出来，使教学内容变得生动具体，易于理解与掌握。

教师在讲授新课时，多媒体教学强大的互动功能可以加强师生间的交流互动，培养学生在课堂中的参与意识，实现师生共同学习、相互促进，教学相长。

（三）延伸和拓展教学的时间与空间

（1）拓宽知识空间。多媒体丰富的资源不仅为更好地实现思想政治课教学目标提供了非常有利的条件，而且为学生的自主学习提供了大量相关的辅助学习资料；既丰富了教师的教学素材，又延伸了教学时空，拓展了教学内容，扩大了师生的知识视野。

在思想政治课堂中，传统教学中的练习环节一般采用小黑板呈现，题量很少，练习拓展的空间和时间都很有限。相比之下，利用多媒体进行练习呈现，可以给学生提供新颖的题目、新鲜的材料，能让学生及时结合新课打开思路，开阔视野，拓展学生的学习方式。

（2）拓展知识的时间。多媒体教学由于与互联网是同步的，能及时反映社会的重大问题。尤其是对专题知识的介绍，从古至今，时间的跨度非常大。多媒体教学有助于学生理清知识的来龙去脉，形成完备的知识线索。

多媒体课件还能提供大量具有时代性的信息材料，利用这些资源来解说教材上的内容，能让学生在短时间内接受并掌握新知识。或者引导学生用所学的基本观点、概念、原理来分析当今的社会现实，这对提高学生理论联系实际、综合分析问题的应用能力特别有意义。

【案例】　在讲到《经济生活》中的"面对经济全球化"时，教师可以跨越国界空间，通过中外对比说明问题。

首先，让学生列举生活中接触到的外国品牌的商品，并列举能体现我们国家竞争力的、商品在国外畅销的典型企业，让学生明白商品全球化的必要性。

其次，展示美国波音飞机的分解图以及各个零部件在哪个国家生产组装，便于学生理解经济全球化中的生产全球化。接下来展示关于贸易、资金的相关材料，让学生分析并引出商品贸易全球化、商品生产全球化、资本全球化，并由经济全球化展望到其他领域的全球化。

最后，提出如何对待经济全球化的问题。我国要慎重对待，抓住机遇，积极参与，趋利避害，防范风险，勇敢地接受挑战。

如果单纯地说明，没有直观、具体的多媒体视角感受，课堂会很沉闷。利用多媒体的强大资源，及其快捷性、交互性和时代性，就能很有效率地完成教学任务，还能提高学生理论联系实际分析问题、解决问题的能力。

（四）升华思想情感

运用多媒体教学，能将严肃的思想政治理论知识，通过生动、直观的课件传导给学生，有利于发挥教师的引导作用，及时疏通学生情感上的困惑，培养他们正确的情感态度和价值观。

【案例】　在讲到高一《经济生活》中的"树立正确的就业观"时，在结尾阶段，结合教学中的就业、择业等内容，播放歌曲《相信自己》，让学生结合十年中最具潜力的十大职业，畅想自己的未来；引导他们开始思考自己的职业理想，把个人理想与社会需求结合起来。

这里最关键的是要借助多媒体来烘托气氛，使学生能够将课堂学到的知识与自己的未来职业理想相结合，升华情感态度价值观。

第二节　多媒体技能的运用

教学过程是师生为完成教学任务、实现教学目标而进行的教与学的过程，它包含相互依存的教和学两方面，是教师与学生双边活动的过程。这一过程包括导入新课、讲授新课、新课小结、布置作业以及板书设计等环节，多媒体可以用独有的方式将其融入教学过程的各环节之中，把知识生动形象地展示给学生。

一、多媒体教学技能在不同教学环节中的应用

（一）课堂导入环节

思想政治教育学科的导入类型多种多样，但以视觉为依据可分为直观导入与非直观导入。大部分直观导入都利用多媒体来实现，利用多媒体创设情境，可以快速地将学生的注意力转移进课堂，激发他们学习的兴趣。

1. 视频导入

视频导入是利用多媒体导入的主要方式，老师结合教材内容开发利用和教学内容相关的新闻、电影、动画等视频，引导学生完成新旧知识的衔接，或为新知识的学习创设情景。

【案例】　教师在对《经济生活》中的"税收及种类"备课时，可以将我国当年或当季关于税收的新闻报道视频插入 PPT 当中。上课的时候播放视频，引导学生思考，从而导入新课。这样可以引起学生对相关知识的关注，增强学习的目的性。

2. 图片导入

教师在制作课件的时候，可将与教学内容相关的图片资源插入 PPT 当中，上课的时候播放给学生观看并提出问题供学生思考。

【案例】　当讲授到《经济生活》中"从总体小康到全面小康"的时候，我们可以收集改革开放以前国家社会生活方面的典型图片，以及现在的典型图片并制作 PPT，让同学们作对比，并用"为什么会发生如此巨大变化"等问题引导学生们深入思考，让他们把注意力集中到课堂中。

3. 材料导入

材料导入就是收集与本教学内容相关的资料，通过多媒体让丰富多彩的材料呈现在学生面前，让学生通过阅读材料、思考问题，进入课堂学习过程。

【案例】　当我们讲授到高中思想政治必修③《文化生活》中的"面向世界，博采众长"这一内容时，可以设置这样的材料导入：

不同特色的文化就像美食，经过调制最终带着新风味、新特质（呈现不同国家与地区的文化材料）。那么，面对世界文化需要什么样的态度呢？今天我们就来学习"面向世界，博采众长"相关内容。

4. 音频式导入

音频式导入就是上课播放与教学内容相关的音乐或者录音来进行导入。录音可以来自网络，也可以是教师自己事先精心设计的讲话。

总之，多媒体教学技能的采用对思想政治课的导入起着非常积极的作用，可以提升思想政治课的教学吸引力，有利于调动学生的兴趣，激发学生的学习热情。

（二）讲授新课环节

多媒体教学在课堂讲授环节中的应用，能充分调动学生的听、看、想、讲、做等学习要素，使课堂充满活力。

1. 讲授时视频展示

在讲授某个知识点的时候，可以用视频或动画演示，让学生更加容易理解知识点，也能够把学生引入课堂中。

【案例】　当我们在讲授《文化生活》中"文化传播"的时候，可以播放古代"丝绸之路"的视频、古代商贸的视频、现今人口流动的视频，让学生结合视频情景更好地理解教学内容。

2. 讲授时的图片展示

进行图片展示可以收到很好的教学效果。教师要精心备课，找到有代表性的图片资源。在教学过程中，在适当时机展示图片，可以加深学生对教学内容的理解。

【案例】　我们在讲授初中《思想品德》中的"战争与和平"的时候，可以展示反映战争中生灵涂炭、灭绝人性的相关图片，让学生明白战争的残酷性。

3. 讲授时逻辑演绎

在教学过程中，有很多逻辑性、推理性、演绎性很强的知识点需要解释，如果能使用多媒体，就能让学生很快弄清知识的结构和来源。

【案例】　当讲授《经济生活》中的"货币的本质"时，我们可以通过演绎从物物交换到一般等价物交换的过程再对充当过一般等价物的商品进行分析，最后得出"金银天然不是货币，货币天然是金银"的结论。

在这一讲授过程中，如果没有媒体的配合，解释起来将非常抽象。教师可以边讲授货币的发展过程，边演示 PPT，让学生能够心领神会相关内容。

（三）结尾阶段

当一节课将要结束时，教学任务也即将完成，我们需要对教学内容进行总结，帮助学生梳理本节课的知识结构，提升学生的能力与情感。

1. 课堂小结中的视频小结

我们在思想政治学科课堂小结的时候可以应用视频小结。主要做法是：播放一段与课文内容相关的视频作为结束，让学生进行深入思考，实现知识与情感的升华。

【案例】　当我们讲授完《经济生活》中"依法纳税是公民的基本义务"的时候，可以播放一段某企业因为不依法纳税、偷税漏税而受到法律制裁的视频。

2. 课堂小结中的图片小结

在即将讲授完一节课的时候，展示一系列与本堂课教学内容相联系的图片，让学生进行课后思考。

【案例】 当我们即将讲授完《生活与哲学》中"联系的普遍性"的时候，可以展示"生物链之间的联系""地震引发的系列后果"等联系性的图片，加深同学们的印象。

（四）练习环节

多媒体在练习环节的应用，有利于师生双方的交流、反馈。教师可以根据教学的重难点，根据自己对学生学习情况的预测，有针对性地设计练习。在练习环节，通过多媒体出示练习，可以有效检测学生的学习效果。

（五）板书阶段

板书设计也可使用多媒体教学设备进行呈现。精湛的板书可以给学生以美的感受，准确地反映教学内容，发挥提纲挈领的作用。

【案例】 在复习高中思想政治②《政治生活》"国家"有关内容时，采用表格式的板书（如图 10-1 所示）：

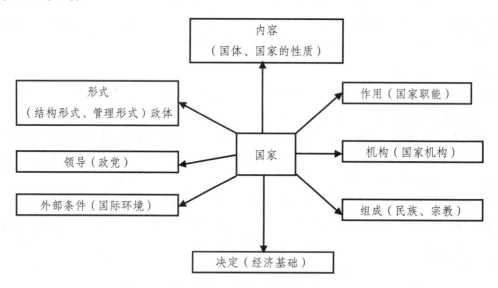

图 10-1 "国家"有关内容的板书

教师可以在备课时预先制作好主板书和副板书等演示图，可以把节省下来的时间用来开展教学活动，扩展教学内容。但多媒体呈现板书也有其不足。

教师还要处理好传统黑板板书与"电子板书"的关系，不一定每节课都需要采用电子板书，需要遵循适度原则。理想的板书应该是传统与现代板书的完美结合，以便实现教学效果的最大化、最优化。

二、多媒体教学的要求

(一)学会制作 PPT

1. 杜绝文字堆积

精炼的教学内容有助于学生记忆,但文字堆积、思路不清的 PPT 会使学生产生厌烦情绪。

富有技术含量的课件要求教师把教学内容转换成自己归纳总结的观点,观点之间有严谨的逻辑关系。因此,提炼文字性的教学内容是制作课堂教学 PPT 的第一步。

教师应该花时间与精力制作有自己风格的课件,坚决杜绝没经过自己思考和整合,而直接拷贝别人课件的做法;制作课件要坚持"简明"原则,杜绝文字堆积,做到图文并茂;母版的背景切忌使用复杂图案,应凸显文字、图表下的作用,不使用与教学内容无关的动画和声音。

2. 课件具备教学导航功能

现代教育工作者必须掌握一定的多媒体技术。多媒体课件存在容易让人迷失记忆的弱点,即课件在呈现时只能一页页地播放,前面的内容只能靠记忆回想。如果课件缺乏逻辑思维,就容易使学生迷失方向,导致学了后面,忘记前面。

在设计 PPT 课件时要建立完整的教学导航关系,以加强前后 PPT 页与页之间的联系。一个完整的 PPT 应该有封面、前言或概述、目录、切换页、正文页、结尾页等框架结构,每页 PPT 上都应该有标题、页码。

3. 有明确的教学目标对象

明确 PPT 的使用场合及使用人群十分重要,特定的 PPT 为特定人群、特定目的服务,超出范围使用,则往往达不到预期效果。

在设计 PPT 的时候,不能以教师为中心。教学活动的过程,就是教师与学生进行沟通、交流和传递知识的"说服"过程。学生在学习之前对新知识的认知程度低,而课堂教学的过程就是将学生的认知程度逐渐提升的过程。教师应当站在学生的角度思考,预设讲授知识时学生的反应以及产生的疑问,把这些预设的问题解决好,并在课堂上用 PPT 予以展示和讲解。

4. 颜色的搭配

(1)使用好色彩。制作 PPT 课件时尽量不要超过四种颜色,并且这几种颜色在色彩和色调上要协调,一个 PPT 页面建议以一个色调为主;能充分运用色彩来突出重点,需要强调的教学内容用鲜艳的色彩,以明确学生的关注点,集中学生的注意力。

(2)前景和背景的颜色要高度反差。颜色一般可分为两类:冷色(如蓝和绿)和暖色(如橙或红)。冷色最适合做背景色,因为它们不会引起我们的注意。暖色最适于用在显著位置的主题上(如文本),因为它可以造成扑面而来的效果。

文字和背景的颜色搭配要合理。一是要醒目、易读,二是要求长时间看不会感觉疲劳。每个课件应该准备两种色彩搭配,以适应不同的环境光线。

第一种是蓝底白字。适合在环境光线比较强的情况。

第二种是白底黑字,适合在较暗的环境下使用。因为白色的底版可以让学生看清教师的

"身体语言"。

5. 动静结合的演示

老师在设计 PPT 课件时，要注意 PPT 课件的吸引力，以便调动学生听、看、讲、想、做等学习要素，做到动静结合。

从学生学习方面看，PPT 越生动形象越能吸引学生的兴趣，学生学习的能动性也越强。在设计 PPT 时，为了引起学生的注意力和增强教学效果，许多教师会利用自己的创意使用或创设许多动态图，这使得 PPT 课件更加生动，更能吸引学生的注意力。但是，教师不能滥用动态图，否则学生的注意力会只停留在图画上而忽略了听课；或冲淡了教学主题，最终影响学习效果。相反，如果 PPT 呆板无创意，只突出静态的文本内容，就会使 PPT 课件显得生硬无趣。

多媒体显示速度比板书快，学生对文字的理解又需要花费一定的时间。所以，文字太多的 PPT 课件要注意以下事项：① 要把文字精简；② 将文字的呈现速度降下来，最好逐行动态显示；③ 用生动形象的讲解让文字生动丰满起来；④ 适当运用动画、音响等手段。

（二）制作多媒体课件的步骤

1. 选 题

多媒体课件的制作过程是复杂的，教师要投入大量的时间与精力，且工作量比较大。因此，必须高度重视选题工作。要选择那些学生难以理解、教师用语言难以表达清楚的重点和难点问题。而对于那些在课堂上较易讲解的内容，则没必要采用多媒体进行教学。如教科版七年级上册第一课《走进中学》，内容简单、感性，不必采用多媒体。

2. 学习者分析

学习者在教学双边活动中是主体，讲授者是为学习者提供服务的，课件的设计应以学习者为中心。因此，进行学习者分析是制作多媒体课件的关键部分。学习者分析主要有三方面内容：① 学习者的知识、能力、情感态度与价值观起点分析。② 学习者的身心发展特点分析。③ 学习者的学习基础、学习态度、学习兴趣等分析。

教师对学习者的需求要有一个总体的估计，可以调查和预测学习者的学习动机、学习风格等。只有认真分析学习者的特征，才能设计出符合学生需求的课件。

3. 教学设计

搞好教学设计是制作多媒体课件的前提。教学设计是在综合考虑教师、学生、教材内容三个主要教学因素以后，对教学目标、方法，教学重点、难点，教学过程的预设及相应效果的初步估计。

进行教学设计是制作课件的重要环节，课件的效果取决于教学设计。设计者应该根据教学目标、教学对象，教师的教学风格，运用系统论的观点和方法，依照教学目标，分析教学中的问题，确定解决问题的有效步骤；选择相应的教学策略和教学资源，确定教学知识点的排列顺序；利用教学媒体设计恰当的教学环境，安排教学信息呈现的内容及方式；恰当地使用多媒体，实现人机交互，形成完善的教学组织系统。

4. 系统结构设计

进行系统设计就是对多媒体课件的总体设计。设计的内容包括页面设计、层次结构设计、媒体的应用设计、知识点的表现形式设计、练习方式设计、页面链接设计、交互设计、导航设计等。在进行系统内容设计时，要注意：

（1）要最大限度地满足学习者获取学习资源的要求。教师制作多媒体课件的目的是为了让学生更好地掌握知识，而不仅仅是为了完成自己的教学任务。因此，教师要充分利用多媒体的功能，为学生提供丰富的学习资源。

（2）要保证课件结构清晰、界面连贯、运行高效。优秀的课件不仅会使学习者眼前一亮，而且能使其较快地理解和记忆课件内容。这就要求页面设计要美观大方、结构统一，显示风格尽量一致。

5. 原型开发

在开始制作多媒体课件之前，应选择一个相对完整的教学单元，设计制作这个教学单元的课件原型。通过原型设计，确定多媒体的总体风格、界面风格、导航风格、素材的规格以及编写稿本的要求和内容。

课件原型制作之后，教师依据课件原型和制作稿本进行课件制作。课件的风格和特点要与课件原型的风格和特点基本一致。教师也可以充分利用课件原型的模板进行设计，以节省时间，但不能千篇一律，毫无创新。

6. 稿本编写

稿本的编写包括对课件内容的安排、声音的表现和搭配、是否需要加入动画或视频以及加在什么地方、课件如何与学生交互等。

稿本的设计是根据教学内容的特点和教学设计的要求，在一定学习理论的指导下，对教学内容以及内容之间的逻辑关系进行设计，写出要讲解的文稿、要显示的文体，设计所使用的图形表格、图片、动画视频等。稿本描述了学生将要在计算机上看到的细节，它是设计阶段的总结，也是教师制作课件的依据。

稿本包括文字稿本和制作稿本，文字稿本是按照教学过程的先后顺序描述每一个环节的教学内容及其呈现方式的一种形式。

制作稿本是指教师把文字稿本制作成多媒体课件演示文稿，是学习者将要在计算机的屏幕上看到的细节。目前普遍使用的是 PowerPoint（简称 PPT）。利用 PPT 多媒体课件演示文稿制作工具，用幻灯片把文字、图片、影像、动画、声音等多媒体对象集于一体。

7. 素材制作

多媒体素材设计就是设计和构思表达学习内容所需的各种素材或媒体，如文本、图像、声音、动画、视频和虚拟现实等。

（1）文字素材的制作。文字是课件中最基本的素材，其制作也比较容易，既可以用多媒体创作软件本身的文字处理功能进行编辑，也可用各种专用的文字处理软件，如 word、wps 等。

（2）音频素材的制作。多媒体课件中所用到的音频素材主要有解说词、音效、背景音乐。音频素材的获取方法主要有三种：一是将录音带、录像带、CD、VCD 等媒体上的音频信号通过录播设备输入计算机；二是通过话筒和计算机的声卡录制声音；三是直接在计算机中运用声音软件制作音频信号。背景音乐可以从现成的音乐素材库中选取，文字说明的讲解、图像的配音可以先利用计算机的声卡和话筒录入。

（3）图形图像素材的制作。图形图像不仅要起到美化修饰的作用，还要有实用性，对知识的表达起到辅助作用。学习者从图形图像获得的视觉信息比较直观且易于理解和记忆，为了达到比较理想的视觉感受和艺术效果，就要重视图形、图像的设计。

起修饰作用的图形、图像可以从现成的图形、图像素材库中选取，然后用图像处理软件进行加工处理，使之符合课件的制作要求。与教学内容联系密切的图形、图像，如果有印刷资料，可以用扫描仪或数码相机等把图形、图像录入计算机；如果是实物或景物，可以拍下来后用抓图的方式抓取所需要的图像，将图像录入计算机后，再用 Adobe-Photoshop、CorelDraw 等图像处理软件进行美化或特殊处理。

在处理图形图像的时候，要注意其与教学内容相吻合，这有助于集中学生的注意力和理解教学内容。相反，就可能喧宾夺主，容易使学生的注意力转移。

8. 集成与完善

前面侧重介绍的是多媒体课件制作的各个局部，各环节都完成了并不意味着课件就制作好了，还要对各个局部的成果进行集成。多媒体各种工作准备就绪后，要有条理地把各方面的内容整合起来，形成一个有机的整体。在整合过程中，如果发现有不合理的地方，要及时进行调整。

在完整的多媒体课件制作之后，教师还需要根据实际教学不断完善，使课件日趋完善。

三、多媒体教学中的反思

多媒体技术作为教学的重要辅助，为思想政治学科教学带来了活力。教学中使用的多媒体与其他所有教学媒体一样，都是一种辅助教学工具，都有其自身的不足。因此，在使用多媒体的过程中，我们要注意避免以下几点。

1. 避免多媒体利用华而不实

有些老师过分注重多媒体的表现形式，忽视教学内容。老师过分强调课件的美观，刻意追求画面的频繁更换，依赖课件的表现形式吸引学生的眼球，会使学生由学习者变成"观光者"。课件应该注意内容与形式结合。好的课件，它的表现形式一定是服务于教学内容的。

实际上，思想政治学科教学活动中是否使用多媒体、哪些地方使用多媒体、使用何种多媒体都必须遵循以教师为主导、以媒体工具为辅助的原则。

2. 避免单一使用多媒体

计算机多媒体教学技术的应用，尤其是利用课件教学，对思想政治课教学的促进作用不言而喻。但对课件的使用并不意味着对传统媒介的否定，每一种教学媒介都有其本身的缺点。多媒体有利于教师充分利用和开发教学资源，但利用教学资源不能只依靠多媒体，还要充分利用传统教学手段的优点，让两者相辅相成。

多媒体教学的弊端之一就是不利于学生直观地看清和理解教师讲课的思路，但传统教学媒介中的黑板、粉笔却能弥补这一不足。虽然黑板的演示不生动形象，但是能够静态保留，重要知识点和教师的教学思路可以长时间保留到课堂结束。因此，课堂上，还要充分利用传统教学工具。

3. 避免"机灌"教学

多媒体是老师课堂教学可使用的一种重要手段，是中性的，没有好与坏之分。这种手段运用得好，能产生好的教学效果，有助于开阔学生视野，加深学生对教学内容的理解。如果运用不当，滥用多媒体教学，就会陷入"机灌"式教学的困境。

多媒体具有承载信息量大的特点，需要教师对课堂教学内容进行精心设计，在教学过程中要进行有效的组织。如果一堂课的 PPT 课件承载过多的教学信息，演示速度过快，学生不管能不能理解，只能步步紧跟，没有积极参与思考的时间，学生的主体作用也就无法体现。

思想政治学科是一门以德育为主、兼顾智育的学科，人的要素是第一位的。思想政治学科教师不仅要懂得充分利用多媒体，还要把一些优秀传统教学手段继承下来，与时俱进，不断更新自己的教育观念、教学方法和教学技能。

第十一章　思想政治学科说课技能

说课作为一种教学研究、师资培训和人才选拔的手段，是考验说课者教育教学理论知识是否深厚、教学设计是否合理以及教学技能是否成熟的试金石。

第一节　说课概述

一、思想政治学科的说课

思想政治学科的说课，是指说课者以教育教学理论为指导，在精心备课的基础上，面对同行、领导或教学研究人员，主要用口头语言和有关辅助手段阐述某一具体课题的教学设计，并与听课者一起就课程目标的达成、教学流程的安排、重难点的把握及教学效果与质量的预测与反思等方面进行阐述，共同研讨进一步改进和优化教学设计的教学研究过程。

说课要求说课者从教材、教学方法、教学程序、教学预测与反思四个方面分别阐述自己的教学设计。阐述一般遵循"教什么""怎么教"和"为什么这样教"的思路进行，特别强调说出每一部分内容"为什么这样教"，即运用教育学、心理学等教育理论知识去阐明道理。

1. 教什么

"教什么"部分，要求说课者在钻研课程标准和教材的基础上，说明本课题教学的主要内容以及教学内容的主要特点；阐述本节课的教学重点、难点，叙述拓展性内容以及随堂测验的内容和方式；简要说明教学内容在整个思想政治（品德）教学体系中的地位、作用以及前后联系。

2. 怎么教

"怎么教"，即说课者根据教学目标、学生情况等因素确定的教法和学法。需要说课者说清楚所选教法的含义、特点以及使用范围，说明白使用所选教法时需要的辅助工具；说出说课者本人在教学中是如何使用教法来发挥主导作用、在重要知识点上怎样对学生进行点拨、用什么样的方法培养学生的能力等。

3. 为什么这样教

"为什么这样教"实际上与"教什么""怎么教"有交叉点。说课者说前两部分的具体内容时应该要说清楚这样教的依据和原因。例如，说课者说选择教法时需要说明白确立教法的依据和原因；说学法时，要说清学法是如何根据学生的年龄、心理认知、学习规律确立的；说完教学的拓展性内容后，要交代影响选择拓展性内容的因素，阐述确立拓展性内容的理论依据。

二、说课的特点

1. 方式灵活

说课不受时间、地点、教学设备的限制，可随时随地进行，也不受教学对象和参加人数的制约，只要有两个人以上参与听课即可进行。与教案相比，说课形式更为直观，形象；与观摩课相较，说课的方式灵活，简便易行。

2. 短时高效

单纯的说课一般时间较短，10分钟即可完成。但内容十分丰富，既包括教师对教材的理解掌握和分析处理，又包括教法设计与教学过程；既要说明白怎么教，又要说清楚学生怎么学。

3. 理论性强

备课，可以从教案看出教什么；上课，可以从课堂教学看出怎么教。而说课不仅要说出教什么、怎样教，还要说清为什么这样教，让听者不仅知其然，还要知其所以然，这是说课区别于备课、上课的主要方面。

说课的理论性很强，能充分体现教师的教学思想和表达课程理念。上课是实践性的教学活动，说课是理论性的研究，教师没有一定的理论水平，难以把课说好。它要求教师从理论出发对教材和学生进行深入的分析，不断拓展和丰富教育教学理论。

4. 激励性

说课的高要求能激励他们写出一份精良的说课稿，激励他们提高写作技巧，锻炼说课者的口头表达能力；激励说课者不断开发和利用教学资源，学习教育教学理论，提高教学的艺术性、实用性。说课一旦成功，就会使说课者获得同行的尊重与领导的认可，提高说课者学习或工作的积极性。

5. 高层次性

说课并不是说给学生听，而是说给同行、专业研究人员或者领导听，而他们都懂教材、熟业务并且具有一定的教研水平。

说课者要想自己的说课达到更高层次，就必须学习先进的教学理念和教学方法，学习与教育有关的理论知识，充实说课的理论依据。

说课者有时又是听课者，听课者要对说课者进行一定的评价。这就要求听课者要熟悉和掌握教材，以便评课更加准确、透彻。通过听说课和说课这一环节，两者都能在较高层次上进行切磋和交流。

三、思想政治学科说课的作用

说课是基础教育领域影响较大的一项教研创新活动，是一种深层次备课活动后的展示。说课能够展示出教师在备课中的思维创新过程，能凸显教师对课程标准、教材的理解和把握水平，对学生的理解和熟悉程度，以及运用有关教育理论和教学原则组织教学的能力。

1. 有利于促进参与者将教育教学理论运用于实践

（1）说课离不开教学理论。说课过程的各个环节离不开教育教学理论的指导，特别在说"为什么这样教和教得怎么样"时，更需要说课者从教育教学理论中寻找科学依据，否则无法让参与者信服。

例如，说学法时，必须体现出新课改所倡导的新的学生观，要依据教育学关于教师主导与学生主体地位关系的理论；说教学过程设计时，需要以教学论中关于课堂教学类型和结构的理论为依据，安排课堂教学的环节和步骤。总之，说课环节只有在教育教学理论的指导下，才能使听者既知其然，又知其所以然。

（2）提高教师对教育教学理论的理解与运用能力。说课是教学实践与理论研究相结合的体现，可以促进教师将学到的教育教学理论有机地融入教学实践中，克服教育教学理论和教学实践脱节的现象。

要把课说好，教师除了必须具备一定的学科理论、专业知识外，还必须掌握教育科学知识，具备一定的教育教学理论水平。这就要求教师在钻研教材、学习教学参考资料的同时，认真学习和钻研教育学、心理学以及教材教法等知识。

2. 培养和提高参与者教育教学水平

说课也是教学实践与理论研究相结合的过程，说课者说课，实际上是对其教育教学理论水平与实践能力的检验，有利于尽早解决理论与教学实际脱节的问题，把理论运用于实践，提高教学水平。

说课重在讲依据、说原理，要求说课者自觉地研究教育教学理论，研究课程标准、教材。在准备说课的过程中，要改变照搬照抄教学参考书的做法，每节课的每项教学目标的确定，每个教学环节的安排，每一个教法、学法、教学媒体的选择与运用，以及整个备课过程，都应深思熟虑、言之有据、持之有理，使说课变得生动。否则，无论是说课还是评课都不会深入，难以达到预期的效果。

3. 锻炼参与者的思维能力，提高其语言组织能力和表达能力

说课的着力点在于"说"。在说课活动的过程中，教师通过对教学内容、教学目标、教学教法的设计，不仅要说出是什么，还要说出为什么；不仅要考虑教师怎么教，还要考虑学生怎么学。这些问题都是教学设计中的深层次问题。说课者通过不断思考这些问题，不仅可以不断锻炼其思维方式和思维能力，还可以不断地提高其语言组织能力和表达能力，从而使语言变得有艺术性、科学性，表述更加准确流畅，锻炼使说课更加生动、深刻、吸引人。

4. 有利于促进教学交流与合作

（1）有利于营造良好的群体心理气氛。说课的对象不是学生，而是水平相对较高的师范生、教师、同行或专家，他们是教师群体或准教师群体。这个群体具有理智、和睦、团结和互助的特点，说课者的自我展示和听课者在尊重说课者基础上的评说，能够很好地在教师群体中建立起和谐的人际关系，高度体现群体间高层次的社会心理相容性。因此，群体中良好的社会心理气氛必然会激发群体成员无限的生命活力、旺盛的工作热情，使群体和个人都能充分发挥创造力。

（2）促进教师教学反思、交流与合作。说课是说课者与听课者的双边活动，不管是说课者还是听课者，也不管是课前说课还是课后说课，参与者都能把自己对于课题设计的静态的

个人行为转化为动态的学术讨论。

从参与者个人角度来看，一是教师通过对自身课堂教学情况设计与他人课堂教学设计进行对比和评判，检验自己对某些问题的看法是否正确；二是教师通过对自身教学行为的深入分析，形成自己对某问题的新感悟和新认识，从而形成教学的新视野。

从参与群体的角度来看，教师群体的文化、知识认知水平普遍较高，对问题的提出、观察与分析都有独特的见解，评价具有明确、深刻细致的特点。因此，说课为参与者提供了教育教学交流的平台，使教师之间能进行充分的信息交流，形成资源共享的平台。教师的交流与合作无疑为学生的合作学习树立了良好的榜样，这正是新的课程改革倡导的重要理念之一。

5. 有利于提高课堂教学的效率

教师通过说课，发现备课中存在的问题和解决已有的问题，进一步明确教学的重点、难点，再次理清教学的思路并及时对课题的设计作进一步改进。这样可以克服教学中重点不突出、训练不到位的问题，从而有效地提高课堂教学的效率。

6. 有利于促进教师教学规范

从内容上看，说课要求说教学目标、说教学内容、说教法、说学法、说教程、说板书、说练习设计、说理论依据等。这可以使说课者特别是新教师和高等院校的师范生明确教学的基本工作规范和教学的基本环节，贯彻当前课程改革中倡导的在课堂教学中重学法、重课程、以学为本、因学论教等理念。

第二节　说课的类型

一、说课的类型

说课，作为教学研究活动的一个有机组成部分，因其活动的目的、要求不同，常有不同的分类方法。

（一）课前说课与课后说课

从服务于课堂教学的先后顺序来看，说课可分为课前说课与课后说课，两者在时间上有区别，说课的角度也有区分。

1. 课前说课

课前说课，从时间上来看是在上课前的说课，是教师备课活动的成果，是教师在认真研读教材、领会编写意图、分析教学资源、初步完成教学设计基础上的一种说课形式，是教师个体深层次备课后的一种教学预演活动，是一次预测性和预设性说课活动。

2. 课后说课

课后说课，就是教师按照既定的教学设计进行上课，并在上课后向所有听课者和教研人员阐述自己教学得失的一种说课形式，是建立在教师个体教学活动基础上的一种集体反思与研究活动。正是这种集体反思与研讨，才使说课者个体和参与研讨的其他教师对教学的成败得失有更加清晰的认识，也为进一步改进和优化教学设计提供了可能。因此，课后说课也常常被认为是一种反思性和验证性的说课活动。

（二）预测型说课与反思型说课

从改进和优化课堂教学设计来看，可分为预测型说课与反思型说课。

1. 预测型说课

预测型说课是课前说课或岗前说课，往往带有教学研究或教学探索的意味。由于是对新的方式的尝试，所以对可能出现的教学效果，说课者并不能确定，只能是预测的效果。高等师范院校培训师范生的教师职业技能时，往往强调师范生对教学效果进行预测。

2. 反思型说课

反思型说课，则多针对某一问题进行深入的教学研讨，带有科学研究的意味，往往是有一定教学经验的教师所采用的说课方式。由于是有所指的反思，所以在说课过程中，参与者都会积极进入研究状态。

（三）评比型说课与非评比型说课

从教学业务评比的角度来看，可分为评比型说课与非评比型说课。

评比型说课，把说课作为教师教学业务评比的内容或一个项目，对教师运用教育教学理论的能力、理解课程标准和教材的实际水平、教学流程设计的科学性和合理性等做出客观公正评判。它既是发现和遴选优秀教师的一种评比方法，也是带动教师队伍建设、促进教师专业发展的有效途径。评比型说课，既可采用课前说课（或预测性说课）的方式，也可采用课后说课（或反思型说课）的方式。

非评比类型的说课则多以研究交流为目的，具有诊断和提高的性质，是参与者之间互相学习、互相帮助、共同提高的教研活动。

（四）专题研究型说课和示范型说课

从教学研究的角度来看，可分为专题研究型说课和示范型说课。

1. 专题研究型说课

专题研究型说课还可以细分为主题型说课和研讨型说课。

（1）主题型说课。主题型说课，就是以教育教学工作中遇到的重点、难点问题或热点问题为主题，引导教师在进行一段时间实践和探索的基础上，用说课的方式向其他教师、专家和领导汇报其研究成果的教育教学研究活动。显然，主题型说课是一种更深入的问题研究活动，更有助于解决教育教学重点、难点或热点问题。

（2）研讨型说课。研讨型说课，通常是指以教研组或年级备课组为单位，以集体备课的形式，由一位教师对研究内容进行事先准备，然后对组内教师进行解说，之后由听课教师评议研究的教研形式。其特点：一是成员相对固定，一般是同一个学科的教师，常常可以进行较深入的交流；二是说课的内容形式多样，可以是一堂完整的课，也可以是一两个重要的知识点或教学片段。

2. 示范型说课

示范型说课，一般是指以优秀教师如教学能手、学科带头人、特级教师等为代表在向听课教师做示范型说课的基础上，请该教师按照其说课内容上课，然后再组织教师进行评议的教学研究方式。

（1）由于具有示范作用，听课者较多，影响也比较广。说课可以安排在课前也可以安排在课后，听课者可以通过听说课、看上课、参评课增长见识，开阔视野，不断提高自己运用理论指导教育教学实践的能力。

（2）说课要求较为严格，要求形式规范完整，或在教学内容的理解上，或教学方法创新上，或在先进教育教学理念的凸显等方面有所突破。

（3）示范型说课强调体现先进的教学理念，有利于提高教学水平，是培养教学骨干和提高青年教师教学水平的有效方式和重要途径。

（五）授课者说课与评课者说课

从说课的主体角度看，可分为授课者说课与评课者说课。授课者说课的说课者就是上课者，是同一主体；评课者说课则分属两个不同主体。

这种说课类型如图 11-1 所示。

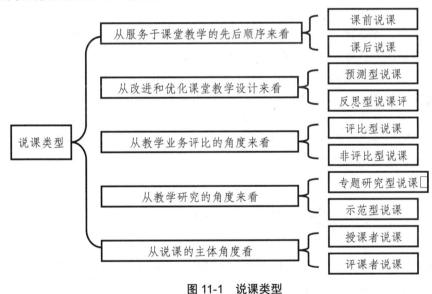

图 11-1　说课类型

二、说课与备课、上课的关系

（一）说课与上课的关系

说课与上课有很多共同之处。例如，在课前说课中，所展示的教学流程、教学内容、教学方式、教学媒体等，都会在上课时得到充分体现。再如，在课后说课中，说课者进行反思活动时所涉及的内容，更多的是上课时师生活动的再现。说课是介于备课与上课之间的一种教研形式。但是，说课、上课毕竟是两种不同的活动过程，它们存在本质的区别。如表 11-1 所示。

表 11-1　说课与上课的区别

区别	上课	说课
对象不同	学生	有一定教学经验的同行或研究者
目的不同	全面提高学生整体素质	提高教师知识水平与教学能力
形式不同	执教者以学生为对象，是面对学生的一种双边活动	执教者以教师为对象，是面对教师的一项单边活动
内容不同	运用教材向学生传授知识技能	运用教材及相关教育科学理论
要求不同	解决教什么、怎么教、学什么、学多少、怎么学的问题	主要解决为什么这样教、为什么那样学的问题
评价不同	以学生学习效果为评价标准	以教师整体素质作为评价标准

（二）说课与备课的关系

无论是备课还是说课，其都是为上课服务，都属于课前的一种准备工作。在主要内容方面应该是一致的。但两者也有不同。

（1）内涵不同。一般来说，备课是教师个体独立进行的一种静态的教学研究行为，而说课是教师集体共同开展的一种动态的教学研究活动。

（2）对象不同。在备课过程中，教师一般独立进行教学设计，不直接面对学生或教师。说课是说课者直接面对其他教师，说明自己的备课成果及依据。

（3）目的不同。备课是为了能上课，为了能正常、规范、高效地开展教学活动，它以全面提高教育教学质量和不断促进学生的发展为最终目的。说课是为了帮助教师学会反思，改进和优化备课，它以整体提高教师队伍素质和实现教师专业化发展为最终目的。

（4）要求不同。备课一般只需写出教什么、怎么教就可以了，而无须说明为什么这么教。说课还要从理论角度阐述为什么这么教。

第三节　说课的实施

为了训练的需要，本节在叙述说课的实施过程时，主要以岗前的说课训练为主，侧重对思政专业师范生说课技能训练过程中存在的问题及成因进行分析，并提出改进建议。

一、说课的基本流程

（一）说教材

1. 说教材的地位与作用

说教材是指在说课过程中分析教材的内容结构、地位和作用。教材的分析，分为纵向分析与横向分析。

纵向分析是指说明说课内容在单元或在教材中的地位与作用，说清说课内容与整个思想政治（品德）知识体系的联系。因为教材是经过教育专家、编者的仔细推敲编写的，知识点具有科学性、层次性，在知识深度上是逐步递进的，所以，教材中知识点出现的先后顺序具有很强的逻辑性。

横向分析是指说明说课内容与其他单元或其他学科之间的联系。说课者要阐述所说课题在本单元起什么样的作用，与学生正接触的其他学科存在哪些相关性。例如，历史教材中有关宗教冲突和民族歧视问题的知识点，民族问题和宗教问题是人类历史发展过程中形成的普遍社会现象，短时期内是无法消除的，只能减轻或缓和。而在思想政治（品德）教材中体现这个知识点的是我国制定的宗教政策和民族政策。说课者在处理这个知识点时可以运用串联方式进行横向分析。

2. 说教学目标

教学目标是依据中华人民共和国教育部制定的课程标准、学生的具体情况等因素确立的。新课程标准将教学目标分成三个维度，分别是知识目标、能力目标和情感态度价值观目标。思想政治教育专业的师范生需要注意情感态度和价值观中道德情感的发展。师范生在说教学目标时，要交代教学目标分为几个维度、各维度确立的标准是什么、相互的联系是什么、影响教学目标制定的因素有哪些、在教学过程中如何实现。

知识目标，即学生在学习新课过程中需要达到的知识水平。说课者在说课时需要注意知识目标的制定是以学生现有知识水平为基础的，预测学生通过课堂学习将会达到的知识水平，即知识目标。

能力目标，是指学生进行系统的学习后，运用知识有效地处理某些问题的能力和技能水平，是知识和情感的外在表现。学生所学到的任何知识只有运用于实际生活，才能实现知识的使用价值。

情感态度和价值观目标的确立应立足于学生的身心健康发展，使学生形成积极健康的思想意识，树立正确的人生观、价值观和世界观。情感态度和价值观中需要注意道德情感的发展，因为人的道德品质是人最重要的素质，它是道德素质在思想和行为中的体现。

3. 说教学的重点与难点

教学重点一般是指教学内容中最关键性、最具有现实意义的内容。教学难点是指学生在学习过程中不易理解的知识或难以掌握的技能。教学难点的确定要以学生的接受程度为依据，大概分为三类：① 教材中具有较强概括性、抽象性、思辨性的内容。② 远离学生生活实际的内容。③ 学生在思想认识上容易产生疑难、迷惑的问题。

对于师范生来说，教学的重点难点分析，在教材分析过程中是最难进行的。因为师范生实际操作的机会少，对中学生具体情况的了解一般停留在表面。

说教材分析时，教材的地位与作用、教学目标以及教学重点与难点这三个方面缺一不可，在说课过程中只有完全展现这三个方面，才能体现教材分析的完整性。

（二）说学情

学情分析是系统教学的有机组成部分，与其他教学组成紧密联系的整体。

学情分析是制定教学目标的基础。说课者只有深入了解中学生已有的认知水平，才能正确掌握中学生在不同领域、不同学习活动中的最近发展区；然后从情感态度、能力、知识等不同角度观察中学生在最近发展区中所能达到的最高点。

学情分析是教学重点难点分析的依据。说课者凭空分析出的教学重难点是无意义的，因为同一年级的不同班级的学生在学识水平上有所不同，所以学生对同一知识点的理解也存在差距。说课者需要根据具体学生的具体情况调整教学的重点与难点。

学情分析是教学活动设计的出发点和落脚点。不深入了解学生实际情况，凭空设计出的教学活动往往是说课者的一厢情愿。如果教学活动不以学生的知识、实践经验为基础，就难以在教学活动中落实。

学情分析的主要因素有以下一些：

（1）学生的年龄特点。分析学生的年龄特点时，说课者需要注意的是学生的思维特征、开放程度、注意力保持时间等，也可适当运用心理学理论知识分析。

（2）学生已有的知识经验。说课教师对学生的知识经验有较清楚的估计，但师范生则有困难。师范生一般根据观看网络上的示范性上课视频，或者实地听取中学政治教师上课的情况等方式来掌握学生的知识水平、能力起点和学习风格。

（3）学生所具有的道德水平。说课者可以通过对学生的观察以及运用心理学理论知识等判断学生的道德水平，针对不同道德水平的学生采取不同的教学措施，因材施教。

（三）说教法和学法

学法是指学生学习思想政治（品德）课的方法，教师通过学习方法的引导，提高学生学习思想政治（品德）课的能力，实现学生的全面发展。在教学过程中常用的有以下几种学习方法。

（1）资料收集法，是指学生可通过互联网、书籍报刊、野外实践等渠道收集与新课内容有关的学习资料。资料收集法能调动学生学习的积极主动性，拓展学生的视野，培养学生提出问题和解决问题的能力。

（2）情感体验法，情感体验是一种心理体验活动。说课者通过理、情、景相交融的方式引导学生进行想象、对比、联想和心理换位思考，实现情感上的共鸣和人格上的升华，达到情感教化的目的。例如，思想政治（品德）课中抽象性的知识，可引导学生采用情感体验法进行学习，在特定的情境中感受知识的魅力。说课者需要向同行或教学研究人员阐明用什么样的情感体验方式、使用此种方式的依据以及将会达到的效果。

（3）自主探究，即学生主动根据日常生活中出现的情景提出与教学内容相关的问题，并有计划、有目的、有步骤地进行研究与探索，从而获得结论的学习方法。自主探究法能培养学生的创新实践能力和独立解决问题的能力。

（4）小组合作，即按一定的标准进行分组，各小组通过一起学习、合作，使所有学生的学习效果最大化。小组探究法一般在知识点比较复杂、单凭个人的能力不能解决问题或效率低下的情况下使用。说小组合作法的时候，要说明班集体用哪种方式进行分组以及分组的标准是什么。

教法和学法在教学过程中是两个不同的教学主体，说课者在说课时要分清教学主体，才能正确把握教法和学法。教师的教和学生的学必须采取与之相适应的方法。在素质教育理念下，教师是主导，学生是主体。因此，教法是依据学法确立的。

说教法，说课者需要用所学理论说明确立教法的依据、教法如何体现课程理念和教学原理、教法与学法之间如何产生联系。具体来说，说课者要阐明怎样教和为什么这样教，说明用什么方法落实课程理念、实现教学目标，怎样引导学生进行学习，如何训练学生思维、强化学生的主动意识。

（四）说教学过程

教学过程是整个说课过程中的重点，是对为实现教学目标而进行的一系列教与学的互动过程的分析说明。说教学过程一般按照先总后分的思路进行，首先是对教学全程的总体结构设计进行分析；其次是对总体结构中各阶段采取的教学策略进行分析。

分析教学过程的总体结构设计，需要说明教学过程共划分为几个教学阶段、排列的顺序及依据，一般按时间先后顺序把教学分为课前准备、课堂教学和课后拓展三个阶段，其中课堂教学阶段是说课的重点。分析各阶段采取的教学策略，需要说明各阶段主要的教学内容及呈现方式，对重点、难点采用的教学方法，分别达到什么样的教学目标，各阶段教学活动设计的意图和依据。

课堂教学阶段是主教学过程的重点内容，说课时按课堂教学的基本环节来展开。教学过程可划分为新课导入、讲授新课、练习巩固、教学反思四个环节，排列顺序依具体需要而定，各环节之间既独立又相互交叉，需要说课者从总体上进行把握。

1. 新课导入

新课导入是课堂教学阶段的第一步，一般是指说课者运用什么样的方法或教学辅助工具顺利地将学生带入学习课堂。通常，说课者在导入环节应该选择能够激起学生的学习兴趣、引起学生的有意注意的方法。选择什么样的方法是由学生的兴趣爱好、认知结构以及说课者的教学艺术风格等来决定的。

在新课导入环节，有以下几种常用的导入方法：

（1）视频导入法。视频导入是一种直观的导入方式，能调动学生的视听神经，激发学生的学习兴趣，使其迅速融入课堂。说课者选用的视频要健康向上，要考虑学生的身心发展以及有效展现教材内容。

比如，说课者在说人教版思想品德九年级"我们的社会主义祖国"时可以用视频导入法，播放国庆阅兵仪式中的相关视频，因为视频中宏大的场面和富有感染力的解说词能够迅速地从感官上激发学生的学习兴趣和爱国情感。

（2）音频导入法。音乐的感染力不可估量，音乐节奏能激起学生的学习情感。应根据学生的喜好决定选取音乐的类型。

（3）情景导入法。情景导入法是指说课者创设教学情境，用语言的穿透力把学生带入特定情境中。初中思想品德课本中的知识多数是以情景漫画的形式展现的，如果说课者能够将教材中平面的漫画通过生动的语言、立体的动态情景展示，则能使课本知识变得通俗易懂。

（4）静态导入法。静态导入法是指说课者说课时用图片导入，通过引导学生观看图片、想象图片背后的故事，激发空间想象力、情景还原能力。

（5）复习导入法。复习导入法是教学中常用的，也是最简单的导入方法。说课者在上课之前调动学生已有知识中与新课内容有关的部分，把新旧知识联系起来，完成导入。

2. 讲授新课

说课者在分析新课部分时，需要根据新知识的特点划分为几个部分，再根据新知识特点和学生情况决定使用什么样的教法、学法，确立教学的重点与难点，设计教学活动，以及用理论分析说明这样安排新课内容将会达到怎样的教学目的。

说课者在说新课时需要注意新旧知识之间的联系，使学习过程成为一个有意义的学习过程。美国著名的教育心理学家奥苏泊尔提出的有意义学习是指新旧知识间发生关系。进行有意义的学习需要满足两个条件：一是学习材料本身具有逻辑性；二是学习者对学习产生积极性，以及学习者的认知结构中具有适当的知识。

3. 课堂巩固与课后拓展

课堂巩固主要是说课者精心设计课堂习题或者对教学内容进行回顾。合理的巩固方式，能使学生在无意中对课堂知识进行强化和思考。设计巧妙的巩固方式能引起学生对生活的思考，培养学生的探索精神和科学精神。

课后拓展是对课堂内容的延伸，需要做到多元设计，精心安排。拓展训练应针对学生难以理解的内容，选择多种途径和手段，给学生提供多元化的学习平台。课后拓展既能增加学生的课外知识，加深其对课内知识的理解，又能使学生学以致用。课后拓展主要有三种拓展模式。

（1）问题思考模式。这种模式的重点是在课后问题的思考方面应采用什么手段和方法。

（2）问题作业模式。这种模式的重点是在作业设计与安排方面应采用哪些方式与方法。

（3）问题探究模式。这种模式的重点应该是问题探究活动设计与安排应采用哪些方式与方法。

说课者应依据学科特点、教学内容、学生学习需求等来选择拓展模式。课堂巩固与课后拓展时使用的习题必须能够与教材进行合理搭配，分析学生做题后将会达到的效果。

4. 板书设计

说课者需要用板书将授课的内容简明扼要、直观形象地展示给学生，突出教学的重点、难点，利于学生对新课知识结构的掌握。同时，学生通过板书可以掌握教学内容的思路，提高分析、概括等思维能力。说课者在说板书设计时主要说明板书设计的结构、设计依据、设计的原理和方法。说课者需要从总体上把握课本中的教学思想并能在板书中完整地体现。介绍板书时，需要把握板书的整体性，突出重点，直观形象地表达内容。

（五）教学反思

教学反思，是指说课者对说课全程的再认识、再思考，并以此来总结经验教训，进一步提高个人的教育教学水平。教学反思是教师提高教学技能的有效手段，说课者会从自己的教育实践中来反观自己的得失，通过教育案例、教育故事、教育心得等来提高教学反思的质量。教学反思体现了说课者谦虚的态度以及寻求真知的渴望。

二、思政专业师范生说课技能存在的问题及其原因

(一) 说教材过程中突出的问题

（1）教学目标不切实际。说课者对教学目标的阐述过于简单，且没有针对性，对如何落实教学目标的说明，缺乏理论支撑。原因是教学目标的制定脱离了学生实际，造成目标定得过高或过低。有缺陷的教学目标不利于学生整体素质的提高，也难以达成，教学目标失去其应有的价值。

思想政治教育专业的师范生，通过在校的长期理论学习，掌握了一定的专业理论知识、教育教学理论知识后，依然会出现教学目标不切实际的情况。这在很大程度上是因为师范生缺乏实践经验，对教学理论的使用不能够深入浅出，不能使用恰当的语言文字或专业术语解释教学目标的依据。

（2）对教学重难点把握不准确。师范生容易摒弃思想政治（品德）课程标准及脱离学生实际随意制定重难点，未将课程标准中要求学生必须掌握的最基本、最核心的知识定为重点，没有将学生难以理解的内容定为难点。

师范生对教学重点、难点的划分不明确，有时候将重点当成难点，有时又将难点当成重点，因此会出现重难点错位的情况。这是因为师范生实地教学经验不足，对教材的把握不够深入，对课程标准的解读不够透彻，对中学生的心理发展特点不够熟悉。

（3）板书设计存在缺陷。说课前没有对教学内容进行精心的板书设计，而是直接将课本文字简单地在课件或黑板上呈现，缺乏对板书设计思路依据的阐述，不能使听课者清晰地了解教学的主要内容、教学的思路、教学重点与难点等内容。说课者对教材理解的深度也不能通过板书展现在听课者面前。

有的师范生板书的内容大多数照搬照抄教科书中的内容，而不是依据自己对教材内容的理解进行总结和归纳。而且，板书内容和思路并不能反映出师范生说教材内容的思路，更不能反映教材的逻辑顺序。

（4）师范生对教学反思的忽视。师范生将说课当成任务，说课完成，任务也就完成，并没有对听课者指出的问题进行思考。原本师范生进行说课的目的就是了解自己在教学技能方面存在的不足，使自己能够更加快速地进入教师的角色。但是，一些师范生却不以为然，将自己困在以自我为中心的教学环境中

(二) 学情分析不符合教学需要

师范生在说学情分析时不以学生的知识为基础，不以学生的能力为起点，不深入了解学生的世界观、人生观、价值观的形成过程及规律，不能正确分析学生在接下来的学习中会遇到什么样的困难。

（1）学情分析脱离实际。师范生在对学情进行分析时脱离学生主体，没有具体阐述学生的学习能力、课程知识储备、思想道德准备、学生心理认知规律等具体情况。主要表现在没有针对学习能力不同的班级采用不同形式的教学活动，忽视学生的整体与个体差异，使学生的个性得不到充分的发挥。事实上，同一年级的学生的学习心理是存在一定差距的，分析学

情时忽略学生的个体情况，仅从个人的主观臆想出发，是带有一定主观随意性的。

（2）学情分析脱离教材。学情分析脱离教材是指说课者在说学情时，不重视教学内容的特点和教材的逻辑思路，没有针对学生的具体情况具体分析。例如，说课者选定的是抽象性、概念性较强的教学内容，说课者却把分析学生情况的重点放在学生实际操作的能力和记忆力等具体能力上，而不是分析学生抽象思维能力和想象力等与选定课题的教学目标具有一致性的方面。

（三）说课思路不清晰

大部分思想政治教育专业的师范生在说教学过程时，只是将教学过程中的活动流程、各活动的时间安排等简略、笼统地阐述一遍。这样的说课，使听课者不能从说课者的语言表达中清楚教学活动设计的缘由，就无法使教学研究人员进行研究，说课也就失去了它原本的意义。

1. 教学活动与理论依据不匹配

师范生虽然学习了大量的理论性知识，但在说课过程中却不能够完全展现。比如，教学活动时，设计教学活动与说课者的理论分析之间存在一定的差距，说课者时常会将同一个教学理论用于所有的教学活动，或者对某一个教学活动进行分析时将所学的所有教学理论都用上，这样没有针对性的说课犯了说课的大忌。

2. 说教学程序存在的问题

（1）将说教学过程当成上课。说课者将教学程序说成教师问、学生答的讲课模式，错误地认为说教学过程就是课堂教学实录，将听课的对象定义为学生。事实上，说课的对象是同行、研究者或教育专家，说课需要阐述教学安排的顺序及依据。关键是要说依据，虽然涉及"教什么""怎么教"等内容，但重点是"为什么这么教"，要用教育教学理论来说明教学设计，以表明教学教程的设计是切实可行的，而不是通过具体的教学过程来完成说课。

（2）说教学程序缺乏重点。其表现是：没有将教学的主体设计思路和主要依据呈现给听课者，通常未将"教什么""怎么教""为什么这样教"的重点说课思路通过精练的语言表述出来。听说课的参与者没办法在头脑中展现教学场景，甚至听课者不清楚说课者的教学思路、教学设计重点和意图。

（四）说课辅助手段存在的问题

说课的辅助手段主要是指为说课服务的多媒体设备、板书、说课课件等辅助工具。辅助手段的使用对于说课的成功至关重要。但是，师范生在使用说课辅助手段时仍存在不足，主要表现在以下两个方面。

1. 说课常规手段结合不足

说课的常规手段主要是指板书。说课者对于板书的运用不够合理，没有将板书与说课进程紧密结合，没有达到增强说课效果的目的。说课常规手段结合不足主要表现在三个方面：

（1）说课者忽略板书的使用。在说课过程中，说课者没有用板书的形式向听课者展现说课思路。

（2）说课者设计了板书，但是不能突出说课内容的重点和核心，不能展现说课者的主要说课思路。

（3）说课者将说课的板书与讲课的板书混淆，不能明确划分二者的界限。

2. 说课现代手段配合不当

说课现代手段配合不当，主要是指说课者对说课课件的设计和使用与整个说课过程的搭配不合理。主要表现在以下三个方面：

（1）说课者在说课课件的制作上应付了事，不能清楚展现说课的流程，缺少说课的重点，不能发挥其辅助功能，从而降低说课的实际效果。

（2）说课者使用课件等现代化手段时，过分强调课件的美感而忽略对说课思路以及主要内容的展示，课件取代了说课者的主体地位，出现本末倒置的情况。

（3）说课课件堆积大量的文字，甚至把要说的话都呈现在课件幻灯片上，把说课变成念课。

三、思政专业师范生说课技能的改善

（一）对说课内容的改进措施

说课者首先要清楚说课的具体内容，将阐述重点放在教学设计的理论依据和实际依据上。改进说课内容主要从有针对性地剖析教材、准确地分析学情、深化教法学法的理论性、有条理地说教学程序这四个方面着手。

1. 提高教材剖析针对性

教材剖析的针对性是指深度挖掘教材的内容，并对其进行有针对性的分析。对教材的深度分析能为分析教法、学法以及教学程序打下基础。

（1）分析教材内在的联系。分析教材时要阐明说课内容在整个思想政治（品德）知识体系中、在单元知识结构中的地位与作用。同时，需要说明教学内容建立在哪些旧知识的基础上，又为后面哪些知识的学习做铺垫，要体现说课内容在新旧知识所形成的知识框架结构中承上启下的地位与作用。分析教材的内在联系，有利于掌握整个知识体系，同时为选择教法和学法提供现实依据。

（2）制定与分析教学目标。制定与分析教学目标即教学目标制定的依据是课程标准、课本内容、学生特点。教学目标主要包括情感态度和价值观、能力、知识三方面。在分析教学目标时要有理论依据和现实依据，以证明所确定的教学目标的合理性、必要性和达成的可能性。教学目标不能低于课程标准的规定，要考虑学生经过努力可以达到的高度。

（3）突出重点、突破难点。教学重点、难点要从课程标准、教学目标及学生情况等方面进行说明，分析将其定为重点或难点的理论依据。教材重点是指教学内容的基本知识或基本原理，对学生具有现实意义的知识。只有突出重点，教学程序才能有条有理地进行。教学难点是学生难以理解的知识，需要师范生对学生进行引导。而教学重点与难点在某种程度上具有"同一性"，因此，在确定教学重点、难点时，说课者要熟悉课程标准和学生心理认知水平，掌握不同年龄阶段的学生情况，考虑不同层次的学生对教材的理解程度。

2. 强化学情分析准确性

学情分析的准确性是指学情分析应依据教学目标和内容，从学生的知识储备、思维方式、生活经验以及学习兴趣等方面进行准确的分析。说课者对学情的分析应贯穿于整个说课过程中，从而让听者明白"为什么这么教"。强化学情分析的准确性可以从以下几方面着手：

（1）切实把握学生的知识储备情况。中学生对思想政治（品德）教材的了解一般停留于表面，不能深刻地解读教材，这与中学生的知识储备和社会阅历是分不开的。所以，教师应该对学生的知识储备进行正确评价，这样才能根据学情设计教学，深入浅出地将知识传授给学生。

（2）深入了解学生学习状况。处于不同年级、不同班级的学生具有不同的学习水平和学习能力。此外，不同阶段的学生其思维特点也是不同的。初中生思维方式多体现为形象思维，更容易接受具体形象的教学方法；高中学生的思维方式则体现出由具体思维向抽象思维过渡的特点，他们能够关注整个思想政治学科体系，具有一定的综合分析能力。所以，所选教学内容的呈现方式和教学方法应关注学生群体的差异性。说课者只有对学生的整体学习状况有深入的了解，才能合理安排教学内容和教学方法。

（3）全面剖析学生的生活经验和学习兴趣。生长环境不同的学生，其生活经验也有所差别。城镇学生比较关注每日新闻热点，思想比较开放，性格相对乐观开朗。农村学生比较注重生活体验，思想相对保守，性格比较沉闷但朴实。说课时，应针对不同地域的教学对象设计不同的教学方法。在学习兴趣培养方面，对于高中阶段的学生，应该注重知识传授的逻辑性，用逻辑推理来引导他们进入未知领域；对于初中阶段的学生，则要通过情感的教化或情感体验的方式引起其学习兴趣。

3. 深化教法学法的理论性

深化教法学法理论性即熟练掌握教育学、心理学、学科教学等相关理论知识，了解理论的最新发展现状，并根据课程标准的要求进行说课，使说课有坚实的理论支撑。深化教法学法理论性可以从以下两个方面着手：

（1）更新教学理念。思想政治（品德）课最新课程标准表达的是具有鲜明时代性的教学思想和教学观念。说课者要对新课标认真研读，了解新课标，摒弃旧的教学观念，积极践行新课标的教学理念。随着时代的进步，教学研究也在不断地发展，教学理念也在不断更新和改进。一成不变的教学理念和教学模式明显不符合时代进步的要求，也不符合教学发展规律和学生身心成长的要求。师范生要不断地充实自己，学习最新的教学理念，端正教学态度，并将最新的教学理念运用到说课过程中，提升说课的理论水平。

（2）优化教法。教法的优化应依据学情、教学目标和教材内容进行，是对教学方法的合理选用。教学方法并非单一的，而具有多样性，而且每一种教学方法都有其本身的特点以及适用的条件。好的说课不是教学内容的简单展示，而是精心设计后的呈现，这就需要对教学方法进行合理的选择。而且，在同一堂思想政治（品德）课中，单纯地运用一种教学方法也不利于教学的进行，应该将多种教法进行优化组合，将一种或两种教法作为主要教学方法，以其他方法为辅助教学方法，并在教学中灵活转化运用。这就要求说课者在说教法时重点分析在不同教学内容中使用了哪些教学方法、决定选用这些教法的理论依据有哪些、它们以什么样的形式进行组合、这样组合的依据和原因是什么。

4. 提升说教学程序的条理性

教学程序的条理性是指说教学程序时应内容清晰、重点突出、过渡自然、环环相扣。在这部分主要是说教学程序设计的理论依据。说教学程序一般包括新课导入、新课讲授、课堂小结、作业设计、板书设计等方面。这几方面有一定的顺序性，有时也会出现交叉。提升说教学程序的条理性可从以下几个方面入手：

第一，新课导入要富有特色，即导入要有创新性。具有想象力的导课能调动听课者的兴趣。说课不仅要说出导课的方式，还要说明白为什么用这种方式、使用这种方法导课的目的是什么。

第二，说教学程序应当层次分明，条理清晰。由于说课时间有限，在讲解新课环节时，需要明确重点阐述的内容和简要概述的内容，并说出这样处理的理由与依据。具体应从以下几点进行说明：① 教材内容分成多少部分，各部分之间如何过渡；② 教学过程中如何运用教法突出重点、突破难点；③ 解释说明教师与学生互动时，设计的主要问题有哪些，依据怎样的理论设计问题；④ 按照"教什么""怎么教""为什么这样教"思路介绍说课依据。其实，说教学程序就是对前面说教材、说学情、说教法、说学法的具体阐述，要前后对应，体现说课整体内容的统一连贯。

第三，说课的结尾要有想象空间。说课者对整节课的总结及作业布置要新颖，设计的结尾要能起到画龙点睛的作用，让听说课者印象深刻。结尾可以是对整节课教学内容的归纳总结，也可以与导课方式相照应，体现教学设计的前后呼应。作业布置意在巩固所学内容、培养创造性思维。一个优秀的结尾是对整个说课过程的升华，是教学过程不可忽视的环节之一。

5. 加强教学反思的策略

教学反思是指总结经验，吸取教训。师范生通过说课总结，反思说课的不足，可以在说课水平与技能方面得到长足的发展。教学反思的方法有很多，如比较法、行动研究法、总结法、对话法等。下面介绍几种在说课中常用的反思方法。

（1）比较法。比较法是指说课者需要跳出自我中心观念，开展听课交流，发现别人说课的长处。师范生听课时要将自己的说课方式与他人进行比较，吸取他人的长处，看到他人的不足；要检查自己是否同样存在类似的问题；要通过学习与比较，找出在说课理念上的差距、说课方法上的差异。

（2）总结法。总结法是指说课者在说课结束后要总结思考。总结法一般是通过写教学日记、说课心得的方式实施。通过一段时间的说课，说课者可以根据教学日记或说课心得检查自身存在的说课问题以及改善情况；也可以在一段时间结束后，通过座谈会，听取其他师范生对于说课的见解，对自己的情况进行思考。

（3）对话法。对话法是说课者最常用的方法。每次说课结束后，听课者应该对说课者的优势提出表扬和存在的问题提出建议，这是一种互动式的教学反思活动。它注重参与者之间成果的分享、共同提高，有助于合作学习共同体的建立。听取旁人的意见，能使自己对问题有更加明确的认识，并能获得解决问题的途径，注重参与者之间的合作与对话是反思性教学的重要特征。

无论使用什么样的反思方法，我们都需要学习先进的教育教学理论，提高自己的理论水平。

（二）说课语言表述策略

说课的语言主要是指说课者在说课过程中运用的语调、语气以及用词等。具有专业性和趣味性的语言能有效调动说课气氛。加强语言的表述可以从以下两个方面着手。

1. 语言表述要准确流畅

语言表述的准确流畅是指说课用词准确，语句通顺连贯、有条理，控制口头禅的使用，语调抑扬顿挫。要求说课者语言要准确、规范，要使用思想政治（品德）课程中的专业术语阐述说课内容，不能拖泥带水、简单重复，要使听课者跟上说课者的思维；要求说课者用准确的语言说明思想政治（品德）教材中概念性的知识，能合理使用日常生活中带有新闻性或代表性的例子；要求说课者在平时注重积累专业术语的搭配使用，熟练掌握思想政治教育专业知识和教育理论等。

说课对师范生的教态有较高的要求。说课者的教态应该自然大方。对此，说课者对说课内容要有充分的准备，这样才能避免因紧张导致的语言表述问题和教学姿态不自然现象。

2. 突出语言特色

说课的语言特色是指说课者具有个人语言特色，能够体现说课者的个性特征，能展示说课者的个人魅力。

首先，需要充分发挥自身的语言优势。每一个人都具有个性，说课者要说出自己对教材有别于他人的特殊理解或处理教材的独特方法，突出体现个人教学的特点。其次，通过不断的说课训练独具个人魅力的语言风格。最后，要挖掘自身的语言掌控能力，把课说得有条有理、生动有趣，能使听课者在头脑中形成教学场景。说课语言并没有严格的规定，说课者应该在说课语言上尽量突出教学特色，彰显个人魅力。

（三）完善说课辅助手段的策略

1. 选择辅助手段要有针对性

说课辅助手段包括传统和现代两种辅助手段，无论哪种辅助手段，都有其自身的特点和使用范围。师范生要根据手段本身所具有的特点和说课的具体内容，有目的地选择辅助手段，使辅助手段的优势最大化。

语言和板书是最古老的视听觉媒体，是说课的主要依赖途径。值得注意的是，说课者使用板书时，要对说课板书与上课板书作出区分。同时，语言和板书也很难直观地展现抽象的知识，还要借助现代媒体。使用现代辅助手段，能使听者更加直观地感受说课内容，但是也不能完全脱离语言的阐述。说课者应全面了解辅助手段，并以突出说课效果为目的，有选择性地选择说课辅助手段。

2. 课件制作精美简洁

课件精美简洁是指说课的课件要色彩合理搭配、字体大小有别、画面清晰、结构完整、重点内容突出。多媒体课件的作用就是让听课者直观地感受说课内容，更容易明白说课者的说课思路。说课者要按照说课思路设计课件，课件中不宜将说课内容全部呈现，而应将说课的主体结构清晰有序地展现在听课者面前。课件中视频、音乐的应用要适量，不宜在每页幻灯片上都设置播放视频或音乐，这样不利于听课者清楚说课的重点，会弱化课件的优势。说课者在设计课件时，首先要理顺说课思路，清楚说课重点。

3. 说课板书要简明精练

板书是教师的一项重要教学技能，是辅助教学的重要手段。优秀的板书设计是说课者创造性劳动的结晶，是对教材知识的高度概括和呈现，其能将教材内容简明扼要、直观形象地展示给学生。板书有以下要求：

（1）板书要有计划性、针对性。板书设计能为成功的说课奠定基础。说课板书应该在说课者备课时整理出来，利用板书设计引导备课向纵深发展，理顺说课思路。说课板书是随着说课的推进而逐步呈现的，板书内容的出现顺序应与说课内容的步骤相互配合。

（2）要注重正副板书的逻辑顺序。说课者不能将正副板书倒置，正板书是说课的主旋律，而副板书是对正板书的补充和延伸，处于从属地位。说课的每一部分都需要有正板书和副板书才能体现出板书的完整性。在利用多媒体配合说课时，说课者要注意正副板书的逻辑顺序。为了保证听者能全面理解说课者的思路，应该将主板书呈现在黑板上。方便听者保持清醒的全局思路。副板书则可以用 PPT 呈现，因为它只为个别环节服务，服务完后可以忽略。如果正副板书发生错乱，就会影响整个板书的效果，也会对说课者的思维造成不良影响。

（四）遵循师范生说课技能形成的一般规律

马克思主义哲学认为任何事物的发展都有其本身的规律，我们要顺应事物的发展规律并利用其为人类服务。师范生的说课技能也有它的一般规律，说课一般要经过"模仿""整合""创新"三个阶段，最终才能形成独具特色的说课方式，进而形成说课者独特的教学风格。

1. 模仿阶段

模仿阶段，一般是指初学者尤其是师范生通过网络说课视频模仿思想政治课的特级教师或优秀教师的语气、语调、教态等具体的行为时期，这是每一位师范生进入说课的第一阶段，也是必经的阶段之一。师范生要先学会模仿，要从外表开始塑造自己的教师形态。通过模仿，从优秀教师的说课模式中掌握他们的说课流程和方法。在模仿阶段，师范生可以利用微格教学进行说课，在微格教室利用设备录制自己说课的视频，并反复观看视频或给其他师范生观看，以查漏补缺。

2. 整合阶段

整合，是指通过整顿、协调重新组合，这一阶段是非常关键的阶段，也是初学者吸收知识和提高技能的重要阶段。这一阶段是由第一阶段的"形似"上升到"神似"的说课阶段。通过整合，说课者能形成自己的说课思路，在说课中能体现正确的教学理念。

师范生通过第一阶段的学习，了解了其他优秀教师的说课方式，从其他教师那里吸收一些适合自身的技能方法，然后通过不断的说课训练，将各种技能与自身的实际情况进行整合和改进，初步形成自己的说课模式。

3. 创新阶段

创新阶段是形神合一的阶段，是说课者形成个性化说课方式的阶段。在此阶段，说课者根据他人的经验以及在自身说课体验的基础上进行自我深化、自我总结、自我改造，创造出一套适合自己的说课方式。对于初学者的师范生，在说课中必须要具有创新意识、探索意识，通过说课的创新来促进教学的创新。

（五）师范院校重视说课技能的培训

1. 加强思想政治（品德）新课标和基础理论知识的学习

（1）加强对思想政治（品德）新课标理念的学习。基础教育课程改革正如火如荼地进行，着眼于学生的学习能力、实践能力、生存能力和创新能力的全面发展，突出了"以学生为本"的课程理念，特别关注学生的全面自主、身心和谐的发展和终身发展；加强学生对基础性、实用性知识的学习，培养学生的自主探究能力；对学生的评价采取多元化的评价体系等。以上基本理念是思政专业师范生进行教育教学的行动指南。作为一名师范生，只有加强对新课标基本理念的学习，才能为说课活动中的教学设计提供具体的理论指导，才能在说课时做到心中有数。

（2）加强基础理论知识的学习。基础理论知识包括学科理论知识，教育学、心理学理论知识等。如果以思想政治（品德）新课标的基本理念作为说课的实践依据，那么基本理论知识则是说课的理论依据。说课与讲课最大的区别在于，说课在于说"理"，即理论依据，说课不仅要说出是什么，还要说出"为什么"。如果师范生掌握了一定的基本理论知识，在说课时就不会停留于肤浅的表面，而会进行深入的挖掘，将教学内容说得很透彻。

师范院校面应向师范生开设教育学、心理学、课程教学理论等，有计划、有目的、有系统地对师范生进行说课培训，加强师范生对基本理论知识的学习，并使之在说课活动中逐步充分吸收这些理论。

2. 加强思政专业师范生的说课技能培训

说课是一种新兴起的教学技能，说课是对备课的进一步深化。古人云："凡事预则立，不预则废。"加强说课技能的训练，可以提高师范生课堂教学的质量，提高他们对课堂的驾驭能力。可从以下几个方面加强思政专业师范生的说课技能：

（1）组织师范生进行说课技能竞赛。以说课竞赛的方式强化师范生的训练自觉意识，使他们在一种有竞争压力的环境中对说课进行进一步的了解和延伸。同时，竞赛能加强师范生之间的交流，使他们相互借鉴，实现资源共享。

（2）完善说课训练的配套设施。完善教学设备，利用微格教室改进师范生说课技能。目前许多高等师范院校都建立了微格教室，师范生可以在微格教室中运用先进的科学技术设备录制自己的说课视频，有助于师范生互相提建议，共同提高。师范生本人也可以反复观看自己的说课视频，弥补不足之处。

（3）重视师范生教育实习基地建设。理论最终要运用到实践中，才能真正体现它的作用。师范生只有深入中学才能够全面、具体地了解学生的情况，使师范生在学情分析部分能够有话可说、有理可据。

3. 营造良好的说课氛围

一个良好的说课氛围是提升说课技能的必要条件，俗话说："近朱者赤，近墨者黑。"形成良好的说课环境可以给师范生带来积极的影响。

（1）教师带动与师范生带动相互交换。所谓教师带动，是指高等师范院校的任课教师在技能培训课上，不仅要教给学生说课技能的方法和专业知识，还应该以身作则，带动本专业的师范生进行说课技能的训练。

所谓师范生带动，是指高校教师先培养具有教学天赋且对说课技能感兴趣的师范生，然后让其带动其他师范生进行说课。

教师带动和师范生带动交替进行会在师范院校形成强大的合力，并且给大部分师范生以示范。

（2）激发师范生的说课兴趣。俗话说，兴趣是最好的老师。要培养思政专业师范生的说课兴趣，提高师范生的说课技能，要注意以下问题：

首先，抓住思政专业的专业特点及师范生学习的心理特点，有针对性地实施说课技能训练。说课是一项综合的教学技能，在说课技能之前要先进行单项技能的训练，如导入、讲解、举例、多媒体应用、结尾等。

其次，说课要建立在教育学、心理学、课程教学论等基础之上，否则说课很容易停留在"说什么""怎么说"层面，无法上升到"为什么这么说"的说理层面，从而使说课流于形式。

最后，尊重学生对说课模式进行选择的权利。师范生是思想独立的成年人，有自己的想法，他们希望根据自己的思维方式进行说课。此时，教师只需认真观察师范生说课存在哪些方面的不足，帮助其改正即可。

参考文献

[1] 孟庆男. 思想政治（品德）课程与教学论[M]. 北京：北京师范大学出版社，2011.

[2] 刘 强. 思想政治学科教学新论[M]. 北京：高等教育出版社，2003.

[3] 胡田庚. 中学思想政治课程标准与教材分析[M]. 北京：科学出版社，2012.

[4] 邝丽湛. 思想政治学科教学设计[M]. 广州：广东高等教育出版社，1999.

[5] 朱光明. 思想政治学科教育学[M]. 北京：首都师范大学出版社，2003.

[6] 胡田庚. 新理念思想政治（品德）教学论[M]. 北京：北京大学出版社，2009.